宇佐美誠
Makoto Usami
児玉 聡
Satoshi Kodama
井上 彰
Akira Inoue
松元雅和
Masakazu Matsumoto

# 正義論
●ベーシックスからフロンティアまで

# Justice
Basics and Frontiers

法律文化社

# はしがき

　誰もが幸せになりたいと思っていることだろう。では，幸せになるには何が必要だろうか。あなたには魔法の腕時計があると想像してほしい。左腕につければ普通に使えるが，右腕につけると，あなたは誰からも見えなくなる。どんなに悪いことをしても，人に知られない。気に入ったジャケットを店から持ち出すことも，好きな歌手のコンサートをタダで聴くことも，無賃乗車で旅行することもできる。透明人間となって自分の欲望のままに生きるとき，本当に幸せだろうか。幸せとは言えないと感じるならば，あなたは，幸せになるには不正を行わないことが必要だと考えているのである。もちろん，不正を行わない人が必ず幸せになれるわけではないが，しかし不正を重ねる人生が幸せな人生だとは考えにくい。

　では，不正を行わないためには，何が必要だろうか。少数派民族が日ごろ差別を受けている国を想像してみよう。あなたは少数派民族で，多数派民族の店主がやっている雑貨屋でまじめにはたらいていたが，言いがかりをつけられ辞めさせられてしまった。他の職はなかなか見つからず，この国には失業保険も生活保護もない。家には，病気で床にふせっているお母さんがいるが，食べ物を買ってあげることもできない。ある日，パン屋の店先でおいしそうな大きなパンを見つけたが，店員がまわりに見当たらない。あなたは，お母さんのために思わずパンを盗んでしまうかもしれない。このように，個人が不正をしないためには，本人の心がけだけでは不十分で，社会に重大な不正がはびこっていないことも求められる。

　ここまでの説明から，私たちが幸せになるには，不正を行わないことが必要であり，そして不正を行わないためには，社会に深刻な不正がないことが重要なのだと分かる。つまり，誰もが望む幸福のためには，社会が正しいことが求められるのである。社会の正しさは，法哲学・政治哲学・倫理学・社会哲学などの分野で研究されてきた。

これらの分野の学部レベルにおける講義や演習で広く使える共通の教科書として書かれたのが，本書である。正義論という大きな枠組みのもとで，自由や平等についてもくわしく解説し，さらにさまざまな現実問題への応用を説明している。社会の正義について，基礎知識から近年の研究成果までを示しているだけでなく，読者が自ら主体的に考えるようにうながしてもいる。

＊　＊　＊

　本書には3つの特徴がある。第1に，正義論は過去50年間に飛躍的に発展してきたが，その古典的な学説・学派から最近の論点や理論までをわかりやすく説明している（第1部）。まず，ジョン・ロールズの正義理論と功利主義をくわしく解説する。次に，何を分配するか，個人の責任をどこまで問うべきか，分配がめざす目標は何かという近年のおもな論点を順に検討してゆく。さらに，リバタリアニズムと左派リバタリアニズムも取り上げる。その他にも，コミュニタリアニズムなどの重要な思想潮流がコラムで紹介される。

　第2に，今日の日本社会や国際社会で生じているさまざまな現実問題に焦点をあてている（第2部）。貧困と格差，教育と家族，医療と健康，死刑，戦争，人口問題，地球環境という，まさにいま鋭く問われている問題ばかりである。正義・自由・平等に関する一般理論がこれらの問題にどのように応用されるか，またそれぞれの問題に固有の学説や論点は何かを学ぶことができる。他にも，移民，ソーシャル・キャピタル，社会的割引率などの重要なトピックが，コラムで紹介されている。

　第3に，すべての章でケース（架空例）が挙げられている。読者はまず，架空の状況について自分の直観的な意見を求められる。次に，特定の学説をその状況に適用したり，学説の弱点を発見したり，複数の学説の衝突を理解したりするようにうながされる。架空例は，海外の法哲学・政治哲学・倫理学で多用されている思考実験という方法に基づいている。さまざまな思考実験を体験するなかで，哲学的思考の醍醐味を味わうことができるだろう。

　この教科書は，半期講義科目で使いやすいよう全14章で構成されている。だが，それにとどまらず，理論志向の科目では第1部のみを読み進めたり，現実問題を素材としたゼミでは第2部だけを用いたりすることもできる。さらに，

法哲学・政治哲学・倫理学・社会哲学の最近の研究状況を効率よく把握したいときにも，本書は大いに役立つはずである。各章の末尾には，比較的平易な参考文献を挙げ，また巻末には，研究者や院生に活用していただけるよう詳細な文献一覧を設けてある。

＊　＊　＊

　本書の執筆は，執筆者4名が集まり，全員で目次を策定することから始まった。各自が担当章の草稿を持ちよって，終日におよぶ執筆者会議で読み合わせを重ねつつ，原稿を確定していった。したがって，各章や各コラムは担当者によって執筆されているものの，全員による検討を経ている。

　執筆期間の大半には，法律文化社の元編集者・上田哲平氏に一方ならぬお世話になった。機敏な作業，有益な助言，そして大きな熱意で支えていただいた。また，上田氏が法律文化社を離れられた後は，舟木和久氏が丁寧かつ臨機応変な編集作業をして下さった。文献一覧の整序にあたっては，京都大学大学院生・白井ひかるさんの助力をえた。

　正義論は，学ぶ人を悩ませる一方で，心躍らせる不思議な魅力をそなえていると思う。ここには，何が正しい状態なのか，何が正しい制度なのかをくりかえし問い，答えようとする飽くなき人間の営みがある。その背後にあるのは，すべての人が幸せになる社会のあり方を探し求める熱い思いである。本書を通じて正義論の魅力を読者に伝えられればと願っている。

　2019年7月15日

著者を代表して

宇佐美　誠

目 次

はしがき

## 第1章　正義論へのいざない――――――――――― 1

1　正義思想の歴史的展開　1

2　正義の定義・場面・研究方法　8

3　正義の構造　13

4　本書の構成　16

## 第1部　ベーシックス

## 第2章　正義にかなった社会とは何か――――――― 23

1　理論の背景　23

2　原初状態　25

3　正義の二原理　30

4　政治的リベラリズム　39

5　諸人民の法　43

## 第3章　幸福を増大することが正義なのか――――― 47

1　功利主義の特徴づけ　47

2　善をめぐる問題　49

3　正をめぐる問題　55

4　功利主義に対するおもな批判　59

## 第4章 何を分配するか —————————————————————— 66

1 センの問題提起　66

2 資源平等主義　69

3 厚生への機会平等主義　72

4 ヌスバウムのケイパビリティ・アプローチ　76

5 個人多様性をめぐる攻防　78

## 第5章 どこまでが個人の責任か ———————————————— 84

1 平等論における責任　84

2 運の区分をめぐって　87

3 屈辱性批判と過酷性批判　92

4 多元主義的運平等主義とその問題点　95

5 運平等主義の刷新　98

## 第6章 再分配は平等をめざすべきか ———————————— 104

1 平等とは何か　104

2 平等主義論争　109

3 優先主義　112

4 十分主義　116

## 第7章 再分配は自由を侵害するか ———————————— 121

1 古典的リベラリズム　121

2 古典的リベラリズムの復権　123

3 リバタリアニズムの正義論　128

4 左派リバタリアニズム　132

# 第2部　フロンティア

## 第8章　貧困と格差 ———————————————— 139

  1　国内の貧困と格差　139

  2　正義論との関係　144

  3　グローバルな貧困と格差　146

  4　先進国市民の倫理　147

  5　グローバルな制度の正義　150

  6　否定論と懐疑論　153

## 第9章　家族と教育 ———————————————— 157

  1　正義の場所としての家族　157

  2　家族と教育——家族内の問題　159

  3　家族と教育——家族間の問題　161

  4　家族の価値　167

## 第10章　医療と健康 ———————————————— 172

  1　健康の価値と医療への普遍的アクセス　172

  2　QALY と功利主義　174

  3　健康格差と正義　179

## 第11章　死　　刑 ———————————————— 188

  1　死刑制度に関する事実　188

  2　死刑存続論の検討　190

  3　死刑廃止論　199

## 第12章　戦　　争 ——————————————————————— 209

1　戦争と正義　209

2　集合主義と還元主義　212

3　独立説と依存説　215

4　正戦論はどこに向かうのか　219

## 第13章　人　　口 ——————————————————————— 223

1　共有地の悲劇と救命艇の倫理　223

2　人口抑制の道徳的是非　226

3　非同一性問題　229

4　いとわしい結論　231

## 第14章　地球環境 ——————————————————————— 237

1　気候変動という脅威　237

2　さまざまな原因　239

3　国際社会の取り組みと日本での懐疑　242

4　グローバルな分配的正義　245

5　将来世代への義務と過去の排出への責任　249


引用・参照文献

人名索引

事項索引

## ■ コラム一覧

① コミュニタリアニズム（36）　　② 他者危害原理とパターナリズム（64）

③ デザート論（86）　　④ 移　　民（155）

⑤ リベラル優生学（162）　　⑥ ケアの倫理（170）

⑦ ソーシャル・キャピタル（183）　　⑧ 目的刑論の問題と功利主義（197）

⑨ ユートピア恐怖症とその是非（221）　　⑩ 社会的割引率（235）

## ■ ケース一覧

1-1　宇宙人とのあいだに正義はありうるか？（11）　　1-2　誰を生かし，誰を死なせるか？（16）

2-1　ザッカーバーグは単に幸運だったのか？（28）

3-1　ノージックの経験機械（51）　　3-2　ノーベル文学賞発表の前日に死んだ文学者（52）　　3-3　見知らぬ乗客（52）　　3-4　シェリフの選択（61）

4-1　機会の平等と厚生への機会平等主義（75）

5-1　障がい者への手紙（92）　　5-2　堅実家と浪費家（99）

6-1　平等はどのくらい望ましいか？（105）

7-1　大谷翔平選手のケース（131）　　7-2　左派リバタリアニズムと不確実性（135）

8-1a　おぼれる子どもを救うべきか？（149）　　8-1b　距離は重要か？（149）　　8-1c　人数は重要か？（149）　　8-2　海外の貧困層か国内の貧困層か？（153）

9-1　学校選択制（167）

10-1　医療への普遍的アクセスは正義の問題か？（173）　　10-2　心臓移植が必要なハリコとシンコ（178）

11-1　冤罪の死刑と懲役刑（205）

12-1　NATO軍のコソボ紛争介入（215）　　12-2　チャーチルの都市爆撃命令（219）

13-1　2つの世界の望ましさの比較（234）

14-1　20世紀博物館（251）

# 第 1 章

# 正義論へのいざない

　本章ではまず，今日の正義論で語られる「正義」の意味が，日常的な意味と異なることをおさえる。そのうえで，古代ギリシアから今日までの西洋正義思想史を短くふりかえることによって，日常的な意味にくわえて正義論での意味も重要であることを示す（1）。次に，正義の古典的な定義・標語や，それが語られるおもな場面を順に取り上げるとともに，正義論の研究方法を説明する（2）。さらに，正義概念と正義構想の区別について述べ，正義概念がもつ構造を解説する（3）。最後に，各章のテーマと章のあいだの関係を示す（4）。

## 1　正義思想の歴史的展開

**正義の2つの意味**　あなたがいま手にしているのは，正義論の教科書である。近年の欧米における代表的理論や重要論点を説明し，また正義が問われるさまざまな現実問題を考察している。では，正義論で語られる正義とは何だろうか。

　この問いを考える手始めに，いくつかの辞書をひも解いてみよう。「正しい道理。人間行為の正しさ」（『岩波国語辞典』第7版新版），「人として行うべき正しい道義」（『現代国語例解辞典』第4版），「不正をこらす，正しい道理」（『三省堂国語辞典』第7版）などとされている。なお，「正しいすじみち。人がふみ行うべき正しい道」などにつづけて，「ア　社会全体の幸福を保障する秩序を実現し維持すること。……イ　社会の正義にかなった行為をなしうるような個人の徳性」（『広辞苑』第6版）という説明も見られる。多くの辞書での定義からわかるように，「正義」という言葉は，人が従うべき道理や不正をこらす道理という意味で用いられている。

　ところが，欧米で始まり日本でも研究されている正義論においては，日常的

意味とは大きく異なった意味で,「正義」が用いられている。こうした意味の違いは,日本と西洋の違いと思われるかもしれない。だが,そのような理解はじつは正確でない。日本でも西洋でも,日常的意味と学術的意味のあいだには大きな違いがある。この違いを把握し,正義論での正義の意味を理解するためには,西洋正義思想をふりかえる必要がある。

### 古代ギリシアでの「正義」

まず語源を見てみよう。英語の "justice"（正義）はラテン語の "iustitia" に由来するが,さらにギリシア語の "dike" までさかのぼる。「ディケー」はもともと,人が通るべき道や依るべき基準を意味していたが,女神の名となり,判決をさすこともあった。ギリシア神話には,女神ディケーが,不正な裁判を行った人間を罰するようにと,父ゼウスに懇願する場面がある。

古代ギリシアでは,正義は具体的に何をさしたのだろうか。プラトンは,『国家──正義について』（プラトン 1976,原著 380BC 頃）という対話篇のなかで,登場人物に,当時の人々が理解していた正義について語らせている。それによれば,正義は,借りたものを返すことや,敵を害し友を利することを求める。また,不正義の人の例としては,神殿荒らし・人さらい・盗人などが挙げられている。つまり,古代ギリシアの人々は,日本での日常的意味である,人が従うべき道理という意味で,正義を理解していた。

これは意外なことではない。私たちはみな 1 人では生きられず,他の人と集まって社会をつくり,協力しながら生きている。社会のなかでともに生きる以上,みなが従うべきで,反すれば罰せられるような正しさという観念が不可欠だ。これが日常的意味での正義である。今日の英語にも,"do justice to Gill"（ジルを公平に扱う）,"bring Jack to justice"（ジャックに裁きを受けさせる）などの表現がある。洋の東西を問わず,人が従うべき道理や不正をこらす道理として,正義は語られている。

### 魂の徳としての正義

だが,社会のあり方が正しくなるためには,各人が正しい行いをするだけでは足りない。別の何かが必要だ。これを探究する長い道のりを進んできたのが,西洋正義思想史なのである。

先ほど名前を挙げたプラトンに戻ろう。彼は正義を,人の魂にかかわる徳と

して捉えた。ここで言う徳とは，同じ種類に属する他のものよりも優れているという性質である。たとえば，古代ギリシア人にとって，馬の徳は俊足であり，目の徳はよい視力であり，靴工の徳は丈夫な靴を作る技術だった。市民──女性や奴隷は除かれていた──がもつべきおもな徳としては，戦時に勇敢に戦う気概や，過剰・不適切な快楽を求めない節制があった。プラトンの同時代人たちは，人の個々の行為にかかわる徳として正義を捉えていたのに対して，彼は，何よりもまず人の魂のあり方にかかわる徳として正義を捉えなおした。

**魂の正義**　プラトン（1976: 435C-444A）によれば，人の魂は，知的部分・気概的部分・欲望的部分の3つからなる。知的部分がそなえるべき中心的な徳は知恵であり，気概的部分の徳は勇気，欲望的部分をふくむすべてがもつべき徳は節制である（図1-1）。そして，3つの部分がそれぞれ自らの役割に専念して，他の部分に干渉しないとき，その魂は正義の徳をもっているという。

魂のうえで正義の人は，行為のうえでも当然に正義の人である。たとえば，欲望のままに人からお金を盗むのは，不正義の人である。正義の人は，知恵をそなえた知的部分が欲望的部分を制御するから，盗みを犯さない。

人々が集まってポリス（都市国家）をつくるから，ポリスのあり方は人の魂のあり方を反映すると言えそうだ。そこで，プラトン（1976: 368E-435B）は，魂の3つの部分に対応して，国家は3つの階層からなると考えた。統治者・守護者（補助者）・生産者である。

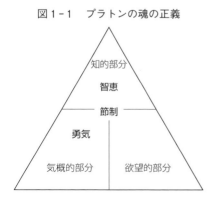

図1-1　プラトンの魂の正義

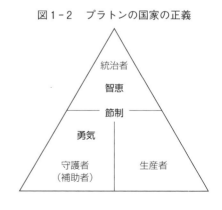

図1-2　プラトンの国家の正義

理想国家では，国を治める統治者は知恵を特徴とする。統治者を補佐して，国防にあたる守護者は，勇気をもつ。そして，生産者をふくむ3階層は，節制をもつ（図1-2）。3階層がそれぞれ自らの役割に専念して，他の階層に干渉しないとき，その国家は正義の徳をそなえている。

**人柄と事柄**　アリストテレスは，若い頃に師事したプラトンと同じく，人の魂にかかわる徳として正義を捉えることから出発した。正義は，さまざまな徳を論じる『ニコマコス倫理学』（アリストテレス 2014，原著 340BC 頃）のなかで考察されている。

　徳は，それをもつ主体をよいもの・立派なものとし，その機能を十全に発揮させる性状だという。人間の機能は魂の活動だから，人間の徳は魂の性状である。徳をそなえた人こそが，よい人であり幸福な人である。そして，彼の有名な言葉では，「人間は本性的にポリス的動物である」から，徳はポリスのなかで発揮される。

　だが，アリストテレスはプラトンを超えて，正義の性向と正義の事象を区別する。正義の性向は，ある人を正義の人とする魂の性状であり，人柄としての正義と呼べるだろう。ただし，正義は他の徳と違って，他者に対する関係のなかで発揮される対他的徳だという。他方，正義の事象は，正義の人がなす行為やその結果に表れる性質であって，いわば事柄としての正義である。そして，正義の性向と正義の事象は，表裏の関係にある。

**広義と狭義の正義**　アリストテレス（2014: 1129a-1134a）は，当時の用語法や訴訟を観察しつつ，次のような分類を行った（図1-3）。この図は，正義の性向も正義の事象も示している。ここには，彼自身の用語だけでなく，後代に使われるようになった用語もふくまれているので，注意してほしい。

## 図1-3　アリストテレスの正義の区分

```
 ┌ ・一般的正義＝適法    ┌ ・配分的正義 [幾何学的比例]
 ┤                      ┤
 └ ・特殊的正義＝均等    └ ・匡正的正義 [算術的比例]

                      ┌ ・随意的関係              ┌ ・秘密的関係
                      ┤                          ┤
                      └ ・非随意的関係 ──────────┴ ・暴力的関係
```

正義の性向の意味は広義と狭義に分かれる。「不正義の人」という語は，当時の広い意味では，違法な人だとされていた。そこで，広義の正義の性向は法を遵守しようとする魂の傾向をさし，また広義の正義の事象は法が遵守されていることである。古代ギリシアの各ポリスの法は，さまざまな不文法をふくみ，道徳と未分化だったから，徳全般をふくんでいた。

狭い意味での「不正義の人」は，さまざまな悪徳の人のなかでも，とくに貪欲な人をさしていた。だから，狭義の正義の性向は，貪欲をおさえて均等を達しようとする魂の傾向であり，狭義の正義の事象は，均等が実現されることである。後の古代ローマ時代には，広義の正義の性向・事象は**一般的正義**と名づけられ，狭義の正義の性向・事象は**特殊的正義**と呼ばれた。

| 配分的正義 | 特殊的正義には，配分的正義と匡正的正義（矯正的正義）がある（図1-3）。配分的正義は，ポリスのなかで |

財や名誉を分配するときにはたらく。当時は，公職への就任が名誉なことだとされていたから，名誉の分配とは公職者の選任をさしている。配分的正義は，各人の取柄に応じた分配という幾何学的比例を求める。

身近な例で考えよう。ウマオとヘタヤが一緒に釣りに行ったが，バケツが1つしかないので，2人とも釣った魚をそのバケツに入れてゆくことにした。ウマオが70％を釣ったのに対して，ヘタヤは30％だったならば，帰り際にはウマオが魚の70％を，ヘタヤは30％を持ち帰るべきだろう。

| 匡正的正義 | **匡正的正義**は，個人間関係のなかではたらく。この関係は，随意的なものと非随意的なものに大別され，非 |

随意的関係はさらに，秘密裡のものと暴力的なものに分かれる。随意的関係には売却・購入・貸与がふくまれ，非随意的関係のうち，秘密裡の関係は謀殺・窃盗・偽証を，また暴力的関係は故殺・強奪・悪罵をふくむ。謀殺とは，計画し準備したうえで行われる殺人であるのに対して，故殺とは，計画も準備もなしに行われる殺人をさす。

これらの個人間関係において，当事者の一方が均等を超えた利得をえて，他方が損失をこうむることがある。このとき，ポリスの裁判人は，均等を超えてもつ個人から利益を取り上げて，均等を下回る個人に与えることにより，算術的比例を達成する。現代日本の法制度で言えば，所有権に基づく返還請求や，

不法行為に対する損害賠償請求に当たる。たとえば，ワルタが，ヨシエの家へ盗みに入り，10万円を持ちさったならば，裁判官は，ワルタに対して10万円の返還を命じるだろう。

なお，アリストテレスは交換的正義についても論じている。交換的正義は，たとえば売買契約では，品物の価値と代金との釣り合いを求める。交換的正義が匡正的正義の一種であるか，あるいは配分的正義・匡正的正義とならぶ第3の種類であるかをめぐっては，研究者のあいだで解釈が分かれている。

### 国家を創る正義

近代に入ると，正義思想は大きな転回をとげ始める。17世紀には社会契約説がさかんになった。**社会契約説**とは，国家・社会が存在しない**自然状態**で，人々が相互的利益のために，契約を結んで国家を創り出すという理論である。トマス・ホッブズ（2009: 第13章，原著1651）によれば，諸個人は，精神的・肉体的な強さがおおよそ等しいという意味で平等である。また，自然状態では，各人は，**自然権**，すなわち生命を維持するために力を行使する自由をもっている。強さがほぼ等しい人々がたがいに自然権を行使すれば，各人の自己保存（や快楽）という目的が同時に達せられず，相互不信が生じ，そのため「万人が万人にとって敵である」戦争状態におちいってしまう。

戦争状態から抜け出すには，人々は，自分の理性が発見する自然法に従わなければならない（ホッブズ 2009: 第14章・第15章）。第1の自然法は，平和への努力を命じる。第2の自然法は，自己防衛権の放棄が平和と自己防衛のために必要だと思われ，また他者も同様に放棄する場合には，この権利を放棄するように求める。第3の自然法は，自己防衛権をたがいに放棄するという信約を履行するように命じる。信約とは，締結から履行までが長期にわたる契約である。この自然法こそが正義だという。正義は，放棄された権利を補償する所有権が確立されたとき，したがって所有権をもたらす強制権力である国家が樹立されたときに始まる。

### 正義・権利・効用

ジョン・ステュアート・ミルは，ジェレミー・ベンサムとともに，古典的功利主義を代表する思想家である。**功利主義**とは，最も多くの人にとって効用を最大にする制度や行為が望ましいという思想である（⇨第3章）。では，効用とは何か。古典的功利主義は効

用を, 快苦, すなわち正と負の心理状態をもたらす性質として捉える。

ミルの時代には, 功利主義は正義をないがしろにしているという批判が, しばしば出された。この批判に対して, 彼は詳細な反論を行っている (ミル 2010: 312-345, 原著 1861)。

正義は, 道徳のほかの部分とどのように異なるか。ここで, 完全義務と不完全義務の区別が重要となる。この区別は, 古来さまざまな仕方で理解されてきた。ミルの理解では, **完全義務**とは, 他者の権利に対応する義務であり, **不完全義務**とは, どの権利にも対応しない義務である。たとえば, 人のものを盗まない義務は, 盗まれない権利に対応するから, 完全義務である。それに対して, 海外で見かける物乞いにほどこしをすることがたとえ義務だとしても, 物乞いはほどこしを受ける権利をもたないから, これは不完全義務である。正義は完全義務を果たして権利を保護することを求め, その点で寛大や恩恵などと異なる。

では, なぜ権利は保護されるべきか。権利の保護は一般的効用を高めるからだと, ミルは答える。正義は, 権利の保護を通じて, 安全という重要な利益を促進する。したがって, 効用の最大化をとなえる功利主義は, 正義を軽視しているのでなく, むしろ正義の基礎を提供するのだという。

### 制度の徳としての正義

ジョン・ロールズは (⇨第2章), 『正義論』(2010: 第1節, 原著初版 1971) で, 次のように述べている。「真理が思想体系の第1の徳であるように, 正義は社会制度の第1の徳である」。この言葉は, 西洋正義思想の歴史的転回がたどり着いた地点を示している。

古代のプラトンは, 魂の徳として正義を捉えたうえで, それとの類比で国家の徳としての正義を論じた。アリストテレスは, 徳を魂の性状としながらも, 正義は対他的関係での徳だとし, 事柄としての正義も論じて, さまざまな法的関係を考察した。近代のホッブズでは, 正義は, 生存のために国家を創出する信約の遵守を命じる自然法として位置づけられた。さらに, ミルは, 正義を権利の保障という社会規範と結びつけたうえで, 一般的効用によって基礎づけようとした。このように, 正義が語られる場面が, 魂から行為や関係へ, さらには社会制度へと移ってゆく, いわば正義の外面化の終着点にあるのが, ロールズの正義理論なのである。

**個人観の平等化** 西洋正義思想のもう1つの大きな転換は，個人観の平等化である。プラトンが区別した統治者・守護者・生産者や，アリストテレスの配分的正義における幾何学的比例には，特性や取柄がたがいに大きく異なるという個人観が表れている。それとは対照的に，ホッブズは，精神的・肉体的な強さに差がなく，自然権を等しくもつ諸個人を想定し，またミルは，人々が平等に権利をもつことを前提として正義を論じた。彼らの想定や前提は，ロールズをはじめとする現代の正義理論家に受け継がれている。

今日の正義論の中心的舞台は，所得再分配などの理論的根拠を考える**分配的正義**である。アリストテレスの配分的正義も，分配的正義に関する1つの学説として位置づけることができる。だが，今日の大多数の研究者は，各人の取柄に基づく分配を擁護するのでなく，平等な個人観を前提としたうえで，平等や他の分配理念について分析する。

まとめよう。歴史的転回の末に成立した今日の正義論は，平等な個人観のもとで，社会制度や社会状態について正義を語る。これは，人が従うべき道理や不正をこらす道理という正義の日常的意味とは大きく異なる。だが，私たちが社会のなかで生きている以上，社会制度や社会状態の正しさを考えることは避けて通れない。正義論は，私たちがよく生きるうえで必須の学問分野なのである。

## 2　正義の定義・場面・研究方法

**ウルピアヌスの定義** 古代以来，正義の定義がいくつか示されてきた。ここで言う定義とは，最近類と種差によって事物の本質を言いあてる本質定義である。たとえば，「人間とは理性的動物である」では，「動物」が最近類で，「理性的」が種差となる。語の用法に関する提案である名辞定義とは異なるので，注意してほしい。

正義の古典的定義としては，古代ローマ法学者ウルピアヌスのものが有名である。「正義とは，各人に彼の権利を帰そうとする恒常的かつ不断の意思である」。この定義から「各人に彼のものを」という標語が引き出され，後世で広

く用いられるようになった。これは，アリストテレスの正義思想にまでさかの
ぼる考えである。先に挙げた例で，ヨシエは，ワルタに盗まれた10万円につい
て権利をもっている。そこで，裁判官は，ヨシエに10万円を取りもどさせるこ
とによって，正義を実現する。

**類似の処遇**　　もう1つのよく知られた標語は，「類似の諸事例は類
似の仕方であつかえ」である。これに言葉をおぎなっ
て，「類似の諸事例は類似の仕方で，相異なった諸事例は相異なった仕方であ
つかえ」と言われることもある。これは**形式的正義**と呼ばれる。これが形式的
と言われるのは，ある事例と別の事例が類似しているかどうかについて，実質
的規準を特定することなく，いったん類似性が見いだされた場合には，類似の
処遇をするよう要求しているからである。なお，「等しきものは等しくあつか
え」としばしば訳されるが，そのときの「等しきもの」は，おおよそ等しいも
の，つまり類似のものという意味である。

この標語もアリストテレスにさかのぼる。先ほどの例で，ウマオとヘタヤで
は，釣った魚の割合が70%・30%と大きく異なっていた。ヘタヤがかりに，等
しい取り分50%を主張するならば，それは正義に反するだろう。

**応報的正義**　　正義の古典的な定義や標語が示すように，アリストテ
レスの正義思想は，射程が広く，後世に大きな影響を
与えてきた。しかし，彼がほとんど考察しなかった場面でも，正義は問われ
る。その1つは応報的正義である。**応報的正義**は，犯罪を行った者に，その犯
罪に応じた刑罰を科することを求める（⇨第11章1）。たとえば，殺人の場合に
は，死刑か，無期懲役または5年以上の懲役が科されるのに対して（刑法第199
条），窃盗の場合には，10年以下の懲役または50万円以下の罰金が科される（同
法第235条）。このような刑罰の重さの違いは，犯罪の重大さの違いに基づいて
いる。

アリストテレスは，敵への応報には触れているものの，犯罪者への刑罰につ
いては論じていない。刑罰は，被害者が受けた損害を回復するわけではないか
ら，応報的正義は匡正的正義と異なっている。また，これは，犯罪に応じて刑
罰が決まる点で配分的正義にやや似ているが，しかし財や名誉の分配とは文脈
が大きく異なるので，配分的正義にふくまれない。

なお，応報的正義にやや似た意味で，正義が語られてきた重要な文脈として，正戦がある（⇨第12章1）。正戦は歴史的には，キリスト教徒が神の名の下に異教徒と戦う聖戦という観念が世俗化したものである。今日では，他国の攻撃から自国を防衛する自衛戦争が，正戦の代表例だとされる。

**手続的正義**　アリストテレスがあつかわなかった別の場面での正義として，手続的正義がある。**手続的正義**とは，決定にいたる過程ではたらく正義である。これは，分配的正義や応報的正義など，決定結果の正しさを求めるいわば実体的正義と異なる。

歴史的には，イギリスの判例法において，自然的正義と呼ばれる手続的正義の諸原理が確立していった。その諸原理には，「他方当事者からも聴け」，「何人も自らの事件の裁判官となってはならない」などがある。また，イギリス・アメリカなどのコモン・ロー系諸国で確立した，法の適正な過程という原理にも，手続的正義が表れている。今日では，訴訟という司法過程だけでなく，立法過程・行政過程や政治参加過程，さらには市民によるさまざまな決定過程についても，手続的正義が重視されてきている。

**衡平**　正義と密接にかかわる理念として，**衡平**がある。アリストテレス（2014: 1137a-1138a）によれば，国法は，大半の事例に当てはまることを一般的に定めているから，これが当てはまらない事例もときには生じる。そのような場合に国法を個別的に補正するのが，衡平だという。

法の世界では，衡平はイギリスなどのコモン・ロー系諸国で，コモン・ローと呼ばれる判例法を適用すると不適切な判決が生じる場合に，これを補正して個別に適切な判決をもたらすエクイティとして実定化されていった。エクイティは，コモン・ローとならぶ判例法として発展してゆく。

経済学においては，衡平に関する数理的研究の蓄積がある。標準的な名辞定義によれば，衡平とは，あらゆる人が，自らのもつ財の束よりも他者のもつ財の束の方が好ましいと思わないことである。これを，無羨望としての衡平という。無羨望としての衡平は，法哲学者ロナルド・ドゥウォーキン（2002）の分配的正義論で活用されている（⇨第4章2）。

**正義論での思考実験**　正義を研究するとき，どのような方法がとられるのだろうか。正義論をふくめて，数十年前までの法哲学・政治哲学・倫理学では，古典的思想や先行学説を足がかりとしながら，アリストテレス以来の古典論理学での推論規則や，その後に提案されてきた推論規則に反しない範囲での思索を中心として，研究が行われてきた。また，社会の現実や歴史的出来事を参照したり，鍵となる語の語源を探究したりすることも少なくなかった。

　近年の正義論では，古典的思想や先行学説をふまえた哲学的思索に加えて，思考実験が多用されている。**思考実験**とは，仮想事例を用いて，特定の規範的主張がどこまで適切かを調べたり，その主張の限界を探ったり，私たちの道徳的直観を浮き彫りにしたりする方法である。

　思考実験での事例は，多くの場合には単純で，実際にはほとんど起こりえないことも多い。しかし，思考実験は，複雑な社会の現実に取り組むには無力な机上の空論だと思い込んではならない。むしろ，複雑な現実のうち，他の諸側面を捨象し，重要な側面に焦点をあわせて，明晰な分析を行うための思考の装置なのである。

**思考実験の例**　正義にかかわる思考実験を体験してみよう。ケース１－１について考えてみてほしい。

**■ケース１-１　宇宙人とのあいだに正義はありうるか？**
　ある日，あなたが日比谷公園のベンチに腰かけていると，宇宙船がやってきて，５人の宇宙人が降りてきた。あなたはおどろいて逃げ出そうとしたが，宇宙人たちは平和的で危害を加える気配がないため，あなたは見物することにした。宇宙人は，頭，２本の腕，２本の足があり，小柄な大人ぐらいの背丈である。かれらは，地球に着いた後に学習したのか，近くの人たちに日本語で話しかけている。
　①宇宙人の１人が，あなたの腕時計に対して強い関心を示し，自分がはめているブレスレットと交換しないかとさかんに誘ってくる。あなたが交換に同意して，腕時計を渡したとたん，かれはブレスレットを渡そうともせず，宇宙船に駆けもどってしまった。あなたは，かれが不正義な行為をしたと思うか。
　②近くにいた柄の悪い若者たちが，宇宙人の１人をかれの仲間たちから引き離し，殴ったり蹴ったりし始めた。あなたは，若者たちが不正義なことをしていると思うか。
　③公園にいる誰かが携帯電話で通報したらしく，間もなく警察の機動隊が到着

し，無抵抗の宇宙人5人を拘束して，連行していった。あなたは，宇宙人が人間と同じく警察署で黙秘する権利をもつと思うか。

3つの設問は，正義の義務を負うのは誰か，また正義が尊重を要求する権利をもつのは誰かを問うものである。自分自身の答えを探したうえで，それを支える理由を考えてみよう。

### 理想理論と非理想理論

思考実験は，正義論で多用される個別的方法である。他方，考察の段階にかかわる全般的方法としては，ロールズ（2010：第2節）による理想理論と非理想理論の区別がある。**理想理論**とは，あらゆる人がルールを遵守するなど，望ましい社会状態の諸条件が充たされていると仮定し，また現実社会の複雑さを捨象して単純化したうえで，正義・自由・平等などの理念を考察する段階である。理想理論は理想郷を夢想するものではない。たとえば，すべての財がありあまるほど存在するならば，分配的正義は不要となるだろう。理想理論は，財の稀少性という人間社会の事実を前提としたうえで，分配的正義を考察するが，その考察のなかで，個人は同意した正義原理に従うなどと仮定するのである。

**非理想理論**とは，望ましい社会状態の諸条件が充たされず，また複雑性をもった現実社会により近い状況において，理想理論での結論をどのように応用し，修正し，補完するかを考察する段階をさす。この考察の段階で現れる問題には，貧困・犯罪・差別・戦争などがある。

他方，この区別を批判する論者もいる。たとえば，経済学者アマルティア・セン（2011：序章・第4章・第18章，原著2009）は，ロールズが超越論的アプローチをとっていると批判する。超越論的アプローチとは，完全に正義にかなった社会を構想しようとするやり方をさす。センは，むしろ比較論的アプローチをとるべきだという。比較論的アプローチとは，正義を促進するか不正義を減少させるために，実行可能な社会的シナリオを相互に比較してゆくアプローチである。

# 3 正義の構造

**正義への懐疑**　正義の意味や，それが語られる文脈について，思想史的に大きな転回が生じ，また思想家たちはたがいに異なった見解を示してきた（⇨本章1）。そのうえ，さまざまな正義の定義や標語があり，この理念が問われる場面も多様である（⇨本章2）。

こうした学説史や研究状況を知ると，正義の意味を確定することなど不可能ではないかという気がしてくるかもしれない。正義は内容空虚であって，諸思想に共通する意味はなく，各思想家は，正義の名の下で自分の考えを述べているにすぎないと思われそうである。

学問上も，たとえばハンス・ケルゼン（2010，原著1953）は価値相対主義に立って，正義の古来の標語は内容空虚だと主張した。**価値相対主義**とは，いかなる価値も，それを信じる人にのみ妥当するという立場である。正義が結果の平等を求めると考える人にとっては，正義とは結果の平等であり，この理念が機会の平等だけを求めると信じる人にとっては，正義とは機会の平等だというわけである。

**正義概念と正義構想**　しかし，正義は決して内容空虚ではなく，一定の意味をもつ。正義の意味を考える出発点となるのは，ロールズ（2010: 第1節・第2節）やドゥウォーキン（1995，原著1986）によって広められた，正義概念と正義構想（正義観）の区別である。**正義構想**とは，正義に関するさまざまな具体的・実質的な見方・捉え方である。他方，**正義概念**とは，そのように相異なった仕方で捉えられている正義の抽象的・形式的な意味である。

たとえば，財を分配するとき，その財の生産に対する貢献度に応じた分配をとなえる功績論者と，その財のニーズに応じた分配を説くニーズ論者は，異なった正義構想をもっている。しかし，功績論者とニーズ論者のあいだに議論のすれ違いが生じているのでなく，本当に論争が行われているならば，2人は正義の抽象的意味について同意していなければならない。これが正義概念である。正義をめぐる百家争鳴の歴史を見て，正義は空虚だと言いつのる人は，正

図1-4　正義概念における2種類の権衡（第三者による処遇の場合）

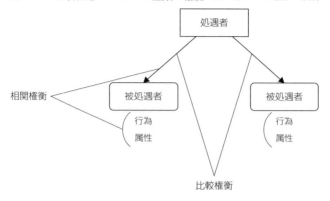

図1-5　正義概念における2種類の権衡
（当事者による自主的・共同的な処遇の場合）

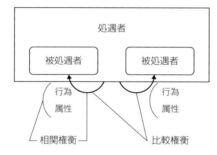

義構想の多様性に目をうばわれて，正義概念の共通性を見落としているのだ。

**正義概念のなかの相関**　では，さまざまな正義構想から区別された正義概念は，どのような意味をもつか。1つの試論として，正義とは権衡，すなわちよい釣り合いだと提案したい。この権衡は，図1-4・図1-5のように，2つの次元からなる縦横の構造をもつと考えられる。図1-4は，処遇者と被処遇者が明確に分かれる場合を，また図1-5は，当事者が自主的に共同で自分たちの処遇を決める場合をそれぞれ示している。

　正義概念の縦の次元は，相関権衡である。**相関権衡**とは，処遇に対して重要な関連性のある，個人または集団が過去になした行為や現時点でもつ属性と，当該の個人・集団に与えられる利益や課される負担とが釣り合っていることで

ある。

アリストテレスの配分的正義は，各人の取柄に応じた分配というかたちで相関権衡をめざすものである。また，ウルピアヌスの定義は，この権衡をうまく言い表している。今日でも，いく人かの論者は相関権衡をとくに重視して，各人の貢献や取柄に着目した**功罪としての正義**（功績としての正義）と呼ばれる立場をとる。ほかにも，応報的正義は，刑罰の場面で相関権衡を具体化している。

<u>正義概念のなかの比較</u>　正義概念の横の次元は，比較権衡である。**比較権衡**とは，諸個人または諸集団に対する処遇が釣り合っていることである。これは，処遇に対して重要な関連性のある観点から見て，複数の個人または集団が類似の行為を過去になしたか，近似した属性を現在もつときには，類似の処遇を行うことを求める。他方，諸個人または諸集団が類似の行為をなさなかったか，近似した属性をもたないときには，相異なった処遇を行うように求める。

アリストテレスの匡正的正義は，比較権衡がそこなわれたときに回復することを求めている。配分的正義も，取柄が等しい諸個人は等しくあつかわれるという意味で，この権衡をふくんでいる。「類似の諸事例は類似の仕方であつかえ」という形式的正義の命法は，比較権衡を端的に言い表している。その他，法の下の平等は，比較権衡が法的原理として具体化されたものだと言える。

無論，相関権衡において，どのような規準によって，処遇の対象者の行為・属性と処遇との釣り合いを判定するかをめぐっては，見解がさまざまに分かれる。また，比較権衡で，どんな観点から，個人間または集団間での行為・属性の類似性を判定するかについても，異なった見解がある。これらの見解が，対立しあう正義構想となる。

<u>相関と比較の具体例</u>　具体例で考えよう。ある大学に，１年間の語学留学制度があると仮定してほしい。毎年，原則としてTOEIC の点数の上位者から順に，定員30名に達するまで，留学資格者が選抜されてゆく。ヒデミが700点で，ダメオが300点ならば，留学候補者リストのなかで，ヒデミはダメオよりも上位におかれていなければならない。これは，相関権衡が要求することである。ナカコとナカトがともに500点だったならば，

2人は同順位とされるべきである。これは，比較権衡からの要求である。

この例からわかるように，権衡という抽象的要請は，処遇が行われる具体的規準を特定するわけではない。留学生の選抜の際に，TOEICの点数だけで決めるのか，応募者に留学志望理由書を出させて評価にふくめるのかについて，権衡の要請は何も語らないのだ。もっとも，どんな規準も許されるわけではない。相関権衡も比較権衡も，「処遇に対して重要な関連性のある」という条件をふくんでいたことを思い出そう。たとえば，応募者が公立高校と私立高校のどちらを卒業したかは，留学生の選抜に関連性がないから，これらは選抜規準にふくまれるべきでない。

**正義の論争性**　正義概念を2つの次元からなる権衡として理解するときにも，あるいは何か別の仕方で理解するときにも，その解釈をめぐって意見の対立が生じることは避けられない。ケース1-2について考えよう。

■ケース1-2　誰を生かし，誰を死なせるか？
　あなたは消防士である。高層ビルが夜に火災となり，大勢の人が取り残されている。あなたは同僚たちと一緒に，すでに火の手が上がっている30階のレストラン街での救助を担当した。ある有名レストランに1人で飛び込むと，逃げ遅れた5人を見つけたが，残されたわずかな時間では，誰か1人を救出することしかできない。5人は次のとおりである。
　①　親からはぐれた10歳の女の子
　②　20歳の身寄りのない皿洗いアルバイトの男性
　③　人気俳優の30歳の女性
　④　テレビにもときどき出演する50歳のIT会社社長の男性
　⑤　かつて政治改革で活躍し，いまは引退生活を送る80歳の元国会議員の男性
　あなたは誰を救出するか。その理由は何か。

## 4　本書の構成

**正義論のベーシックス**　次章以降は次のように進む。第1部「ベーシックス」はおもに理想理論をあつかい，代表的な理論・学派や，主要な論争点が順に取り上げられる。第2章は，今日の正義論の出発点と

なったロールズの正義理論をややくわしく紹介する。第3章は、ロールズから批判を受けたものの、その後いっそう精緻化され発展している功利主義に焦点を当てる。

つづく3つの章は、分配的正義の三大論点を順に解説する。第4章は、人々のあいだでの分配状態を評価するとき、何を尺度とするべきかを論じる。第5章では、個人の責任にゆだねるべき範囲は何かという論点を取り上げ、選択による不平等は各人の責任とし、状況による不平等だけを是正する**運平等主義**について学ぶ。第6章は、分配は平等を目標とするべきか、あるいは別の理念を目標とするべきかを考える。

第7章は、自由の尊重という観点から所得再分配を否定するか限定する**リバタリアニズム**や、自由を尊重しつつ再分配を主張する**左派リバタリアニズム**を取り上げる。第4章から第6章までは、平等を中心的主題とするのに対して、第7章では、自由が主題となる。

**各章の関係**　以上の各章がどのような関係にあるかをまとめたのが、図1-6である。今日の正義論の出発点は、ロールズの正義理論である（⇨第2章）。それに先立って隆盛をほこり、現在にいた

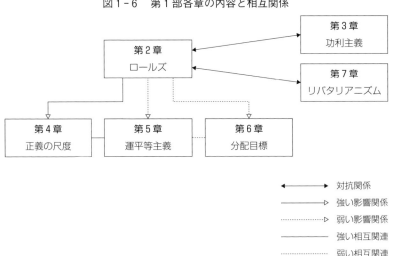

図1-6　第1部各章の内容と相互関係

るまで発展をつづけている思想が，功利主義である（⇨第3章）。功利主義は，ロールズから批判を受けた反面，ロールズの正義理論に対して異議をとなえた。

ロールズが，功利主義とは異なる観点から分配を論じたことをきっかけとして，何を尺度として分配を語るべきかが，やがて一大論点となる（⇨第4章）。これと密接にかかわるかたちで現れたのが，どこまでを個人の責任とするかという運平等主義をめぐる論争である（⇨第5章）。さらに，分配は平等を目標とするべきか，あるいは別の理念を目標とするべきかという論点についても，研究が進展してきた（⇨第6章）。

ロールズをはじめ後の論者の多くが再分配を主張してきたのに対して，リバタリアニズムは，自由の尊重の観点から再分配を批判してきた（⇨第7章）。他方，左派リバタリアニズムは再分配論の一角をなしている。

**正義論のフロンティア**　第2部「フロンティア」では，非理想理論の段階へと進む。正義が問われる国内外の現実問題を取り上げて，まず各問題の現状を見る。そのうえで，第1部での理論や論点がどのようにかかわるか，新たにどんな論点が現れるか，そして各論点についてどういった学説があるかを学ぶ。

第8章は，分配的正義研究の大きな動機となってきた貧困と格差について，国内と地球規模に分けて見てゆく。第9章は，家族や教育を取り巻く諸問題に，おもに正義と平等の観点から取り組む。第10章は，医療と健康を取り上げ，健康状態・年齢などが異なった人々のあいだで，医療資源をどのように分配するべきかを問う。第11章は，刑罰のなかでも，死刑制度を存続するか廃止するかについて考える。

第12章では，戦争をめぐる正義について，戦争の主体の解釈や開戦法規と交戦法規の関係などを学ぶ。第13章は，人口倫理学という新しい学問領域に分け入って，功利主義などの観点から人口問題を考える。第14章は，気候正義という別の新たな領域に目を向けて，地球規模と世代間での正義を問う。

第1部でも第2部でも，各章には思考実験のケースがもうけられている。読者は，問いに対する自分自身の答えを探り，その理由を考えるようにうながされる。こうした作業を通じて，学説の理解を深め，学説のあいだの衝突に気づき，あるいは自分自身の直観をどう正当化できるかを自問することになる。

では，正義を学び考える旅に出発しよう。

## 📖 文献案内
神島裕子，2018，『正義とは何か——現代政治哲学の6つの視点』中央公論新社.
サンデル，マイケル（鬼澤忍訳），2010，『これからの「正義」の話をしよう——いまを生き延
　びるための哲学』早川書房.
フライシャッカー，サミュエル（中井大介訳），2017，『分配的正義の歴史』晃洋書房.

〔宇佐美　誠〕

第 1 部

# ベーシックス

# 第2章

# 正義にかなった社会とは何か

　今日の正義論の活況は、ジョン・ロールズの主著『正義論』から始まった。本章ではまず、彼が生涯を通じて発展させた正義の理論の社会的・学問的背景をふりかえる（1）。次に、『正義論』の前半について、考察の道具立てと（2）、おもな結論とに分けて（3）、ややくわしく説明する。つづいて、彼が『正義論』後半での議論を再考したことから次第に構想が発展していった、第2の主著『政治的リベラリズム』の内容を概説する（4）。最後に、国内制度に関する政治的リベラリズムを対外政策に応用した『諸人民の法』を紹介する（5）。

## 1　理論の背景

**正義論の共有財産**　今日、正義を考えるうえで欠かせない理論を提示したのは、ジョン・ロールズの『正義論』（ロールズ 2010、原著初版 1971・改訂版 1999）である。これは、正義論の研究者がみな彼の学説に従ってきたという意味ではない。むしろ、多くの研究者がロールズの理論への賛否を問わず、それを参照し検討することを通じて、正義論が大きく発展させてきたという意味である。彼の理論は、正義論の共有財産なのである。

**社会的背景と学問的背景**　社会に関する規範理論を深く理解するためには、2種類の背景をつかむ必要がある。理論家は、自分自身が生きている社会の現実と向きあい、それに応えている。そのため、理論の社会的背景を理解しなければならない。また、理論家は、既存の学説を発展させ、あるいはそれを克服しようとする。だから、当該の理論が継受した先行の学説や、それが対決した学説をおさえる必要がある。

**分断社会アメリカ**　ロールズの正義理論の社会的背景から見てゆこう。彼が自説を形づくっていったのは、1950年代から1960年

代のアメリカにおいてである。それはどんな社会だったのだろうか。

　第1に，当時のアメリカは，人種的に分断され，経済的に格差の大きな社会だった。19世紀半ばの奴隷解放以降も，人種隔離のさまざまな制度がつづき，白人警察官による黒人（アフリカ系市民）への暴力や，白人市民による黒人男性の私刑も珍しくなかった。こうした現状を変えようと，公民権運動が起こった。

　また，自由市場経済のもと，技術革新が進むにつれて，白人の中産階級は豊かで便利な生活を送る一方，黒人の多くは貧しい生活を強いられていた。現在でも，アメリカは，先進国のなかでは貧富の差が大きい。

　第2に，価値観や信条の点でも分断された社会だった。白人至上主義者と公民権運動家は，分断の典型例である。ベトナム戦争での良心的兵役拒否者と，戦争を支持した多くの市民のあいだにも，激しい価値観の対立が見られる。その後も，死刑の存廃，人工妊娠中絶の合法化，最近では同性婚制度の新設など，さまざまな争点について，人々の価値観や信条が大きく分かれてきた。

　このようなアメリカ社会の現実に応えて，誰も人種や価値観に基づいて不利にあつかわれない社会制度を構想したものとして，ロールズの学説を理解できる。この学説は，個人の自由を尊重したうえで，経済的・社会的不平等が一定の条件を充たすよう要求している。

### 功利主義批判

ロールズの正義理論の学問的背景に移ろう。彼の最大の論敵は，功利主義だった（⇨第3章）。各人の効用を集計し最大化する**功利主義**では，集団のために個人が犠牲にされるおそれがある（ロールズ 2010: 第5節・第6節）。功利主義は，人格の個別性を軽視しているという。

　功利主義とは大きく異なる立場として，直観主義がある（ロールズ 2010: 第7節）。**直観主義**によれば，競合しあう理念のあいだで相対的な重要性を割り当てる規準はないから，直観によってそのつど衡量を行うしかない。直観主義におちいらず，あくまでも原理的論拠をもちつつ，功利主義に取って代わる新たな社会の理論を打ち立てることが，ロールズの目標だった。

### 社会契約説とは何か

功利主義・直観主義に代わる社会の理論を形づくってゆく際，ロールズは何を足がかりにしたのだろうか。

社会契約説である。**社会契約説**とは，諸個人が契約によって設立したものとして国家を説明する思想である。

　社会契約説は，すでに古代から見られたが，近代に全面的に花開いた。代表的な提唱者には，17世紀から18世紀にかけて活躍したトマス・ホッブズ，ジョン・ロック，ジャン＝ジャック・ルソー，イマニュエル・カントがいる。この4人の思想はたがいに大きく異なるが，それでも前三者は次のような共通の型をもっている。

　国家のない歴史的状態または仮想的状態として，**自然状態**が想定される。そこでは，諸個人は，生まれながらの権利である自然権をもっている。自然状態には，ホッブズによれば生存のための戦争状態（⇨第1章1），またロックによれば権利の不確定性と紛争裁定者の不在など，何らかの深刻な問題が存在する。こうした問題を解決するために，諸個人は，主権者を設立する契約を締結する。これによって，国家状態へと移行する。

**社会契約説の再興**　19世紀に功利主義が有力となるにつれて，社会契約説は次第にかえりみられなくなり，やがて過去の立場とみなされるようになった。こうしたなか，ロールズは，功利主義を批判したうえで，社会契約説の伝統に連なる理論を提示した。公正な状態で自分がいったん同意した原理をその後も遵守しつづけることは，公正にかなうだろう。そこで，ロールズは自説を，**公正としての正義**と名づけた。

　『正義論』は，初版が公刊された当時には，社会契約説を再構成し復興させる著作として大いに注目された。だが，彼の思想は，じつは社会契約説の枠にとても収まらないことが，のちに明らかとなる（⇨本章4・5）。

## 2　原初状態

**正義の客観的状況**　ロールズによれば，社会は，諸個人がたがいの利益を増進するために協力しあう共同の企てである。**互酬性**の想定によれば，各人は，他者との協力によって，自分だけでは得られなかっただろう利益を生み出せる。そこで，協力から生じた利益を他者とどのように分配するかが，次に問われる。利害の一致と衝突の両方が，社会の特徴であ

る。

正義が必要となり，また実現しうるための条件を，**正義の状況**と呼ぶ（ロールズ 2010: 第22節）。正義の状況は，客観的なものと主観的なものに分かれる。客観的状況としては，①多数の個人が地理的境界のなかで共存しており，②諸個人の体力・知力はおおよそ等しく，③諸個人は攻撃に対して脆弱であり，④財は穏当な程度に稀少である。

④について補足しよう。一方では，物があり余るほど豊富であれば，分配について正義を問う必要はない。他方では，物が極度に欠乏しているならば，諸個人の協力は望めないだろう。そこで，穏当な稀少性が正義の前提条件となる。

**正義の主観的状況**　正義の主観的状況に移ろう。⑤諸個人は，おおよそ類似しているか補完しあうニーズと利益をもつ。同時に，⑥各自の人生計画や善の構想に基づいて，自然的資源や社会的資源をめぐって衝突しあう主張を行う。善の構想とは，人生において何が価値あるものかについての考えである。さらに，⑦個人の知識・思想・判断には，さまざまな欠点がある。また，⑧人生計画だけでなく哲学的・宗教的信条や政治的・社会的教説も，多様である。

これらの諸条件のうち，ロールズは，④と⑥をとくに重視した。財の穏当な稀少性のもと，人々が衝突しあう資源への主張を行う状況に着目して，正義を探究したのである。

**秩序立った社会**　『正義論』の大半は，秩序立った社会を考察対象としている（ロールズ 2010: 第1節）。**秩序立った社会**では，各人の善を増進することがめざされる。また，各人は，他の全員が同一の正義の諸原理を受け入れていると知っている。さらに，社会の基底制度がその正義の諸原理を充たしており，しかも充たしていることが周知されている。こうした秩序立った社会の考察は，理想理論にふくまれる（⇨第1章2）。

**どこで誰が何を決めるのか**　社会契約説を足がかりとするロールズ（2010: 第3節・第4節）は，まず原初状態を想定する。**原初状態**とは，自由で平等な諸個人がいて，彼らの合意が公正だと保証される架空状態である。これは，自然状態にやや似ているが，しかし諸個人が自然権をもつわけで

ない。

後年の『政治的リベラリズム』（Rawls 2005[1993]: Lecture II, §1）では，原初状態の諸個人は，合理性と適理性をもつとされる。合理性とは，自らの善の構想や，それを形成し，修正し，追求する能力から見て，最善だと思われる原理に同意する能力である。適理性とは，社会的協力のための公正な条件を尊重する能力である。

自由で平等な諸個人は，社会の基底構造（基本構造，基礎構造）を選択する（ロールズ 2010: 第2節）。社会の基底構造とは，政治的・経済的・社会的な諸制度が基本的な権利・義務を割り当て，社会的協働からの利益の分配を確定する仕方である。たとえば，立憲制，競争市場，私的所有制，一夫一妻制などである。

社会的基本財

社会の基底構造の選択は，財の分配原理の決定として行われる。なぜか。

どんな人生計画をもつ個人も欲する財を，基本財と呼ぶ（ロールズ 2010: 第15節）。基本財は，すべての目的に役立つ万能の手段だと言える。これは2つに大別される。一方は，健康と活力，知性と想像力などの自然的基本財である。他方は，権利と自由，機会，所得と富，自尊の社会的基盤という社会的基本財である（⇨第4章1）。

社会的基本財のなかの権利と自由には，たとえば思想の自由，結社の自由，移動の自由がふくまれる。また，機会とは，公務員や，企業経営者などの経済的に有力な地位につく機会をさす。自尊は，『正義論』では，自らの善の構想が追求に値するという確信と，自分にはその追求の能力があるという自信とからなるとされる。後には，合理性だけでなく適理性にも根づいた社会の協力的な構成員としての自信だと説明されている（Rawls 2005[1993]: Lecture II, §7）。各人が自尊の感情をもてるためには，各人が公共的な言語空間で平等者として尊重されることや，平等な諸自由が保障されることが必要である。

自然的基本財の分布は，社会の基底構造によって直接には左右されないのに対して，社会的基本財の分配は，基底構造に大きく左右される。そのため，社会的基本財の分配原理を選ぶと，社会の基底構造が決まってくることになる。

**運 と 正 義**　社会の基底構造の選択は，次の事実をふまえて行われる。各人がどんな人生の見通しをもてるかは，努力だけでなく，生来の才能・資質や，生まれ育った所得階層などにも左右される。ある人は豊かな才能にめぐまれているが，別の人はそうではない。ある人たちは裕福な家庭に生まれるが，別の人たちは貧困な家庭に生まれる。だが，才能や出身階層は，各人の努力の結果ではなく，偶然的な運によって決まる。才能・資質・階層などの分布は，道徳的に恣意的である。すなわち，各人が特定の才能・資質・階層をもっていることに，道徳的根拠はない。

　才能や資質の分布は自然的なものであり，人間が意図的に変えられないから，正義にかなうとも反するとも言えない。それに対して，社会制度は，人為的につくり上げ変えてゆける。そこで，社会制度が，道徳的に恣意的な自然的分布によって各人の人生の見通しが大きく左右されるままにしておくならば，それは不正義である。

**運 の 道 徳 的**
**恣 意 性 の 帰 結**　生来の才能や出身階層などの運の分布は道徳的に恣意的だというロールズの洞察を押し進めると，どんな結論が出てくるだろうか。ケース2-1を考えよう。

#### ■ケース2-1　ザッカーバーグは単に幸運だったのか？

　ある人が次のように言ったとしよう。

> マーク・ザッカーバーグが巨万の富を得られたのは，医師の両親が資産家で教育熱心だったからだ。富裕な家に生まれなければ，名門の全寮制学校に通うことも，その後ハーヴァード大学に入ることもできなかっただろう。そうすると，フェイスブック社をともに立ち上げる友人たちとも知りあえなかったはずだ。彼の人並み外れた才能も生来のもので，それをうまく使ったにすぎない。結局，ザッカーバーグの富の大部分は，社会のなかで不平等に分布している幸運から生み出されたにすぎない。だから，アメリカ政府は彼にもっと重税を課して，より不運な人々に再分配するべきだ。

　あなたはこの意見に賛成か，反対か。その理由は何か。

**無知のヴェール**　原初状態での諸個人は，無知のヴェールの背後で意思決定をする（ロールズ 2010: 第24節）。**無知のヴェール**と

は，自らの所得階層・社会的地位・知性・強健性・価値観・心理的傾向などを知らないことである。言ってみれば，原初状態の諸個人はひどい健忘症になっている。もっとも，社会組織，人間の心理，経済などの一般的事実に関する知識はもっているとされる。

　なぜ無知のヴェールという想定が必要なのか。たとえば，金持ちのオオガネさんと貧しいマズシダさんがいると仮定しよう。オオガネさんが，社会保障がわずかだが税金が少ない小さな政府を望んでも，不思議ではない。他方，マズシダさんは，税金が高く累進的で，社会保障が充実した大きな政府を望むだろう。これでは，2人が，正義にかなった社会の基底構造について合意することは，とても期待できない。無知のヴェールはこうした事態をふせぐ。誰も自分の属性や価値観を知らないと仮定することによって，各人の選択にバイアスが生じるのをふせいでいるわけだ。

　だが，それだけではない。道徳的に恣意的な運によって各人の人生の見通しが左右されない社会の基底構造を採択するというねらいも，無知のヴェールにはある。

### 無知のヴェールの厚さ

無知のヴェールは，異なった厚さをもちうる。厚い無知のヴェールのもとでは，個人は，自分がどんな社会に住んでいるかさえも知らない。まだ農業社会にとどまっているのか，すでに産業化が生じたのか。どんな天然資源がどのくらいあるか。どのような政治文化があるか。人々のあいだの所得格差はどのくらいか。これらの情報をもたないのである。

　薄い無知のヴェールのもとでは，社会の全体的状態，たとえば所得分布がどのようであるかはわかっている。しかし，そのなかで自分がどの位置を占めているか，たとえばどの所得階層にいるかはわからない。

　原初状態の諸個人は，厚い無知のヴェールをかぶっている。薄い無知のヴェールは，後の段階で重要となるだろう。

### 相互無関心

原初状態の諸個人は，無知のヴェールによって自分の精神的傾向を知らないから，相互無関心でもある（ロールズ 2010: 第25節）。相互無関心とは，他者の幸福を自分の幸福以上にねがう利他心も，他者の幸福をきらう嫉妬心もないことである。

利己主義者ワレサキさんと利他主義者キミサキさんがいるとしよう。ワレサキさんは，自分自身の利益にかなった社会制度を好むが，キミサキさんは，自分でなくワレサキさんの利益にかなう制度を望む。その結果，ワレサキさんがキミサキさんを政治的に支配したり，経済的に搾取したりする社会制度が採択されるかもしれない。相互無関心はこうした結果をふせぐ。利他心も嫉妬心も除くことで，各人の選択にバイアスが生じるのをふせいでいるのだ。

## 3　正義の二原理

**『正義論』での定式**　　原初状態での諸個人は，無知のヴェールの背後で，相互無関心のもと，正義の二原理を全員一致で採択するとされる。『正義論』における**正義の二原理**の最終的定式は，次のとおりである（ロールズ 2010: 第46節）。

> 第1原理　　各人は，平等な基底的諸自由の最も拡張された全体体系への平等な権利を，万人にとっての類似の諸自由の体系と両立するようにもつべきである。
> 第2原理　　社会的・経済的不平等は，(a)正義にかなった貯蓄原理と整合的で，最も不利な人々の最大の利益となるように，(b)公正な機会の平等という条件のもとで，公職と地位が万人に開かれているようになるよう配置されるべきである。

第1原理は平等な自由原理と呼ばれ，第2原理の(a)後半は格差原理，(b)は公正な機会の平等原理（公正な機会均等原理）という。社会的基本財のうち（⇒本章2），自由と権利は第1原理で，所得と富は第2原理の(a)で，機会は第2原理の(b)でそれぞれあつかわれている。そして，これらの原理に従った社会の基底構造が成立すると，自尊の社会的基盤が提供される。

**平等な自由原理の再定式化**　　平等な自由原理で言う基底的諸自由には，表現の自由，結社の自由，思想・良心の自由，人身の自由，財産権，政治的自由すなわち参政権と公職就任権がふくまれる。これらは，どのような善の構想を追求するかを問わず，誰もがより多くもちたいはずだから，

この原理は諸自由の拡張を求める。だが，各人の諸自由を拡張しつづければ，衝突は避けられない。そこで，他の個人がもつ平等な諸自由との両立可能性が，制約として課される。

諸自由の最大の拡張という第1原理の定式に対して，H. L. A. ハート（1990，原著 1973）は，各自由を重みづけ，その間の権衡をめざすことに失敗しているという批判を加えた。この批判を深刻に受けとめたロールズは，『政治的リベラリズム』（Rawls 2005[1993]: Lecture I, § 1）で，再定式化を行っている。

> 　第1原理　　各人は，平等な基底的諸自由の十全に充分な枠組みに対する
> 　同一の破棄できない請求権を，万人にとっての同一の諸自由の体系と両
> 　立するようにもつべきである。

もとの定式の「最も拡張された」が，「十全に充分な」に修正されていることに注意しよう。

**最も不利な人々**　　格差原理は，すべての社会的経済的不平等をなくそうとするものではない。むしろ，不平等を許容するための条件をもうけている（ロールズ 2010: 第13節）。それは，不平等があることによって，最も不利な人々（最も不遇な人々）の利益が最大化されるという条件である。

では，最も不利な人々とは，どんな人たちだろうか。現実の社会には，低所得，心身障がい，人種的・民族的少数性など，さまざまな意味で不利な人々がいる。これらのうち，格差原理は低所得だけに注目する。

集められたデータを最大値から最小値までならべたときに真ん中にくる数値を中央値という。最も高所得の人から最も低所得の人までならべたとき，中央値の半分未満となる貧困層が，最も不利な人々である。これは，日本などの国での相対的貧困線を下回る人たちに等しい（⇨第8章1）。

ロールズは，貧困層と未熟練労働者を同一視している。現実社会に存在する失業者や，重度の心身障がいのために働けない人たちは，ロールズの正義理論には現れない。なぜか。彼は，各人が労働を通じてたがいに貢献しあう協力的投企として，社会を捉えていたからである。

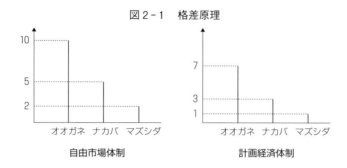

図2-1 格差原理

自由市場体制　　計画経済体制

**格差原理**　　格差原理はどのように作用するのだろうか。オオガネさん・ナカバさん・マズシダさんが，自由市場体制か計画経済体制かを選択すると仮定しよう。それぞれの体制で，3人の所得は，図2-1のようになる。所得の中央値の半分は，自由市場体制で2.5，計画経済体制で1.5である。だから，どちらの体制でも，マズシダさんが最も不利な人々に当たる。彼の所得は自由市場体制で最大となっているから，この体制が選択される。

　最も不利な人々が，自由市場体制のもとでほかの経済体制よりも高い所得を確実にえるためには，ソーシャル・ミニマムを保障する公的扶助制度が必要となる。ソーシャル・ミニマムとは，社会の構成員全員が享受するべき最低限の生活水準である。格差原理は，公的扶助制度を要求するのである。

**マクシミン戦略による説明**　　正義の二原理は，なぜ全員一致で採択されるのだろうか。ロールズ（2010: 第26節）は，合理的選択理論に基づく考えをもっていた。合理的選択理論とは，個人が自らの損得を計算して行為選択を行うと想定したうえで，人々の行動，政策，社会制度などを分析するアプローチである。このアプローチを用いる分野の1つとして，個人間・集団間の相互行為を数学的に分析するゲーム理論がある。

　ロールズは，ゲーム理論でのマクシミン戦略を念頭において，正義の二原理の採択を主張していた。**マクシミン戦略**とは，不確実性のもとでの意思決定において，最小利得を最大化する行為選択の方針をさす。たとえば，10％の確率で100万円が当たり，90％で外れる面白クジと，10％で50万円が，90％で5万円が当たる安心クジがあるとしよう。マクシミン戦略は，最小利得である0円

と5万円を比べて，これを最大化するので，安心クジを選ぶことになる。無知のヴェールによって，自分の所得などの属性を知らない各人は，属性を問わず諸自由が拡張される平等な自由原理を支持する。次に，最低所得の人々がもつ利益の最大化を求める格差原理を選択するだろう。

**マクシミン戦略は合理的か**　ところが，ゲーム理論家ジョン・ハーサニ（Harsanyi 1975）によれば，マクシミン戦略という極端にリスク回避的な行為方針は合理的でない。ハーサニはロールズと違って，薄い無知のヴェールを仮定する。そのうえで，自分がどの所得階層に属するかを知らない人は，各階層への帰属に等確率を割り当てるだろうという。そして，リスク中立的に，平均利得を最大化するのが合理的だと論じる。

平均利得の最大化はマクシミン原理と大きく異なる。面白クジと安心クジの例にもどろう。

面白クジ　　$1{,}000{,}000 \times 0.1 + 0 \times 0.9 = 100{,}000$
安全クジ　　$500{,}000 \times 0.1 + 50{,}000 \times 0.9 = 95{,}000$

平均利得を最大化するには，面白クジを選ぶべきだ。原初状態の諸個人が平均利得の最大化を行うならば，格差原理ではなく，平均功利主義的原理が採択されるはずである（平均功利主義について，⇨第13章4）。

ロールズは，格差原理はマクシミン戦略に依拠していないと主張することによって，ハーサニに反論しようとした。しかし，マクシミン戦略とは異なる格差原理の根拠を明確に示すにはいたらなかった。

**格差原理と世代間の正義**　格差原理が要求するソーシャル・ミニマムの水準は，どのくらいだろうか。この論点は，世代間の正義，とくに社会全体での貯蓄の水準につながる（ロールズ 2010: 第44節）。ここで言う貯蓄には，機械等の生産手段への投資だけでなく，教育への投資などもふくまれる。

一方では，ソーシャル・ミニマムの水準が高すぎると，各世代は次世代のために貯蓄できない。だから，次世代は，所得と富という社会的基本財を十分に受け取れなくなってしまう。他方では，ソーシャル・ミニマムが低すぎると，

各世代は次世代のために大いに貯蓄できるが，世代内では最も不利な人々の利益を最大化できなくなる。

### 正義にかなった貯蓄原理

最も不利な人々の利益と次世代の利益という2つの要請をともに充たそうとするのが，**正義にかなった貯蓄原理**である。ロールズは，正義が求める貯蓄率を明示していないが，一定範囲の貯蓄率が正義にかなうと考えていた。正義にかなった貯蓄原理は，格差原理への制約となる。

経済発展が起こる前の世代は貧しく，貯蓄が難しいから，正義が求める貯蓄率は低い。経済発展後の豊かな世代には，より高い貯蓄率が求められる。そして，正義にかなった社会の基底構造が実現したら，正義にかなった貯蓄原理は，役目を終えて効力をうしなう。

### 子孫への情愛

正義にかなった貯蓄原理は，原初状態でなぜ採択されるのだろうか。原初状態の諸個人は，厚い無知のヴェールによって，自分がどの世代にいるかを知らない。たとえば，自分がいるのは経済発展前の世代か発展後の世代かがわからない。しかし，ロールズによれば，諸個人は家族の長として，子孫への情愛をもっている。そこで，子孫が正義にかなった社会の基底構造を享受できるように，貯蓄を求める原理を採択するという。

ロールズは別の説明も示唆している。ある世代は，自分たちの先行世代や後続世代がすべて正義にかなった貯蓄原理を受け入れると想定して，自分たちもこれを受け入れるという。

### 家父長主義と非一貫性

正義にかなった貯蓄原理の採択を説明するために，子孫への情愛を想定することに対しては，フェミニズム（⇨第9章1）の陣営から批判が出された。原初状態の諸個人が家族の長だという想定は，家父長主義を示しているというのである。ロールズはこれに対して，家族の長は男性でも女性でもありうると応答している。

また，子孫への情愛による説明は，諸個人が相互に無関心だという基本的想定と一貫しないと指摘された。この指摘を受け入れたロールズは，各世代が他世代による正義にかなった貯蓄原理の採択を想定するという説明だけをとるようになった（Rawls 2005[1993]: Lecture VII, §6）。

**公正な機会の平等原理** 正義の第2原理にふくまれる公正な機会の平等原理は、機会の平等よりも多くのものを求める。**公正な機会の平等原理**は、公職や高い社会的地位がすべての人に対して形式的に開かれているだけでなく、それらに就く機会を万人が実質的にもつことを要求する（ロールズ 2010: 第14節）。教育の場面では、私立学校への助成や公立学校制度の確立によって、平等な教育機会を保障する必要がある。また、市場では、企業・自発的結社の規律づけや、独占企業による他企業への活動制限に対する抑止を通じて、経済活動・職業選択が平等化されなければならない。

正義の二原理は、フランス革命でかかげられた三大理念である自由・平等・友愛を具体化している（ロールズ 2010: 第17節）。自由は第1原理に、また平等は、第1原理と第2原理の公正な機会の平等原理とに表れている。他方、格差原理は友愛の具体化だという。実際、友愛にあふれた伝統的な村落では、各人は、自分よりも不利な構成員の利益にならないかぎり、自分だけが豊かでありたいと思わないだろう。

**辞書的順序** 正義の第1原理と第2原理は衝突しないのだろうか。また、第2原理のなかで、格差原理と公正な機会の平等原理は衝突しないのだろうか。

直観主義は、原理が衝突するたびに、是々非々にどちらかを選択するか、あるいは両者のあいだで衡量する（⇨本章1）。直観主義を退けるロールズは、まったく新しい工夫を提案した。辞書的順序である。

辞書では、「あ」から始まる語がすべて列挙され、その意味が説明された後に、「い」で始まる語がつづく。それと同様に、**辞書的順序**によれば、ある原理が十全に充たされた後にはじめて、別の原理が要請される（ロールズ 2010: 第8節）。このようにして、原理間の衝突があらかじめ回避される。

**自由の優先性** 正義の二原理の優先関係は、次のようになる（ロールズ 2010: 第46節）。第1原理は、第2原理に対して辞書的に優先する。個人の自由への制約が社会的経済的平等化に役立つとしても、この制約は許されない。ロールズがとなえた**自由の優先性**によれば、ある人の自由を制約する根拠となりうるのは、別の人の自由だけである。彼は功利主義に対して、人格の個別性を十分に顧慮していないという批判を行っていた（⇨

## コラム❶ コミュニタリアニズム

コミュニタリアニズムによれば，個人は特定の社会や文化から切り離された存在ではなく，むしろそうした特定性を背負った存在である。それゆえコミュニタリアンからすれば，個人の尊厳や自由は，特定の共同体に自覚的かつ批判的に関与することなくして成立するものではない。それゆえコミュニタリアンは，ジョン・ロールズを代表するリベラルな平等主義に対し，特定の共同体がもつ歴史的コンテクストから隔絶された空疎な自由を，正義の名の下に等しく保障しようとしていると批判する（ムルホール／スウィフト 2007: 第Ⅰ部，原著 1996）。

そうしたロールズ批判のなかでも著名なのは，ロールズと同様ハーヴァード大学にて長らく教鞭をとってきたマイケル・サンデルによるものである。サンデルによれば，特定の共同体に埋め込まれた善き生き方の構想に準拠することなくしては，有意義な正義の構想を導くことはできない。ロールズに代表されるリベラルな平等主義者は，多様な社会においてこそ尊厳や自律が求められること，そして，そのような社会に位置づけられているからこそ，各人が自らの生き方に批判的に対峙しうることを見すごしている。サンデルが経験的な実体との結びつきが不明確なリベラルな人格構想，すなわち，「負荷なき自己」に批判的なのは，そのためである（サンデル 2009，原著 1998）。

それでは，コミュニタリアンはいかなる正義論を展開するのだろうか。その本格的な構想を提示したのは，正戦論の枠組みを提示したことで著名なマイケル・ウォルツァーである（⇨第12章）。ウォルツァーによれば，さまざまな財（資源）は，それぞれ社会的な意味とそれが構成される特定の歴史的・文化的背景をもっている。ヘルスケアや教育は，そうした財の典型的な例である。それゆえ，そうした財の価値が貨幣によってのみ量られることを前提として，分配的正義を構想することは間違いである。めざすべきは，貨幣と交換できない，あるいは交換してはならない財があることをふまえて，平等を複合的に捉えることである（ウォルツァー 1999，原著 1983）。

このウォルツァーの「複合的平等」に基づく正義論は，多元主義的正義構想を構築する最近の試みに引き継がれている。たとえば，デボラ・ザッツは，児童労働や臓器売買の有害性について，主体の弱さや脆弱性，そしてその有害性が個人的なものか，それとも社会的なものかによって評価は変わってくると主張する。それゆえザッツは，そうしたものへの規制は複合的なものにならざるをえないと考える（Satz 2010: Ch. 4 ）。

［井上　彰］

本章1）。こうした功利主義批判の精神で，社会全体からの個人の防波堤となるのが，自由の優先性なのである。

第2原理のなかでは，公正な機会の平等原理が格差原理に優先する。形式的平等は，実質的平等化のためにそこなわれるべきでないという。

**狭い反照的均衡**　ここまででは，原初状態での諸個人の選択という正義の二原理の説明を見てきた。だが，正義の二原理の説明はもう1つある。反照的均衡（反省的均衡）である（ロールズ 2010: 第9節）。

反照的均衡には，狭いものと広いものがある。**狭い反照的均衡**とは，さまざまな事例に適用されうる一般原理と，特定の事例に関する熟考された判断とが衝突する場合，どちらか一方または両方を修正して，原理と判断を整合的にすることである。

たとえば，ある人が，男女平等という一般原理を支持する一方で，ある会社が決して女性を総合職には採用しなくても，それは許されることだという熟考された判断をもっているとしよう。この原理と判断は明らかに矛盾するから，どちらかを修正しないかぎり，反照的均衡は達成されない。そして，この場合は明らかに，熟考された判断を修正するべきである。正義の二原理は，私たちの熟考された判断と整合し，反照的均衡にいたる原理として説明される。

**広い反照的均衡**　広い反照的均衡とは，一般原理と熟考された判断だけでなく，原初状態の想定，自由で平等という個人像，正義原理を支持する議論などもふくめたうえで，そのすべてのあいだで整合的関係を達成することである。女性の雇用に関する例で，男女平等の一般原理ではなく，女性の総合職からの排除が許されるという熟考された判断を修正することは，自由で平等という個人像などによって支持される。広い反照的均衡は，『正義論』ですでに示唆されていたが，『政治的リベラリズム』で重要な役割を果たすことになる（⇨本章4）。

反照的均衡は批判もまねいてきた。ロールズは，原理が衝突した場合の解決を直観にたよる直観主義を批判していた（⇨本章1）。それにもかかわらず，反照的均衡における熟考された判断は，道徳的直観にほぼ等しいか，道徳的直観をふくむとしばしば理解されている。こうした理解に基づいて，功利主義からは次のような批判がある。反照的均衡は，道徳的直観によって部分的に左右さ

れるから，直観が健全でない場合には，望ましくない均衡にいたってしまう。

**四段階系列** 正義の二原理のように抽象的な原理は，現実の社会とどのように関係するのだろうか。この疑問に答えるのが，四段階系列である（ロールズ 2010: 第31節）。

四段階系列によれば，原初状態での正義の二原理の採択は，じつは第1段階にすぎない（図2-2）。第2段階は，立憲段階である。諸個人は憲法制定会議の代議員として，原初状態で採択された正義原理に基づき，第1原理での諸自由を憲法上の権利として実定化してゆく。ここでは，無知のヴェールが少しはがされ，代議員は，自分たちの社会の経済発展度・天然資源・政治文化などに関する情報をもっている。

第3段階は，立法段階である。諸個人は立法者として，憲法上の制約のもとで，第2原理を立法により制度化してゆく。ここでは，無知のヴェールがいっそうはがされて，諸個人は所得分布や人種構成などの情報を活用しつつ，立法を進める。

第4段階は，遵守段階である。諸個人は，市民として法律を遵守し，裁判官・行政官として法律を適用する。無知のヴェールは全面的にはがされ，諸個人は自分の善の構想や属性を知っている。

**四段階系列と自由の優先性** 四段階系列は，理想理論の一部ではあるが（⇨第1章2），架空の原初状態から現実世界への移行を説明している。社会制度がなく，無知のヴェールにおおわれた原初状態から，さまざまな制度があり，無知のヴェールがない現実社会へと段階的に移行してゆくわけだ。

図2-2 四段階系列

四段階系列は，アメリカの法制史と法制度を反映している。1776年の独立後，1787年に憲法制定会議で憲法が採択され，その後に法律が整備されていった。こうした歴史的経過は，四段階系列の第2段階で憲法が，第3段階で法律が制定されることに表れている。また，合衆国憲法の修正条項には，日本で言う自由権のみがかかげられ，社会権は法律で定められる。こうしたアメリカ法の特徴は，第1原理が憲法に，第2原理が法律に実定化されるという説明に表れている。

　だが，それだけではない。四段階系列では，基底的諸自由を規定する憲法が採択された後，格差原理や公正な機会の平等原理を具体化する法律が制定される。そして，憲法の最高法規性により，憲法に違反する法律を制定することは許されない。このようにして，第1原理の第2原理に対する辞書的優先性，つまり自由の優先性が制度化されるのである。

## 4　政治的リベラリズム

**社会制度の安定性**　無知のヴェールがすっかりはがされると，一部の人たちは，正義の二原理に基づく社会制度が自分の利害や価値観にあわないことに気づくだろう。この人たちは，利害・価値観に反する制度に従いたくないはずだ。そうだとすると，正義にかなった社会制度は，無知のヴェールがはがされた後，安定的に存立しつづけられるのだろうか。

　この問いに答えるため，ロールズ（ロールズ 2010: 第3部）は，秩序立った社会では，人々は正義感覚を共有し強化してゆくのだと説明した。各人が正義感覚に基づいて正義の社会制度に従うことは，自らの善の構想にかかわる合理性にかなう。要約すれば，正と善は合致しうる。正義にかなった社会制度に従うことが各人の善の一部だとすれば，制度は安定的に存続できるだろう。

　ところが，上記のような議論は必ずしもうまくゆかない。正義の第1原理は，基底的諸自由への平等な権利を求めるから，それに基づく憲法は，諸個人に広範な思想の自由や信教の自由を保障する。そのため，自分の善の構想に照らして，正義の二原理をそもそも受け入れない人々が，当然に現れるだろう。そうだとすると，正義の二原理に基づく立憲民主制のもとでは，制度の安定性

が保障されないように思われる。

**政治的正義構想**　このような社会制度の安定性の問題を深刻に受けとめたロールズ（Rawls 1999[1985]）は，政治的正義構想（政治的正義観）という新しい立場を打ち出すようになる。これを発展させた成果が，『政治的リベラリズム』である。

秩序立った社会の立憲民主制では，哲学上・道徳上・宗教上の包括的教義が並立する，理にかなった多元主義が現れているという（Rawls 2005[1993]: Lectures Ⅰ-Ⅱ）。**理にかなった多元主義**とは，妥協しあえないが理にかなった教義が並立している状態である。理にかなった教義とは，他者に対して理由づけを行い，また熟考の結果に従う意欲と能力のある個人が，適切な内省と熟考を行った末に安定的にもつ教義をさす。

**包括的教義**　**包括的教義**の具体例を見てゆこう。カント（2000a; 2000b）は，自由な人格という考えから出発して，義務論的な倫理学体系を築いた（⇨第3章1）。有名な定言命法の1つの定式は，「あなたの意志の格律がつねに同時に普遍的な立法の原理として妥当しうるように行為せよ」である。他方，ジョン・ステュアート・ミルは，人格の完成をめざす卓越主義に近い立場から，功利主義を発展させた（⇨第3章2）。カント倫理学とミルの功利主義は，相容れない包括的教義である。ほかにも，キリスト教のカトリックとプロテスタントは，異なった包括的教義だと言えるだろう。

ロールズは，『正義論』で示した公正としての正義も，1つの包括的教義だったと考えるようになる。そのとおりだとすれば，秩序立った社会の諸個人がみなこの理論に賛成すると期待するのは，非現実的だろう。そこで，『政治的リベラリズム』では，公正としての正義が，政治的正義構想として新たに示される。これは後に，『公正としての正義　再説』（ロールズ 2004，原著 2001）で要約的に敷衍された。

**重なり合う合意**　公正としての正義という理論の背後には，今日の立憲民主的社会の公共的政治文化がある（Rawls 2005[1993]: Lecture Ⅰ）。この理論は4つの根本的観念からなる。第1は，合理性と適理性をそなえた自由で平等な諸個人である。第2は，世代を超えた協力の公正なシステムとしての社会である。第3は，政治的正義構想によって規制された秩序

立った社会と，その基底構造である。第4は原初状態である。これらは，広い反照的均衡を通じて，立憲民主的価値に依拠しながら正当化される。この正当化の仕方は自立的である。ここで言う自立的とは，どの包括的教義にもたよらず，またどの包括的教義が社会に適用された理論の一部でもないことをさす。

　自立的に正当化された公正としての正義は，さまざまな包括的教義が共通部分としてもつ**重なり合う合意**である（Rawls 1999[1987]; Rawls 2005[1993]: Lecture IV）。たとえば，カント倫理学もミルの功利主義も，自由で平等な諸個人という観念に賛同するはずである。カトリックもプロテスタントも，信教の自由を主張するはずだ。公正としての正義が重なり合う合意となるならば，理にかなった多元主義のもとでも，正義にかなった社会制度は安定的に存続できると言える。

　　公共的理由

立法や裁判などの決定は，包括的教義に基づかないならば，どんな理由によって正当化されうるのだろうか。公共的理由（公共的理性）である（Rawls 2005[1993]: Lecture VI）。**公共的理由**の内容は，リベラルな政治的正義構想によって示される。第1に，公共的理由は，基底的な諸権利・諸自由・諸機会を特定する。第2には，この諸権利・諸自由・諸機会に，社会の一般善や卓越主義的な諸価値に対する特別な優先性を与える。第3に，すべての市民に，自らの基底的な諸自由・諸機会を効果的に用いるための万能の手段を保障する。

　公共的理由の
　文脈と使用者

公共的理由は，憲法的必須事項と基底的正義問題について用いられる。憲法的必須事項は2種類に大別される。第1の種類は，立法権・執行権・司法権という統治の一般構造や，多数決が行われる事項の範囲といった政治過程を特定する根本的な原理である。第2の種類は，立法府の多数派が尊重するべき平等で基底的な諸権利・諸自由である。たとえば，投票権，良心の自由，思想の自由，結社の自由，法の支配による保護がある。他方，基底的正義問題には，公正な機会の平等や格差原理がふくまれる。憲法的必須事項と基底的正義問題は，正義の第1原理と第2原理にそれぞれ対応している。

　誰が公共的理由を用いるべきだろうか。議会で審議する際の立法者，公的言動をするときの執行府の公務員，つまり大統領や大臣など，そして裁判官，と

くに司法審査を行う場合の最高裁判所の裁判官が挙げられる。また，憲法的必須事項や基底的正義問題について公共的な場で主張を行う一般市民や政党の構成員，さらにこれらについて投票を行う際の市民も，公共的理由を用いるべきだという。

### 『正義論』と『政治的リベラリズム』

『正義論』と『政治的リベラリズム』のあいだには，いくつもの明らかな違いがある。まず，中心的な主題に着目しよう。『正義論』では，原初状態での正義の二原理の採択がくわしく論じられた。他方，『政治的リベラリズム』では，重なり合う合意や公共的理由による憲法上・法律上の制度や実践の説明に力点が移っている。つまり，四段階系列のなかの第1段階から第2段階・第3段階へと，重点が移動している。

次に，議論の性格を見よう。『正義論』では，原初状態という哲学的な思考実験が重要な位置を占めていた。『政治的リベラリズム』は，その書名のとおり，政治的正義構想を打ち出している。この変化は，政治的転回と呼ばれる。また，原初状態論は，地球上のすべての社会に妥当すると主張する普遍主義的理論であるように見える。それとは対照的に，政治的正義構想は，西洋社会に範囲を限り，他地域の社会に妥当することをあきらめた文化相対主義的理論だという印象を与える。

### 転向か展開か

これらの違いのため，1980年代から1990年代にかけて，海外のロールズ解釈者のあいだで，彼が『正義論』での旧説を棄てて，『政治的リベラリズム』で新説をとなえるようになったという受けとめ方が多かった。哲学的理論から政治的擁護へ，思考実験から法制度論へ，普遍主義から相対主義へと転向したというわけである。こうした理解を前提として，脱哲学志向で相対主義的な論者は転向を歓迎し，哲学志向で普遍主義的な論者は非難した。同様の理解は，日本でも見られた。

しかし，その後，ロールズの著作に対する細心の読解，新たな原稿のあいつぐ公刊，高弟たちによる解説が行われた。そのおかげで，2つの著作のあいだには，従来考えられてきたよりも強い連続性があるという理解が，かなり広まってきた。実際，根本的に異なる教義の並立という基本認識や，広い反照的均衡という理論装置などは，『正義論』ですでに萌芽的に見られる。また，原初状態や秩序立った社会など，公正としての正義のおもな構成要素の多くは，

『政治的リベラリズム』でも踏襲されている。ロールズは，社会制度の安定性という問題と格闘するなかで，自説の一部分を大きく発展させつつ，ほかの部分を内容的にはあまり修正せず，その意味づけを変更したと考えられる。

# 5　諸人民の法

**国際的な政治的リベラリズム**　ロールズは晩年，国内制度に関する政治的リベラリズムの理論を国際関係に拡張した。それが『諸人民の法』（ロールズ 2006（邦題『万民の法』），原著 1999）である。

　この著書ではまず，世界中の国が5種類に大別される（ロールズ 2006: 序説）。理にかなったリベラルな人民，節度ある位階制の人民，無法者国家，重荷を背負った社会，仁愛ある絶対主義国である。リベラルな人民や節度ある人民における「人民」とは，共通の政府をもって行動する個人の集合体である。この意味での人民が存在しない国は，国家または社会と呼ばれている。

**5種類の国**　5種類の国を順に見てゆこう。理にかなったリベラルな人民は，自分たちの基本的利益に役立つ，理にかなう程度まで正義にかなった立憲民主制のもとで暮らし，共通の共感をもち，正・正義の政治的構想に愛着がある。節度ある位階制の人民は，人格の平等を認めないものの，人権を保障する共通善的な正義構想をもつ。政策に関する意見照会は，集団単位で行われる。リベラルな人民と節度ある人民をあわせて，秩序立った人民と呼ぶ。

　人民が存在しない国は，3種類ある。無法者国家は，自国内で人権を侵害し，他国に対しては領土拡張の野心をもつ。重荷を背負った社会は，秩序立った社会となるのに必要な物質的・人的資源や政治的・文化的伝統を欠いている。仁愛ある絶対主義国では，大半の人権が尊重されているものの，市民は政治的決定に関与できない。

**諸人民の法**　リベラルな人民は，どのような対外政策をとるべきだろうか。この問いに答えるため，ロールズは，理想理論と非理想理論の2段階に分けて考察を進める。

　理想理論では，まずリベラルな人民が，各社会の基底構造について，原初状

表2-1　正義の八原理

| 第1原理 | 諸人民は自由で独立であり，その自由・独立性は他の諸人民により尊重される。 |
| --- | --- |
| 第2原理 | 諸人民は条約や取決めを遵守する。 |
| 第3原理 | 諸人民は平等であり，自らを拘束する協定の当事者となる。 |
| 第4原理 | 諸人民は，不干渉義務を遵守する。 |
| 第5原理 | 諸人民は自衛権をもつが，自衛以外の理由により戦争を遂行する権利をもたない。 |
| 第6原理 | 諸人民は人権を尊重する。 |
| 第7原理 | 諸人民は，戦争行動において一定の特定された制限を遵守する。 |
| 第8原理 | 諸人民は，正義にかなった，あるいは節度ある政治的・社会的体制をもつことを阻むような不利な諸条件のもとで生きる他の人々を援助する義務を負う。 |

態で正義の二原理を採択する（ロールズ 2006: 第1部）。次に，リベラルな人民の代表者が集まり，各社会のあいだでの国際法について，原初状態で**正義の八原理**を採択する（**表2-1**）。

　正義の八原理は，伝統的な国際法の内容を理論的に説明している。だが，国家間の相互依存の高まりに応じて，ますます多様化する近年の国際法の展開からは，かなり距離がある。

**諸人民の社会**　リベラルな人民は，節度ある人民がリベラルな立憲体制をもたないことを批判せず，外交政策で寛容を示すべきである（ロールズ 2006: 第2部）。この寛容を前提として，節度ある人民も，原初状態で正義の八原理に同意する。リベラルな人民と節度ある人民は集まって，**諸人民の社会**を構成し，その内部で，**諸人民の法**が妥当する（図2-3）。諸人民の法に適用されるのが，正義の八原理なのである。

**戦争と国際援助**　考察は非理想理論へと進む（ロールズ 2006: 第3部）。諸人民の社会にふくまれない国々は，リベラルな人民にとって，もっぱら一方的な対外政策の対象となる。図2-3での枠外の国々である。

　秩序立った人民は，無法者国家に対して自衛戦争を行う権利をもつが（第5原理），戦争遂行の制限事項を守らなければならない（第7原理）。また，無法者国家による人権侵害を中止させるため，糾弾・制裁・軍事干渉を行ってよい

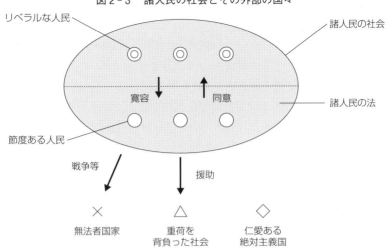

図2-3 諸人民の社会とその外部の国々

(第6原理参照)。これらの対外政策を行う長期的目標は、諸人民の社会に無法者国家を組み入れることである（戦争については、⇨第12章）。

秩序立った人民は、重荷を背負った社会に対して、経済的・技術的な援助を行う義務を負う（第8原理）。その目標は、少なくとも節度ある基本的諸制度を確立することにある。目標が達成された時点で、他の豊かな国との格差が残っていても、援助義務は消滅する。この点で、重荷を背負った社会に対する援助の義務は、正義にかなった貯蓄原理と似ている（国際支援については、⇨第8章4・5）。なお、仁愛ある絶対主義国に対する対外政策は、とくに述べられていない。

**ロールズ正義論の要点**　正義にかなった社会とは何か。ロールズによれば、各人の基底的諸自由を保障したうえで、公正な機会の平等を認め、最も不利な人々の利益を最大化するような基底構造をもった社会である。これを説明するおもな装置は、自由で平等な諸個人、原初状態、反照的均衡、四段階系列などである。

社会の安定性について、市民の正義感覚に基づく正と善の合致という説明が与えられたが、やがて捨てられた。ここから、重なり合う合意や公共的理由を

ふくむ政治的リベラリズムが発展してゆく。だが，社会の安定性の条件を探究する姿勢は，終生一貫していた。

**ロールズ以後** ロールズの登場後の分配的正義論では，2つの研究潮流が誕生し，発展してきた。その全体像をつかむには，思想研究と論点研究を区別することが役に立つだろう。思想研究は，特定の論者や学派がとなえる学説を理解し評価することを目的としている。『正義論』や『政治的リベラリズム』でそれぞれ示された理論の各部分や構造，さらにはこの二著の関係などを解釈し，批判または擁護する数多くの思想研究が生み出されてきた。これらは，ロールズ産業と揶揄されることさえあった。

　論点研究は，個々の理論家や学派を超えて存続する論点を考察することを企図している。ロールズは，効用について語る功利主義を批判し，基本財の分配問題として正義の問題を捉えた。これを1つの契機として，平等化目的物すなわち平等化されるべきものは何かをめぐって，大きな論争がまきおこった（⇨第4章）。また，才能・資質・階層の分布は道徳的に恣意的だというロールズの見解から示唆をえて，分配的正義でどこまでを個人の責任とするかという論点が浮かび上がった（⇨第5章）。ロールズは，分配的正義を探究するためのさまざまな道具立てを提案することによって，新たな論点研究が始まるきっかけをつくったのである。

📖 **文献案内**
川本隆史，1997，『ロールズ——正義の原理』講談社.
仲正昌樹，2013，『いまこそロールズに学べ——「正義」とは何か？』春秋社.

［宇佐美　誠］

# 第3章

# 幸福を増大することが正義なのか

　「行為の正しさは，それが社会全体の幸福を増大するかどうかによって決まる」という考え方がある。「最大多数の最大幸福」というスローガンで知られている功利主義である。この考え方は，直観的に魅力的だと感じる人も多い一方で，さまざまな批判もあり，またそうした批判を受けて一定の理論的な洗練もなされてきた。本章では，そのような批判と応答を概説することで，功利主義の魅力と問題点について検討する。最初に功利主義について大まかな特徴づけを行い（1），次に功利主義では善をどのように理解するか（2），また善を最大化する行為を正しいと考えた場合にともなう諸問題について検討する（3）。最後に，功利主義は要求が大きすぎるとか，正義に反するといった批判について検討する（4）。

## 1　功利主義の特徴づけ

**正・不正の基準としての功利原理**　私たちは，自分や他人の行為について，正しい，不正だ，という評価をすることがある。また，一国の政策についても同様である。ある行為や政策を正しい，不正と判断する際に，私たちが用いるのにふさわしい基準は何か。この問いに答えることが，規範理論の大きな課題である。

　規範理論の1つである**功利主義**は，人々の幸福を善，不幸を悪とみなし，行為や政策が人々にもたらす善と悪を総和したものを正と不正の基準とする。功利主義は，行為や政策がもたらす帰結（結果）を正・不正の評価の基準とするため，**帰結主義**の一種である。

**ベンサムとミルの定式化**　近代功利主義の創始者とされる英国のジェレミー・ベンサムによれば，功利原理（効用原理）とは，「利害関係のある人の幸福を増大させるように見えるか減少させるように見えるかの傾

向に従って，ありとあらゆる行動を是認または否認する原理」であり，個人の行為だけでなく，政府の政策についても適用されるものである（ベンサム 1979: 82，原著 1789）。功利性（効用）とは，「あらゆるものにある性質であり，その性質によってそのものは，利害関係のある当事者に対し，利得，便宜，快楽，善，幸福を生み出す傾向を持つのであり，または，利害関係のある人に対し，損害，苦痛，悪，不幸が生じることを妨げる傾向を持つ」と説明される（ベンサム 1979: 83）。

　同様に，ベンサムの弟子のひとりであるジョン・ステュアート・ミルによれば，功利原理または最大幸福原理に従うと，「行為は幸福を増進させる傾向に比例して正しく，幸福と反対のことを生み出す傾向に比例して不正である。幸福によって快楽と，苦痛の欠如が意味され，不幸によって苦痛と，快楽の欠如が意味されている」（ミル 2010: 265，原著 1861）。

### 功利主義と義務論

社会の幸福を最大化することが正しい行為だとする功利主義の主張は，一見すると当たり前だと思う読者もいるかもしれない。だが，必ずしもそうではない。たとえばドイツの哲学者であるイマニュエル・カントは，幸福は道徳とは基本的に無関係であり，正義を果たすとか約束を守るといった道徳的義務は，自分や他人が幸福になるかどうかとは無関係になされるべきものだと考えた。この場合，道徳は個人や社会の幸福（利益）追求に歯止めをかける役割を果たすことになる。

　このような考え方は，義務論と呼ばれる。ときに私たちは，正義，平等，個人の基本的自由の尊重といった道徳的考慮を無視した方が，社会全体の幸福が増えるのではないかと考えることがある。たとえば，テロリストが大都市の中心街に爆発物を仕掛けたことがわかり，悲劇を回避する唯一の方法が，そのテロリストを残酷な拷問にかけて白状させることである，というような例を考えてみるとよい。しかし，このような場合ですら，テロリストの基本的な人権は尊重しなければならない，と主張したとすると，そのような考え方は，道徳に関する義務論的な思考を表している。義務論は，行為や政策の正しさは，その帰結のみによって決まるものではないとする点で，非帰結主義の一種である。義務論的立場からの功利主義批判と功利主義からの応答については第4節で行うことにして，まず功利主義について善さと正しさという2つの観点からくわ

しく説明を行うことにする。

## 2 善をめぐる問題

　功利主義は，善の最大化を正と不正の基準とする一見して単純な理論である。しかし，うわべの単純さとは裏腹に，細部はかなり複雑な問題をはらんでいる。まず，幸福として規定された善をどのように理解するかが大きな問題となる。功利主義は，幸福だけがそれ自体として善いものであり，それ以外の，たとえば自由や権利といったものは幸福を促進するかぎりで善いと考える。そのため，功利主義は**厚生主義**の立場をとっていると言われるが，幸福の理解をめぐってはさまざまな立場がある。ここでは，デレク・パーフィット（1998: 4，原著 1984）の有名な区別に従って，幸福ないし福利（暮らし向き）に関する3つの理論，すなわち快楽説，選好充足説，客観的リスト説に分けて説明する。なお，ここで言われる厚生主義は広義のものであり，客観的リスト説に近いケイパビリティ・アプローチをとるセンの厚生主義批判は，快楽説や選好充足説を念頭に厚生主義を狭義に理解するものと言える（⇨第4章1）。

| 快 楽 説 | **快楽説**は，幸福を快楽と苦痛（の不在）からなるものとして理解する立場である。たとえばベンサムは，人 |

間が追求しているのは快楽（および苦痛の不在）であると主張し，それ自体として善いのは快楽のみであり，それ自体として悪いのは苦痛のみだとした（ベンサム 1979）。そこで他のもの，たとえば真理や自由が善いと言えるとすれば，それは人々に快楽をもたらすからである。また，戦争や自然災害が悪いとすれば，それは人々に苦痛をもたらすからである。つまり，それ自体として，すなわち内在的に価値をもつのは快楽と苦痛のみであり，それ以外のものは快楽をもたらすかぎりにおいて手段的に善く，苦痛をもたらすかぎりにおいて手段的に悪いということだ。

　ベンサムはこうした理解に基づき，身体的・精神的な快楽と苦痛の分類を行った。また，快楽と苦痛の測定の仕方についても，その強度や持続性などの観点から分析を行った。ベンサムによれば，快楽にいわば貴賤はなく，犯罪から得られたものであれ，芸術観賞から得られたものであれ，強度や持続性など

が同じであれば，等しく善いものである。犯罪が一般に不正であるのは，加害者が犯罪から得られる快よりも，被害者や社会がこうむる苦痛の方が大きいからにほかならない。しかし，犯罪者が得る快も，公平に快苦計算に入れるというのが彼の考えであった。

**ミルの質的快楽説**　しかし，どのような快楽も強度や持続性などが同じであれば等しく善いとするこのような立場は，批判者たちからは「豚のための哲学」と揶揄された。そこでミルは，快楽には高級なものと低級なものがあると主張し，「満足した豚よりも不満足なソクラテスの方がよい」と述べた。これをベンサムの**量的快楽説**に対して**質的快楽説**と呼ぶ。快楽の質はどのように判断するかというと，ミルは両方の快楽を経験した者が選ぶ方が質的に優れた快楽だと答え，意見が割れる場合には多数決で決めると述べた（ミル 2010: 265-271）。

　だが，快楽に質的違いがあるとすると，その違いを判断するには快楽とは別の評価基準が必要となる。たとえば，美しいものから得られた快の方が，美しくないものから得られた同程度の快よりも価値があるとすると，美には快楽に還元できない価値があることになる。すると，快楽以外にも内在的に価値のあるものが存在することになり，純粋な快楽説ではなくなるという問題が生じる。この場合，内在的価値に多元性（複数性）を認める**価値多元論**をとることになるが，これは後述の客観的リスト説と同じ問題をかかえることになる。

**快楽に共通する要素は何か**　快楽の質の議論とは別個に，そもそもさまざまな快楽に共通する要素は何かという問題がある。五感に代表されるような身体的快楽の場合は，快の感覚というのは特定しやすいかもしれない。だが，映画や音楽を味わうことで得られるような快楽や，達成感や満足感といった五感に還元されないような快楽は，すべて特定の感覚を共有していると言えるだろうか。**快楽に関する内在主義的な見方**によれば，私たちが快楽と呼んでいる状態には，すべて快というそれ以上分析不可能な性質がそなわっている。だが，このような性質を同定することは困難である。そこで，**快楽に関する外在主義的な見方**では，私たちが快楽と呼んでいる状態にはこうした共通の感覚は存在せず，そうした状態に対する欲求などの肯定的な態度が存在するだけである，とされる（Sumner 1996: 87-96）。これは，後述する選好充足説

の立場に近づくことになる。

**快楽説に対する批判**　快楽説には，快楽に質を認めるかどうか以外にもさまざまな問題が指摘されている。とりわけ有名なものは，ロバート・ノージックが考案した「経験機械」である（ノージック 1994: 67-68, 原著 1974）。

**■ケース3-1　ノージックの経験機械**
経験機械は，天才脳科学者が作った機械で，あなたの脳に電気的な刺激を与えることで自分の望むことを仮想体験することができるものだ。小説を書いてノーベル文学賞をもらう経験や，この教科書にはとても書けないような経験もすべて思いのままに経験することができる。しかし，その経験をしているあいだ，あなたは頭に電極を刺した状態で水槽に浮いている。科学者は，ほかにも経験機械を使いたい人がいれば，みなつなぐことができるという。あなたは経験機械につながることを望むだろうか。

　もし快楽のみが善であり，人々が快楽を経験することにのみ価値があるとすれば，たとえ経験機械がもたらす快楽は偽りの経験に基づくものであろうとも，経験機械につながらない理由はない。快楽説を支持しつつ，経験機械にはつながらないのであれば，その理由が何かを考えなければならない。もし，真正の経験の方がよいという理由でつながることを拒否するのであれば，質的快楽説の場合と同様に，真正さのような価値が快楽以外にも存在することになるだろう。

**選好充足説**　前出のとおり，ベンサムは快苦の計算について論じたが，快苦の経験は主観的なものであり，計測が困難である。そのため，快苦の代わりに経済学の領域で発展した選好概念を用いる考え方が登場した。**選好充足説**によれば，たとえば私がオレンジよりもリンゴが食べたいという場合に，私はオレンジよりもリンゴを欲するような選好をもち，その選好を充足させることが善，充足させないことが悪だとされる。そこで選好充足説に基づく選好功利主義によれば，人々の選好を最大限充足する行為や政策が正しいことになる。なお，選好充足の代わりに欲求充足という言葉が用いられることもある。

　このとき注意すべきことは，選好の充足と，それによって得られる満足感を

第3章　幸福を増大することが正義なのか

051

区別することである。私の選好を充足させるためには，私がリンゴを食べたという事態が現実に生じるだけで十分であり，私が選好を充足させた結果として快楽を経験したかどうかとは関係がない。かりに私がリンゴを食べて快楽を経験しなかったとしても，私の選好は充足されたことになる。このように，選好の充足は，内的な快苦や満足感といった主観的な経験とは切り離されている。これが選好充足説が快楽説と異なる点であるが，そこには長所と短所がある。

**選好充足説の長所と短所**　選好充足説の長所の１つは，選好充足説であれば経験機械の問題を回避できることだ。経験機械では，私が小説を書いてノーベル文学賞をもらうという選好は，自分では充足されたと思っているだけで，現実には充足されていない。私が望んでいるのは，ノーベル文学賞をもらうという疑似体験をすることではなく，実際にノーベル文学賞をもらうことだからだ。このように，選好充足説では快楽説では排除できない偽りの経験の問題を回避できる。

　他方，選好充足説の短所として，充足されたが経験されない選好を，すべて善と考えるべきかという問題がある。たとえば，死後の選好充足はどうだろうか。

### ■ケース3-2　ノーベル文学賞発表の前日に死んだ文学者

　著名な文学者のハルキは，ノーベル文学賞を長年欲しいと思っており，多くの人もいずれは彼が受賞すると思っていた。ところが，彼は今年のノーベル文学賞発表の前日に急死してしまう。ノーベル賞は通常は死者には与えられないが，ノーベル財団の事務局はその作家の死を知らずに彼にノーベル文学賞の授与を公表する。この場合，彼は文学賞の受賞を経験しないが，彼の選好は充たされたことになる。彼はすでに死んでいるが，この事実によって彼の人生はより幸福になったと言えるだろうか。

　同じような問題が，自分の知らないところで充たされる選好についても生じる。自分の知らないところで充たされる選好とは，たとえばこうである（パーフィット 1998: 668）。

### ■ケース3-3　見知らぬ乗客

　あなたが列車に乗った際に，たまたま一緒になった乗客と会話をし，彼が重病を

患っていることを知る。あなたはその乗客と二度と会うことはないと知りつつも，彼がよくなるとよいなと思う。そして，彼は実際に病気が治るのだが，その事実をあなたが知ることはない。それでも，あなたは自分の選好が充足されたという理由で，より幸福になったと言えるだろうか。

**問題のある選好充足の例**　別の深刻な問題として，十分な情報を得ていたらもたないであろう選好を充たすことが善と言えるかという問題がある。オイディプスはそれと知らずに父を殺して王座につき，それと知らずに母を妻にして子どもをもうけ，のちにそのことを知って自ら針で目を刺して盲目となり王座を追放される。しかし，かりに彼がそれに一生気づかなかった場合，彼は父である人を殺し，母である人を娶（めと）るという欲求を充足させたことで幸福になったと言えるであろうか。これは，より一般化すれば，不合理と思われる選好を充たすことが善であるのかという問題である。

　類似の論点として，順応的選好形成（適応的選好形成）の問題をどう考えるかという問題もある。たとえば，非常に貧しい国で生まれた子どもは高等教育を受けようという選好をもたないという場合のように，かりにある選好をもったとしても充足できない可能性が高い環境においては，そうした選好をもたない方が，充足できない選好が少ないという意味で幸福な人生を送ることができる場合がある。単に選好充足のみが重要だとすると，こうした「高望みしない人々」を多く育てる方が望ましいことになりうる。しかし，そのような人々が本当に幸福と言えるのかは疑わしいだろう（エルスター 2018: 第3章，原著 1983）。

　このような問題を回避するために，十分な情報を得ていたらもつであろう合理的な選好のみの充足に限定するという考え方がある。これは一見すると魅力的な選択肢であるが，どの選好が合理的であるかを確定することが難しく，かりにできたとしても，結局のところそれは次に見る客観的リスト説と同じということになり，もはや選好充足説とは呼べなくなるという問題がある。

**客観的リスト説**　福利に関する客観的リスト説は，客観性と多元性という2つの要素をもっている。

　第1に，客観性については，選好充足説が，たとえば知識が善いのは私たちがそれを選好するからだと考えるのに対して，客観的リスト説によれば，それは方向が逆だと考える。むしろ，知識が善いものであるからこそ，私たちはそ

れを選好するのだ。このように，客観的リスト説の立場では，価値の主観性を
否定し，世界には客観的に人間の福利に資する要素があるとされる。

　第2に，多元性については，客観的リスト説によれば友情，知識，美，自由
など，複数の善が人間の幸福の構成要素である。しかも，これらの複数の善
は，快楽のような1つの要素に還元することはできない。言い換えると，快楽
説は内在的に善いものは快楽だけだという一元論的な主張をするのに対して，
客観的リスト説は内在的に善いものは複数あるという多元論的な主張を行う。

### 客観的リスト説の問題

こうした発想は，何が私たちの幸福に資するかについ
ての常識的な考え方とも一致していると考えられる
が，その一方で，いくつかの問題点が指摘されている。1つは，合意のとれる
リストの作成が難しいことである。たとえば客観的リスト説では，宗教がしば
しば幸福の構成要素の1つに入れられるが，はたして無神論者は幸福になるこ
とができないのだろうか。同じことが，家族をもつことなどについても言える
だろう。それと関連して，こうしたリストが文化に相対的なものと考えるべき
か，あるいは普遍的と考えるべきかという問題もある。

　また，客観的リスト説はエリート主義的だという批判もある。客観的リスト
説の1つの主要な正当化は，上述した複数の善をもつことは人間性の完成につ
ながるという完成主義的な発想である。しかし，この発想は，かりに人々が欲
求していなくてもそれらの善をもつことは人々の幸福に資するという理由か
ら，人々に特定の生き方を強制することにつながりうる。これに対しては，自
由をリストに入れることで対処できるかもしれない。しかし，そうすると次の
価値の衝突の問題が生じる。

　価値の多元性に由来する問題として，複数の価値の衝突をどのように解決す
るかという問題がある。たとえば，個人の自由が内在的な価値をもつとする
と，安全のために人々にシートベルト着用を強制することは許されないのだろ
うか。もし自由と安全のどちらを優先するかを決める際に当人の快楽や選好充
足の最大化という基準を持ち出すのであれば，結局のところ快楽や選好充足の
みが内在的な価値をもち，自由や安全は手段としての価値しかもたないという
ことになりそうである。もし価値の多元性の主張を維持したいのであれば，そ
れ以外の仕方で解決する方法を考えなければならないが，かなりの困難をとも

なうだろう。

**ハイブリッドの立場**　以上で見た福利に関する理論のうち，どれが正しいかについてここで結論することはできない。これらの立場のどれか1つのみが正しいと考えることもできるが，その組み合わせ（ハイブリッド）を考えることもできる。たとえば，選好充足説と快楽説を組み合わせて，選好の充足に快楽がともなう場合にのみ当人の幸福が促進されるという立場や，特定の種類の快楽を客観的リストのなかに入れるという立場などである。さらなる理論的洗練が必要だと考えられるが，福利の問題は功利主義者のみが直面する問題ではなく，善を人々の福利と結びつけて考える厚生主義をとるいかなる理論にとっても検討しなければならない問題であることを忘れてはならないだろう。

## 3　正をめぐる問題

前節では功利主義がとりうる善の理論について概説したが，本節では，善がどのようなものであれ，それを最大化することが正しいという功利主義の正・不正の基準に関して検討する。功利主義においては，個人の行為や政府の政策の正しさを評価するにあたり，影響を受ける人々の効用ないし幸福を集計して最大化するという手続きが必要になるが，このような集計をどのように行うのかが問題になる。

**効用をどのように集計するか**　一般に**効用**とは，財やサービスなどが人の欲求を満足させる程度のことをさす。そこで快楽説においては，何らかの事物が人に快楽をもたらす程度，選好充足説においては選好を充足させる程度を意味する。たとえばリンゴが効用をもつと言われるのは，ある人に快楽をもたらす場合，あるいは飢えを充たすという選好を充足させる場合である。

善の最大化を正しいとする功利主義は，ある行為や政策によって人々が得る善が集計できることを前提としている。しかし，厳密に考えようとすると，善の集計にはさまざまな問題が生じることがわかっている。

まず，**一個人内での効用の比較**の問題を考える。話を単純にするために，世

界には私1人しか存在せず，私の幸福の最大化が功利主義的に正しいとする。そして，私がリンゴを食べるべきか，オレンジを食べるべきか迷っているとしよう。快楽説の場合，リンゴとオレンジのうち，より多くの快楽が得られる方を食べることが正しいことになる。しかし，ここには，リンゴによって得られる快と，オレンジによって得られる快が比較可能であるという前提がある。リンゴとオレンジであれば比較できるかもしれないが，リンゴを食べる快と，読書によって得られる快であればどうだろうか。前述の快楽説の検討の際に「快楽に共通する要素は何か」という問題を指摘したように，ここにはさまざまな快苦の経験が強度や持続性といった観点から本当に比較できるのかという問題がある。

　同じことは**個人間での効用の比較**についても言える。粗食さん，完食さん，美食さんの3人がレストランで食事をして，粗食さんがとてもおいしかったと言い，完食さんがまあまあおいしかったと言い，美食さんがとてもまずかったと言う場合を考えよう。レストランに行くことが正しかったのかどうか功利主義的に評価する場合，3人の快苦を集計すると快楽の方が多くなるか，苦痛の方が多くなるかを知る必要がある。そのためには，3人それぞれの快苦の度合いを知る必要があるが，1つの問題は，前節で述べたように快楽の経験は主観的であるため，評価をする第三者が正確に知るのは困難だということである。

　さらに，かりにこれらの問題を克服したとしても，粗食さんが「とてもおいしかった」と言うときの快の程度は，完食さんの「まあまあおいしかった」と言うときの快の程度と本当に比較したり足し合わせたりできるのか，という尺度の問題がある。たとえば，かりに各人が自分のなかで快苦の数値を決めて，粗食さんが「一番おいしいのを5，一番まずいのを-5とした場合に，5おいしかった」と言い，完食さんが同様の仕方で「3おいしかった」と言い，美食さんが「-5まずかった」と言う場合を考えよう。しかし，物差しの単位がセンチかインチでその数値の意味が異なるように，粗食さんと完食さんと美食さんが快苦を同じ尺度で測っているかを第三者的に確定することは厳密に言えばできない。つまり，それぞれがもつおいしさの尺度が同一であることがわからないかぎり，彼らの数値を足し合わせて合計3ということはできないのだ。

**基数効用と序数効用**　快楽説ではなく選好充足説を採用するとどうだろうか。ここで，基数と序数という区別を説明する必要がある。**基数**は，1，2，3のように，数量の大きさを表す場合に用いるもので，足したり引いたりできる。**序数**は，1番，2番，3番のように，順序を表す場合に用いるもので，こちらは足したり引いたりできない。たとえば，「徒競走の1番の人と3番の人を合わせると4番になる」とは言わない。

　快楽説は基本的に効用を基数的に理解して，大きさを測って足したり引いたりできるものと考えている。それに対して，選好充足説の場合は2つの考え方がありうる。1つは，効用を基数的に理解して，快楽説と同様，選好の強度を測るという考え方だ。しかし，この場合は快楽説と同様に，私の選好強度の尺度と，あなたの選好強度の尺度は同じなのか，という問題が生じる。

　これに対して，効用を序数的に理解する立場がある。この場合は，選好の強度は問題にせず，あくまで選好の順序だけを問題にして，集計を行うことになる。選挙における投票を考えるとよい。通常の投票では，自分が一番選好する人に1票を入れる。この場合，増田さんはとくに強い選好をもっていないが，他の誰よりもましだという理由から，ある候補者に1票を入れるかもしれない。それに対して，好田さんは，同じ候補者に対して非常に強い選好をもっているがゆえに1票を入れるかもしれない。しかし，選挙の場合は，このような選好の強度は無視されて，等しく1票とみなされる。つまり，よかれあしかれ，1票の重みは等しくなる。序数的な選好充足説に基づくと，これと同様の仕方で各人の選好充足を集計することになる。

**序数効用の問題**　選好の序数的理解は，一見すると魅力的であるが，少なくとも2つの問題がある。1つは，本当に選好の強度を無視してよいのか，という直観的なものである。1人1票というのは平等主義的であるが，先ほどの3人がレストランに行く例を少し変えて考えると，美食さんはそのレストランはまずいからもう一度行くぐらいなら死んだ方がましだという非常に強い選好をもっているが，粗食さんと完食さんはおいしいからまた行ってもよいというそれほど強くない選好をもっている場合，単純に1人1票で集計するとレストランに行くことになってしまい，美食さんの選好の強さは無視されてしまう。このように選好の序数的理解は，行為や政策の選択

表3-1　投票のパラドックスの例

|  | 1位 | 2位 | 3位 |
|---|---|---|---|
| 和賀 | 和食 | 洋食 | 鍋 |
| 洋谷 | 洋食 | 鍋 | 和食 |
| 鍋島 | 鍋 | 和食 | 洋食 |

肢を考慮する際に，情報量を切り詰めすぎる（重要な情報を切り捨ててしまう）という問題がある。

　もう1つはより理論的な問題で，序数だけで選択肢のあいだの順位を決めると，いわゆる投票のパラドックスという問題が生じることがわかっている。表3-1のように，和賀さん，洋谷さん，鍋島さんの3人が何を食べに行くかを決めようとしている。各人は表3-1のような選好の順序をもっている。この表から，和食と洋食のどちらが好ましいか（優先されるか）を考えると，2対1で和食が好ましいことがわかる。洋食と鍋についても同様で，2対1で洋食が好ましいことがわかる。そうすると，以上の結果から，和食と鍋であれば和食が好ましいことになると考えられるが，実際には表3-1からは2対1で和食よりも鍋の方が好ましいことになり，矛盾した結論が生じることになる。

　投票のパラドックスは文字どおりもともとは投票制度についてのものだが，経済学者のケネス・アローは，これと類似した問題が効用の個人間比較を前提しないタイプの厚生経済学においても生じることを示した（佐伯 1980: 62）。すなわち，功利主義者が求めるような，個人の効用を集計して社会全体の効用ないし厚生を民主的な仕方で決定しようとした場合，序数的な効用の尺度のみでは，パラドックスが生じて決定できないということである。

　以上のように，効用をどう集計するかという問題は，簡単には解決がつかないものであるが，ここでは最後に3点だけ述べておく。第1に，この問題は，意思決定の際に何らかのかたちでの効用あるいは善の集計を必要とする功利主義以外の多くの理論にも当てはまるということである。たとえば，功利主義のように総和最大化はとらないとしても，善に関する厚生主義をとり，行為や政策の正しさを判断するために人々の効用の集計を行うような帰結主義的理論で

あれば，同様の問題が生じるだろう。第2に，ベンサムもつとに認めていたように，個々の意思決定においては必ずしもここまで厳密に考える必要はなく，ある程度までは大雑把な計算でよいと考えられる。アンケート調査などでも，順序尺度を間隔尺度に変換して分析することがある。これは序数的な順番を基数的な順番に読み替えて足したり引いたりできるようにするということである。このように，実際にはつねにそこまで厳密に集計をしているわけではない。第2の点と関連して最後に，基数的な効用計算には問題が指摘されているものの，医療資源の配分では功利主義的な計算として質調整生存年（QALY）が用いられていることを指摘しておこう（⇨第10章2）。

## 4 功利主義に対するおもな批判

　功利主義は，個人の行為および政府の政策を含めた行為全般に対して正と不正の基準を与えるものとしてベンサムやミルによって唱導され，その後もさまざまな論者によって擁護されてきた。一方で，功利主義に対しては，それは利己主義を主張するものだという明らかな誤解に基づくものや，正義に対する配慮がないなどのより本質的な批判も早くからなされてきた。本節では，主要な批判について取り上げるとともに，そうした批判を受けて修正された功利主義の形態についても解説する。

**過剰な要求批判**　功利主義に関して，最もよく知られている批判の1つに，功利主義は要求が過剰だというものがある。これは，もし本当に功利主義的な生き方をするならば，最大多数の最大幸福のためにあらゆることを行い，自分の好きなことをする時間も休む時間もなくなるという批判である。

　たとえば，功利主義者のピーター・シンガー（2018，原著 1972）は，貧しい国で飢餓に苦しむ人々に対する援助義務を主張しているが，彼によれば，私たちはそれ以上寄付をすると，自分たちの状態の方が，助けられる人々よりも悪くなるところまで寄付しなければならない（⇨第8章4）。シンガーのこの主張に対しては，早くから要求が過剰だという批判がなされてきた。

　スーザン・ウルフは，シンガーが主張するような人間像を「道徳的聖者」と

して次のように戯画化している。「道徳的聖者が自分のすべての時間を費やして，飢えている人に食事を与えたり，病人を治したり，オックスファムのために資金を集めたりするのならば，ヴィクトリア朝文学を読んだり，オーボエを吹いたり，テニスの練習をしたりする時間が彼にないのは必然である」（ウルフ 2015: 76，原著 1982）。

なぜ功利主義はこのように要求が過剰なのだろうか。それは1つには，規範理論としての功利主義が不偏性を強調し，自分自身の人生や身近な人々への配慮といった事柄に関心をもたないからだとされる。バーナード・ウィリアムズによれば，功利主義の要求に従うならば，行為者は自分自身のプロジェクトやコミットメントを追求することができなくなり，人生のインテグリティ（完全性）が失われてしまう（Williams 1973: 116）。

また功利主義は，常識道徳において重視される作為と不作為の区別や，意図と予見の区別を道徳的に重要なものとみなさないため，過剰な要求が生じるとも考えられる。ウィリアムズは，功利主義者は**消極的責任**を認めていると言う（Williams 1973: 95）。すなわち，自分でなすことだけに責任をもつのではなく，悪が生じるのを予見できたのにそれを見過ごしたり防がなかったりした場合にも，同じぐらい責任をもつという考え方である。

**過剰な要求批判に対する応答**　このような批判に対して，功利主義者はどのように応えられるだろうか。1つには，功利主義者はつねに社会の幸福の最大化を考えて行動する必要はないという応答がありうる。現実の意思決定においては時間や情報の制約のある場合が多いため，あらゆる意思決定に際して功利主義的に考えることは非効率的であり，社会の幸福の最大化に失敗する可能性が高い。むしろミルが2次的規則の重要性を強調したように（ミル 2010: 288-289），通常の意思決定に際しては，より具体的な指針を用いて判断するのが幸福の最大化につながると思われる。このように意思決定には功利原理を直接用いず，行為や規則等の正しさを決める際に功利原理を用いる考え方を**間接的功利主義**と呼ぶことがある。

また，もう1つの応答として，過剰な要求批判は功利主義をしりぞけるものではなく，むしろ常識的な道徳に対する挑戦にほかならないとする考え方もある。功利主義が要求するような義務は水準が高すぎるという人々は，もしかす

ると普段から十分に義務を果たしていないのではないだろうか。たとえば，シンガーは動物の幸福も道徳的考慮に入れるべきだと主張しているが，そうすることにより，動物の大量殺戮によって成り立っている私たちの食生活は大きく変わることになるだろう。かりにあなたが，それは要求が過剰だと言ってしりぞけるなら，19世紀前半の米国南部の奴隷所有者が，奴隷制を廃止すると現在の経済活動が立ち行かなくなると言って廃止に反対するのと同じようなものだとシンガーなら言うであろう。このように，功利主義の要求が過剰であることは，必ずしも功利主義の主張が間違っていることを意味しないと考えられる。

　さらに，別の応答として，功利主義は幸福の最大化ないし帰結の最適化を主張せず，十分な善を実現できればそれで足りるとする考え方もある。これは**満足化帰結主義**と呼ばれるもので，功利主義にある種の修正をほどこすものと理解できる (Slote 1984)。同様の趣旨で功利主義に修正を行うものとして，**消極的功利主義**という考え方もある。これは，道徳的に重要なのは世界に存在する苦痛を減少させることであり，快楽を増大させることではないとする考え方である。この場合，なすべきことは苦痛ないし不幸の最小化であり，それ以上のことは求められないことになる。

　ウルフの道徳的聖者の批判や，ウィリアムズのインテグリティの批判は，功利主義を個人のレベルで実践したときに生じる問題点を指摘していると考えられる。そこでロバート・グッディンは，功利主義はおもに公共政策における規範理論だと主張する (Goodin 1995)。そうすると，功利主義がもつ不偏性という特徴は，むしろ公務員がもつべき美徳として考えることができる。このように，功利主義の適用範囲を限定することで，上記の批判に応答する立場もある。

**少数者の犠牲批判** 功利主義に対するもう１つのよく知られた批判は，功利主義は少数者の犠牲を容認するというものである。よく知られたシェリフのケースを見てみよう (McCloskey 1968[1957]: 468)。

### ■ケース3-4　シェリフの選択

　白人と黒人の人種間の緊張関係の強い地域で，ある白人女性が強姦され，それによって黒人に対する反感が高まっている。この状況において，その地域のシェリフ

（保安官）は次の2つの選択肢を選ばないといけない。1つは，ある黒人を強姦の容疑で逮捕することで，白人による黒人への暴動とそれによる死を避けるという選択肢だ。だが，みなが疑わしいと感じているこの黒人は，実際には無実であることをシェリフ本人は知っている。もう1つは，犯罪者を探すことにして，その結果，黒人に対する暴動が生じるがその被害をなるべく最小限にするという選択肢である。シェリフはいずれを選ぶべきだろうか。

　功利主義を批判する者によれば，この事例では，功利主義者は無実の黒人を罪におとしいれるという正義に反した行為を支持することになるとされる。このように，功利主義者は正義や個人の権利を優先すべきだと思われる状況において，全体の利益のために少数者を犠牲にすることを容認すると批判される。

　どうして功利主義の立場ではこのようなことが起きると考えられるのだろうか。功利主義者は，「誰でも1人として数え，誰もそれ以上には数えてはならない」という不偏的な考え方をもって功利計算を行う。だが，集計をする際に，すべての人々の効用が混ざり合ってしまい，結果的に一部の人々が大きな不正義をこうむる可能性があるのだ。ジョン・ロールズは功利主義のこの側面を批判して，功利主義は「諸個人の間の差異を真剣に受け止めていない」と批判した（ロールズ 2010: 39，原著 1971）。これが人格の別個性の批判である。

**少数者の犠牲批判に対する応答**　このような批判に対して，功利主義からの応答はいくつかに分かれる。

　1つは，あまりに不平等な効用の配分は，社会全体の幸福の最大化をもたらさないと主張するものである。この文脈でしばしば限界効用逓減の法則が持ち出される。**限界効用逓減の法則**とは，ある財の1単位から得られる効用は，徐々に減っていくという考え方である（限界効用とは追加の1単位によって得られる増加分のこと）。たとえば，私が5個目のおにぎりを食べて得られる効用は，終日何も食べておらずお腹を空かせた人がそのおにぎりを食べることで得る効用よりも小さいだろう。そのため，私がその5個目のおにぎりを食べるよりもお腹を空かした人にあげた方が全体の効用は増大すると考えられる。このような仕方で，功利主義者もあまりに偏った効用の配分を批判し，むしろ財の再分配を支持すると考えられる（⇨第10章3）。

　別の応答として，やはり功利主義に一定の修正を加えることが考えられる。

たとえば，功利主義は，個々の行為を評価するのではなく，規則を評価するという**規則功利主義**の立場がある。この立場では，先ほどのシェリフのケースのように個別の事例を問題にするのではなく，一般に暴動を止めるために罪のない人をおとしいれることは正しいかが問題にされる。すると，社会がこのような規則を採用した場合，人々は自分がいつ犯罪者に仕立てあげられるかわからず不安になるため，全体の効用は低くなる可能性が高いと考えられる。そこで，このような規則は採用されず，むしろ暴動を止めるためであっても罪のない人をおとしいれることは許されないという規則が功利主義的にも正当化されるだろう。このようにして，規則功利主義の立場では，社会全体の幸福を最大化するような一連の規則を採用することが望ましいことになる（Brandt 1963）。しかし，この立場に対しては，ある規則にどのような場合でも従わなければならないとすれば，それは義務論と変わらないという批判や，規則をどんどん細かくしていけば，個々の行為を評価する立場である行為功利主義と結局変わらなくなるのではないかという批判などがある。

　もう1つの立場として，リチャード・M. ヘアの**二層功利主義**がある（ヘア 1994, 原著 1981）。これは道徳的思考を直観的レベルと批判的レベルに区別するものであり，功利主義的思考は批判的レベルでのみ行われる。上記のシェリフの例では，そのような特異で限定的な状況においては，シェリフが暴動を防ぐために罪のない黒人をおとしいれることは正しいと批判的レベルでは考えられるかもしれない。しかし，その結論を直観に反するとして批判するのは，批判者が道徳的思考の2つのレベルを混同しているからにほかならないとヘアは考える。

　それはこういうことである。私たちがもっている直観的規則は，通常の状況で判断をするための大雑把な規則であり，通常の状況においては，「罪のない人をおとしいれてはならない」や「悪いことが起きるのを防がねばならない」といった直観的規則に従って行為すべきである。しかし，それらが衝突するような困難なケースでは，もはや直観は役に立たないため，どのようにすれば社会全体の幸福が最大化されるかを功利主義の立場から評価することが求められる。とはいえ，そのような特殊なケースにおいて「罪のない人をおとしいれてはならない」という規則に例外を認めたからといって，例外的な状況において

は例外的な行動が求められるというだけであり，直観的レベルにおける規則が間違っていることにはならない。

ヘアのこの立場に対しては，道徳的思考を直観的レベルと批判的レベルの2つに分けて行き来するという発想が実際に可能なのかという批判や，かりに実際にできたとしても，直観的レベルの思考がもつ重要性が失われてしまうという批判がある（ウィリアムズ 1993: 第6章，原著 1985）。

**試金石として
の功利主義**　このように功利主義に対しては，さまざまな観点からの批判がなされているが，現在も有力な規範理論として，多くの論者を惹きつけ，さらなる洗練の提案もなされている。読者が功利主義に賛成するにしろ反対するにしろ，正義を考えるうえで一度は真剣に対峙しなければならないだろう。

---

### コラム❷　他者危害原理とパターナリズム

他者危害原理とは，「他人に危害を加えない限り，個人の自由は制限されるべきではない」という，おもにジョン・ステュアート・ミルの『自由論』（ミル 1979，原著 1859）に由来する発想である。ミルは，「1つの非常に単純な原理」として，この原理を次のように述べている。

その原理とは，人間が，個人的に又は集団的に，誰かの行動の自由に正当に干渉しうる唯一の目的は，自己防衛だということである。すなわち，文明社会の成員に対し，彼の意志に反して，正当に権力を行使しうる唯一の目的は，他人に対する危害の防止である（ミル 1979: 224）。

ミルは続けて，「彼自身の幸福は，物質的なものであれ精神的なものであれ，十分な正当化となるものではない」として，本人の利益のために強制的に行為をさせたりやめさせたりしてよいとするパターナリズムの発想を批判している。何が「危害」と呼べるのかや，社会において他人に何らかの影響を及ぼさない行為はそもそも存在するのかといった論点はあるものの，ミルの他者危害原理は，個人の自由を最大限尊重する自由主義の根幹にあると言うことができる。彼は，他者危害原理を，功利主義から正当化できると考えている。

自由主義社会では，パターナリズムは未成年などの判断能力をもたない者に対するものを除き，概して排除される傾向にある。とはいえ，自動車のシートベルトの装着義務や安楽死の禁止など，パターナリスティックな法規制も一部存在してい

る。これらの法規制をどのように正当化できるかが，応用倫理学や法哲学の領域で論争になっている。

　近年，他者危害原理かパターナリズムか，すなわち自由か強制かという対立を超える試みとして，リバタリアン・パターナリズムの思想が興隆している。これは，人々に強制はしないが，選択肢の構造（チョイス・アーキテクチャ）を変更することで，より望ましい選択肢を選ぶように人々の行動を誘導（ナッジ）するという発想である（セイラー／サンスティーン 2009: 15-16, 原著 2008）。リバタリアン・パターナリズムは，ナッジと呼ばれたり，ソフトパターナリズムと呼ばれたりすることもある。

　たとえば，ファストフードのサイドメニューについて考えると，人々の健康のためには，カロリーの高いフライドポテトを選ぶよりも，ミニサラダを選んだ方がよいと考えられる。その場合，ミニサラダを選ぶ人々を増やすために，デフォルト（初期設定）の選択肢をフライドポテトではなくミニサラダにすることができる。これは人々がデフォルトの選択肢を選びやすいという心理的傾向を利用したナッジである。

　リバタリアン・パターナリズムは，他者危害原理と両立する思想として，公共政策において有望視されているが，実際のところどの程度効果的なのかや，政府によって悪用されるおそれはないのかといった懸念もある。　　　　　　　　　[児玉　聡]

## 📖 文献案内

児玉聡，2011，『功利主義入門──はじめての倫理学』ちくま新書.

シンガー，ピーター／カタジナ・デ・ラザリ＝ラデク（森村進・森村たまき訳），2018，『功利主義とは何か』岩波書店.

森村進，2018，『幸福とは何か──思考実験で学ぶ倫理学入門』ちくまプリマー新書.

[児玉　聡]

# 第4章

# 何を分配するか

◇

　今日の正義論の進展が，ロールズの『正義論』から始まったものであるとすれば，その進展をうながしたのは，何を分配するのかをめぐっての平等論内部における論争である。本章では，「何を分配するか」という分配の尺度問題についてのいくつかの重要な論争を取り上げる。まず最初に，ロールズの基本財アプローチを確認したうえで，その問題点を（狭義の）厚生主義の問題点とともに指摘したセンのケイパビリティ・アプローチについて説明する（1）。次にセンの問題提起に呼応するかたちで，独自の平等論を展開したドゥウォーキンの資源平等主義（2）と，厚生主義の観点から資源平等主義に対する批判を展開したアーネソンの平等論を検討する（3）。同様にセンの議論に影響を受けつつも，人間の中心的なケイパビリティの観念に基づいて，独自にケイパビリティ・アプローチを発展させたヌスバウムの議論を確認する（4）。そのうえで，今日展開されている資源主義とケイパビリティ・アプローチの論争を紹介したうえで，その論争が提起するものについて確認する（5）。

## 1　センの問題提起

**ロールズの功利主義批判**　ジョン・ロールズの正義論は，社会的基本財（以下「基本財」と呼ぶ）の分配により，社会の基底構造を正義にかなったものにすることをめざすものである（⇨第2章2）。基本財には，権利と自由，機会，所得と富，そして自尊の社会的基礎といった，すべての合理的個人のいかなる目的にもかなう手段となるものがふくまれる。具体的には，思想の自由，結社の自由，移動の自由といった諸自由のことをさす。

　ロールズは基本財を分配の尺度とする正義論に基づいて，功利主義（⇨第3章）を批判する。功利主義においては，社会を構成する人々すべてが，それぞれの善き生を自由に追求する平等な存在である点が等閑視されてしまう。その

最たる理由は，功利主義においては，欲求の充足によって得られる効用（満足）の源泉やその質を問うことができないからである。ロールズによれば，「もし人々が差別し合うことや，自尊心を高める手段として他人の自由を蝕むことで一定の快楽を得るとしたら，そうした欲求充足は他の欲求とともにその強度ないしそれに類するものにしたがって熟慮しつつ，比較秤量しなければならなくなる」（ロールズ 2010: 43-44, 原著 1999）。

**センの厚生主義批判**　問題は，功利主義が依拠しているのが，快楽や欲求充足といった主観的な厚生という，情報内容が限られた尺度であることにかかわっている。そのことを鋭く指摘したのが，1998年にノーベル経済学賞を受賞したことでも知られるアマルティア・センである。センは，功利主義の問題点を狭義の厚生主義に求めた。

狭義の厚生主義とは，主観的な快や欲求といった厚生のみに依拠して，人々の暮らし向き（福利，善き生）を評価する考え方である（⇨第3章2，以下では狭義の厚生主義という意味で「厚生主義」を用いる）。その問題点としてセンが挙げるのは，順応的選好（形成）をその評価から排除できないことである。順応的選好とは，本来自分が望む事態が社会的環境のせいで達成を望みえないときに，その環境に順応する仕方で形成される選好である。たとえば，夫の暴力から逃れようのない妻が自らの選好を「飼い慣らす」のは，順応的選好形成の典型的な例である。厚生主義は，そうした順応的選好の充足を，めぐまれた境遇にある人の選好の充足と同様の仕方で評価してしまう（Sen 1987）。

**基本財の利点**　それでは，ロールズが正義原理における分配の尺度として用いる基本財は，厚生を尺度とする功利主義がかかえる問題点を回避するのだろうか。センは基本財を，厚生主義が生じる3つの難点を回避するものとして評価する。

第1に，基本財を尺度とすることで，善き生の中身について一定の客観的評価が可能になる。

第2に，さまざまな自由や自尊の社会的基礎などをふくむ基本財の性質に基づいて，快楽の源泉を区別しうる。この2つの特性により，基本財尺度は順応的選好（形成）の充足を暮らし向きのよさの評価から排除しうる。

第3に基本財は，たとえば夕食には高級シャンパンが欠かせないような高価

な嗜好の持ち主の満足を，普通の嗜好の持ち主が普通の消費で得られる満足と同等に評価してしまうといった，厚生主義のもう1つの問題点を回避しうる（セン 1989: 248）。この3点ともに，効用の源泉や質を問うことができない厚生主義の情報的基礎の貧弱さとは対照的に，基本財が質的評価を自由や機会等の具体的なリストに基づいて行えるような尺度であることと関係している。

### 基本財の問題点

しかしセンは，基本財にも問題があると指摘する。というのも，基本財は人間存在の根本的多様性に注意を払うものではないからである。たしかに基本財は，人々が追求する人生目的を実現する手段を意味することから，人々の善き生の多様性をある程度は尊重しうる。しかし人間存在の多様性は，基本財を用いる能力や人々がおかれている状況とも関連する。

たとえば，障がい者は健常者とは異なり，特別なニーズをもっている。また，どこで生まれ育ったか（たとえば，ビバリーヒルズかスラムか）の違いは，ロールズが列挙する基本財ではカヴァーしえない多様性を示唆する。となれば，財ばかりに焦点を当てることは避けられるべきだ。にもかかわらず，基本財はあくまで財を中心に善き生の質的評価を行うようにうながしてしまう。センは，基本財を尺度とする考え方が，基本財ばかりに目を向けて，財と人との関係を無視してしまう「物神崇拝」におちいっていると批判する（セン 1989: 250-251，原著 1982）。

### 基本財から ケイパビリティへ

ではセンの代替案はどういうものか。センは基本財に取って代わるべきものとして，ケイパビリティを提案する（セン 1989: 251-256）。ケイパビリティは，人々が人生目的を実現するにあたっての手段だけでなく，その目的形成の能力にも目を向ける尺度である。実際，ケイパビリティは，「財が人に何をしてくれるのか」を織り込んだ尺度である。たとえば，栄養補給の必要量を摂取する能力や，衣服を身にまとって雨風をしのぐ能力，さらにはコミュニティに参加する能力などもケイパビリティにふくまれる。重要なのは，そうした能力の達成に必要な財が人によって異なるという点である。たとえば，足に障がいをもつ者の生活に欠かせない財（たとえば車椅子）は，健常者にとっては必要のないものである。

くわえてセンは，財と財を用いる（ないし消費する）人との関係を示す**機能概**

念を用いてケイパビリティを分節化する（Sen 1985; セン1999: 第3章, 原著 1992）。機能とは, 人が達成しうること（行いうること, なりうること）を意味する概念である。この概念によって, 第1にそのなかでも客観的価値が付されるもの, すなわち, 誰もが善き生を送るために必要不可欠な機能の存在が示される。たとえば, 安全な暮らしができることや十分な栄養を摂取することなどを示す機能は, それに当たる。これにより,（基本財と同様）ケイパビリティの尺度に依拠することでも, 高価な嗜好などは「充たされるべきではない」としりぞけることができるのである（Sen 1985: 196-197）。

　第2に, ある機能を実現することだけでなく, その機能を達成する機会の重要性が強調される。たとえば先の順応的選好（形成）のケースは, さまざまな機能を達成する機会がうばわれていると評価される（Sen 1985: 200-201）。これにより, ケイパビリティを情報的基礎とする正義論は, 基本財を尺度とするロールズの正義論よりも能力や状況の多様性を反映しうる構想となる。

## 2　資源平等主義

**ドゥウォーキンの参戦**　　センの「何を分配するか」という問いによって, 平等の尺度をめぐる論争は活発になる。まず口火を切ったのが, 現代を代表する法哲学者として著名なロナルド・ドゥウォーキンである。

　ドゥウォーキンは「資源」という概念を用いながら, 人々の生き方の多様性だけでなく能力や人々がおかれている状況の多様性をふまえた平等論, すなわち, **資源平等主義**を提起する。ドゥウォーキンの資源概念は, 基本財と同様, 客観的な尺度である。しかし, 障がいによる個人の能力差をも資源として勘案する点で, 基本財とは決定的に異なる。

　ただし, 人生目的の追求において重要な役割を果たす信念や選好, すなわち「人格」は, そうした資源の範疇には入らない。なぜならドゥウォーキンに言わせれば, 各人はそうした「信念や選好や人格を前提にしておこなう選択から生ずる結果に対しては……責任を負っている」からである（ドゥウォーキン 2002: 14-15, 原著 2000）。

## ドゥウォーキンの厚生平等主義批判

その資源主義の立場を打ち出すにあたって，ドゥウォーキンはセンと同様，厚生を尺度とする平等論，すなわち，**厚生平等主義**を批判する。ドゥウォーキンは2つの理由から，厚生平等主義を批判する。1つは，（センがすでに指摘した）高価な嗜好の問題である。たとえば，厚生を平等にする分配のあり方を規範とする社会において，夕食には高級シャンパンが欠かせないといった高価な嗜好の持ち主であるカネコさんと，水かお茶で満足できる安価な嗜好の持ち主であるタケナカさんがいるとしよう。さらにそれらの嗜好が，気まぐれや偶然によって醸成されたものではなく，純粋に自分の善き生のために形成されたものだとしよう。このときカネコさんがタケナカさんと同じレベルの厚生を得るためには，多額のお金が必要となる。となると厚生平等主義は，「まさにこのことを根拠にして，［カネコさん］がより多くの収入をもつことを推奨する」だろう（ドゥウォーキン 2002: 71）。しかしそれは，私たちの直観に反する。

　もう1つは，障がいの扱いをめぐってである。先に見たとおり，障がい者と健常者では，必要となる財は異なる。足の不自由な障がい者にとって，普通の暮らしを送るためには車椅子が不可欠である。このとき厚生平等主義は足の不自由な障がい者全員に車椅子を提供するように，あるいはそのための補助金を与えるように指令すると思われるかもしれない。だが，ディケンズの小説『クリスマス・キャロル』に出てくるティム坊やのように，貧しくて足が不自由で病気がちだが，とにかく陽気でつねにハッピーな重度の障がい者を想定しよう。この障がい者の厚生は，お金持ちの健常者（たとえば強欲な守銭奴であるスクルージ）の厚生よりも高い水準にある。となれば厚生平等主義は，ティム坊やからスクルージへの資源移転を要請することになる（ドゥウォーキン 2002: 86-87）。このことが反直観的なのは明らかだろう。

## 羨望テスト

以上から，各人の主観的な満足度が入り込む厚生は，分配尺度として問題がある。そこでドゥウォーキンは，客観的評価が可能な資源を尺度とする平等論を提起する。資源平等主義は2つの必要条件からなる。1つは，誰もが自分が保有する資源の束よりも他の人の資源の束を羨ましいと思わない状態である。ドゥウォーキンはこれを，**羨望テスト**が充たされた状態として位置づける（ドゥウォーキン 2002: 95-96）。

羨望テストに従えば，各人が欲する資源の内容は，各人がどの資源が自分にとってどれくらい重要で，かつ，他の人がどの程度その資源を重要だと考えるかによって決まる。たとえば耕作地の重要性は，耕作地をどのように利用しようと考えているかで違ってくるだろう。その重要性次第で，ある人は耕作地を多くふくむ資源の束を欲し，別の人はそうでない資源の束を欲するだろう。ではたがいの資源の束が羨ましいとしたら，どうしたら両者が羨ましいと思わない状態に行き着けるのだろうか。

**オークション** その答えは，**オークション**である。ここで，資源が豊富にある島にいる人々に，（それ自体としては無価値の）貝殻を等しい分量だけ渡した状態を想定してもらいたい。そして，中立的な競売人が島の資源を商品としてオークションを実施し，すべてが完売し人々が満足するまでオークションを続ける。すなわち，人の持ち物が羨ましくなくなるまで資源を交換することにより，羨望テストが充足される状態が導かれるのだ（ドゥウォーキン 2002: 97-98）。

これにより，高価な嗜好が問題になることはない。なぜなら，嗜好ではなくオークションの値段（相対価格）で資源配分が決まるからだ。しかもこの場合，人々の人生を形づくる信念や選好は，その価格に拘束されることになる。ドゥウォーキンの言葉を借りれば，「資源の平等のもとで人々は，自分たちの選択が他の当事者に対して課す，それゆえに彼らに公正に用いられる資源の総ストックに負荷する実際の費用にかんする情報を背景にして，どういう類の生き方を追求するかを決めていく」のである（ドゥウォーキン 2002: 100）。

**自然の運と選択の運** もっともドゥウォーキンは，羨望テストを充たすだけで，資源平等主義が完成するとは考えていない。たとえば，予測困難な大地震によって耕作地が使い物にならなくなったり，天然資源を用いる能力に生まれつき差があったりするからだ。つまり，運の要素を無視しては，平等な分割は中途半端なものに終わってしまいかねない。

そこでドゥウォーキンは，そうした運のうち，予測・計算できかつ回避できたリスクを**選択の運**と呼び，いかなる熟慮ある行動によっても回避できなかったリスクを**自然の運**と呼んで，両者を区別する（ドゥウォーキン 2002: 105-106）。選択の運はギャンブルを例とするもので，自然の運の例は突然の天変地異によ

る影響や生来の能力差である。資源平等主義は自然の運だけを緩和し，選択の
運は各人の責任にかかわるものとする。

| 保　　　険 | そこでドゥウォーキンは，自然の運を選択の運に変換する保険の仕組みを提案する。これが資源平等主義の |

2つ目の必要条件である。それは，人々が天変地異や障がいを負うリスクに対
し保険をかける機会を等しく保障する仕組みである。この仕組みによりオーク
ションに基づく資源配分は補正され，資源平等主義が実現する。実際，厚生平
等主義にとってネックであった障がいは，自然の運としてあつかわれることに
なる。

　しかし先天的な障害の場合，事前に保険をかける機会を保障するのは実際に
は不可能である。そこで，そうしたケースでドゥウォーキンが提案するのは，
仮想保険である。仮想保険とは，平均的な人ならばどのような保険を購入する
かという推量に基づいて，人々に一律に加入させる保険である。この保険によ
り，当該保険の穏当な保険料と補償額が確定する（ドゥウォーキン 2002: 114）。
ドゥウォーキンはこの理想理論的議論をふまえて（⇨第1章2），現実に資源平
等主義が適用される仕組みとして，国民皆保険制度のような強制保険を支持す
る。そしてその枠内で，障がいをかかえていてもつねにハッピーなティム坊や
への補償を正当化するのだ。

# 3　厚生への機会平等主義

| アーネソンの参戦 | こうしてみると，ドゥウォーキンの議論が，平等の尺度の選定問題にとどまるものではないことがわかる。 |

資源平等主義は，平等主義的な分配の対象なり範囲なりを決めるのは，個人が
負うべき責任の範囲次第であるという主張をふくんでいる。この主張は，その
後の平等論のあり方に決定的な影響を与えた。その影響力を物語る議論をいち
早く展開したのは，リチャード・アーネソンである。

　アーネソンはドゥウォーキンと同様，個人が負うべき責任の範囲が平等主義
的分配の対象なり範囲なりを決定づけると考えている。そして自発的な選択こ
そが，責任の有無をはっきりさせると主張する。もし不平等が自発的選択の結

果による場合には、その不平等は平等主義の観点から見て何ら問題にはならない（アーネソン 2018: 54）。

そういう意味でアーネソンは、ドゥウォーキンの路線を踏襲する。しかしアーネソンは、ドゥウォーキンの厚生平等主義批判に反論する。というのも、ドゥウォーキンの批判は以下の2つの区分をふまえたものになっていないからである。1つは、単純な平等と機会の平等の区分であり、もう1つは、分配シェアを測定する基準としての厚生と資源の区分である。事実、ドゥウォーキンが厚生平等主義を批判するとき、厚生を単純に平等化する議論として厚生平等主義を扱っている。だからこそ、高価な嗜好が問題となる。ところが、ドゥウォーキンが資源平等主義を擁護する際、資源を単純に平等化する議論としてあつかってはいない。資源平等主義は、オークションによる資源分割のみならず、保険加入機会の平等を必要条件とする議論である。つまりドゥウォーキンは、資源への機会を平等にするという議論と厚生を単純に平等化する議論を比較しているのである（アーネソン 2018: 56-57）。

**厚生への機会平等主義と意思決定ツリー**　そこでアーネソンは、資源への機会を平等にするという議論と比べるべく、厚生を単純に平等化する議論ではなく、厚生への機会を等しく保障する議論、すなわち**厚生への機会平等主義**を本格的に検討する。その議論は、3つの部分からなる。

第1に厚生は、充分かつ適切な情報をもとに、冷静な熟慮に基づいて形成された選好の充足を意味する。これにより、利那的な欲求や虚偽情報に基づいて形成される欲求の場合、その充足は厚生としてはカウントされないことになる。

第2に、そのうえで多種多様な人生をふまえて、各人の意思決定ツリーを想定する。そのツリー上で示された全員の選択機会の束が、厚生の期待値を足し合わせて等しくなることが求められる。

第3に、それぞれの選択肢は、各人にとって有効に選択できるものでなければならない。さもなければ、選択肢を検討・選択し、それを実行に移す能力の違いが無視されてしまうからだ。

この3つの要素からなる厚生への機会平等主義があますところなく実現している状況では、いかなる選択が真に自発的選択と言えるかがわかる。すなわ

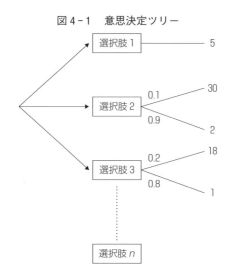

図 4-1　意思決定ツリー

ち，人がどの不平等に対し責任を負うべきかが明らかとなる（アーネソン 2018: 48-55）。

　図 4-1 を見てほしい。それぞれの選択肢には，それを選択することで得られる厚生が，選択肢の優先順位とともに示されている。選択肢 1 は確実に最も高い厚生（5）が得られる選択肢である。選択肢 2 と 3 はそれに準ずる選択肢で，いずれもギャンブル性の高い選択肢である。選択肢 2 を選ぶことで得られる厚生の期待値は，$30 \times 0.1 + 2 \times 0.9 = 4.8$ である。選択肢 3 は，4.4 である。一方で，もし選択肢 1 が選べる状況であるにもかかわらず，選択肢 2 を選び，（事業に失敗するなどして）最終的な厚生が 2 になったとしても，それは選んだ当人の責任である。他方で社会は，すべての人の選択肢 1 から選択肢 $n$ が，等しい期待値になるようにすべきである。

**厚生への機会平等主義の利点**　アーネソンはこの厚生への機会平等主義が，資源平等主義よりも優れていると考える。なぜか。資源平等主義は，高価な嗜好を一律に選好や人格にかかわるものとして想定する。したがって，高価な嗜好に起因する貧困は，一切補償対象とはならない。しかし，高価な嗜好でも自発的に醸成されたものとそうでないものとがある。たとえば，夕食時の飲み物は高級シャンパンでないと気がすまないという嗜好は，家

庭環境のせいで育まれた場合もあるだろう。この場合でも資源平等主義は，高価な嗜好というだけで補償対象から外す。このようなかたくなな見方には，アーネソンならずとも疑問を覚えるところだろう。

　では，厚生への機会平等主義の場合はどうだろうか。厚生への機会平等主義の場合，高価な嗜好に基づいて形成された選好が，充分かつ適切な情報に照らして熟慮をへて形成されたものかを重視する。もしそうでなければ，高価な嗜好は不充分な情報や虚偽情報に基づくものかもしれない。その場合，高価な嗜好の持ち主の責任を問うことはできない。次に問われるのはその持ち主が，高価な嗜好以外の嗜好をもつことが他の人と同様可能であったかどうか，である。もし他の人と同じように，高価な嗜好の醸成しない機会がそもそも与えられていないようならば，高価な嗜好をもってしまったことに対する責任は問われない。さらに，そうした機会が本人にとって有効なものであったかどうかも問われてくる。以上から厚生への機会平等主義が，高価な嗜好が自発的なものであったかどうかにこだわる議論であることがわかる。

　このようにドゥウォーキン以降の平等論は，責任の範囲を定めるためには真に自発的な選好の形成や選択がどういう条件で可能なのか，という論点を軸に発展してきた。逆に言えば，運（の影響）をどう解消するのか，もしくは緩和するのかが，ドゥウォーキン以降の平等論の主題となったのである（⇨第5章）。

　機会の平等とアーネソンの機会平等主義とは，どういう関係にあるのだろうか。次のケースを考えてみよう。

### ■ ケース4-1　機会の平等と厚生への機会平等主義

　カネコさんとタケナカさんは，ともに同じ大学を出ている。その大学はトップクラスの大学で，2人とも筆記試験をパスして合格し，同じ一流企業に就職した。ところが，ふたを開けてみると，カネコさんはタケナカさんよりも出世した。

　2人の違いはどこにあるのか。カネコさんの家系はいわゆる名家の家系で，何不自由なく受験に向けての準備ができる環境にあった。対照的にタケナカさんは，周りが必ずしも大学に行く社会環境にはなく，高校を出て働くのが当たり前という家庭で育った。

　実は，カネコさんが仕事でうまくいったのは，名家であることや小さい頃から養われた文化的素養のおかげで，顧客獲得に不自由がなかったからである。対照的に，友

人も教養もないタケナカさんは，大型の顧客を獲得できないことから会社での営業成績がパッとしなかった。それゆえ，タケナカさんは，出世の展望もない平社員のまま，退職を迎えることとなった。

あなたはこの2人の現在の境遇差について，どう思うか。

　このときいわゆる機会の平等の観点からすれば，2人の境遇差には問題がないとされる。なぜなら，大学受験の機会も一流企業への就職の機会も，2人に等しく開かれていたからだ。しかし厚生への機会平等主義は，2人の意思決定ツリーが等しいものではなかったと主張する。厚生への機会平等主義の観点からは，同じ一流企業に就職できているにしても，その他の選択肢をふくめた成功の見込み（期待値）の違いが重要だからだ。上記の例で言うと，2人のバックグラウンドの不平等に起因する境遇差である以上，タケナカさんには何がしかの補償が与えられるべきことになる。そういう意味で厚生への機会平等主義は，結果の平等に近い考え方だと言えるだろう。

## 4　ヌスバウムのケイパビリティ・アプローチ

**ヌスバウムの参戦**　「何を分配するか」をめぐって，資源平等主義と厚生への機会平等主義をめぐる論争が個人の責任をめぐる論争へと発展していった。その一方で，センが提起したケイパビリティ・アプローチも独自の進展を見せた。その進展を後押ししたのは，フェミニストとして，またアリストテレスを含む古代ギリシア哲学の研究者として，何よりセンとならんでケイパビリティ・アプローチの代表的論客として著名なマーサ・ヌスバウムである。

　ヌスバウムは，主として2つの論点からケイパビリティの尺度に注目する。1つは，開発と女性である。途上国の女性は，栄養状態や健康面での貧しさにくわえ，家庭内の不払い労働や家庭内暴力（DV），セクシャルハラスメント等にさいなまれるケースも多い。その証左として，途上国では女性の方が短命であることが挙げられる（男女間で栄養や保険について平等であれば女性の方が長生きすることは，よく知られた話である）。つまり，途上国の女性は貧困にくわえ，男女格差という不平等にも苦しんでいるのだ（ヌスバウム 2005: 序章，原著 2000）。

**正義論と障がい**　第2の論点は，障がい，それも重度の知的障がいである。これまでの正義論は，人々が道徳的人格を有することを前提にして組み立てられてきた。ロールズの正義論は，その典型的な例である。ロールズは正義を遵守しうる人間として，合理性と適理性を兼ね備えた存在を想定する（⇨第2章4）。だからこそ人々は，社会的協働に積極的に関与し，利益（権利）のみならず負担（義務）を負う動機づけを有する。しかし，障がいをかかえた者，とくに重度の知的障がい者のなかには，合理性や適理性を欠く人たちもいる。ロールズの正義論の枠組みでは，そうした人たちを正義の対象から外してしまう（ヌスバウム 2012: 第2章，原著 2006）。

　ヌスバウムはこの2つの論点をふまえて，ケイパビリティ・アプローチに注目する。先にも確認したように，ケイパビリティは目的（機能）の多様性に目を向け，それを達成する機会の有無に焦点を当てる尺度である。それゆえ，合理的に人生設計できないような人であっても，その人が尊厳をもって暮らすために必要な機能の違いを重視する。ケイパビリティ・アプローチからすれば，途上国において顕著に見られる女性の順応的選好（形成）は，一定の機能を果たす機会（自由）が社会的に剝奪されていることから形成される。重度の知的障がいのせいで基本的な自由や経済的稼得の機会がうばわれているのは，ノーマライゼーションが進んでいないからである。ケイパビリティ・アプローチであれば，その点を直截に指摘しうる。

**人間の中心的な　ケイパビリティ**　ヌスバウムがセンと違うのは，さらに踏み込んで，ケイパビリティのリストを提示する点である。人間の中心的ケイパビリティのリストがそれである（ヌスバウム 2005: 92-95; 2012: 90-92）。

　人間の中心的ケイパビリティのリストは，財を福利に変換する能力の多様性をふまえたものである。ただし，このリストは固定的なものでも特殊具体的なものでもない。それが固定的でないのは，古今東西の神話に見られる人間性に端を発するものの，文化横断的広がりをふまえたリストだからだ。それが特殊具体的でないのは，それぞれの機能がコミュニティや文化に合わせて具体化されるべきものだからだ。要するに，リスト自体はあくまで暫定的かつ抽象的なものである。それゆえ，その刷新や適用にあたっては継続的な熟議が不可避である。

表 4-1　人間の中心的ケイパビリティのリスト

| ① | 生命 |
|---|---|
| ② | 身体の健康 |
| ③ | 身体の不可侵性 |
| ④ | 感覚・想像力・思考力 |
| ⑤ | 感情 |
| ⑥ | 実践理性 |
| ⑦ | 連帯　A：他者との関係，<br>　　　　B：自尊を保ち，屈辱からまぬがれていること（その社会的基盤の保障） |
| ⑧ | 他の種との共生 |
| ⑨ | 遊び |
| ⑩ | 環境のコントロール　A：政治的コントロール，<br>　　　　　　　　　　B：物質的コントロール |

　重要なのは，人間の中心的ケイパビリティのリストが，最小限の正義の要件を構成していることである。それは，人々が公共的な政治的事柄に関与するための必要条件をリストアップしたものであるとも言い換えられる。それゆえ，もしリストに入っている機能が充たされていないとなれば，尊厳ある生が公的に保障されていないことになる。したがって，最小限の正義を実現すべくその充足を図ることが，喫緊の課題となる。途上国の多くの女性や重度の知的障がい者は，こうしたリストの充足からはほど遠い状況にある，それらは，優先的に解消すべき不正義である（ヌスバウム 2005: 第1章 ; 2012: 第3章）。

## 5　個人多様性をめぐる攻防

**ポッゲの参戦**　こうしてみると分配的正義において，「何を分配するか」をめぐる議論が，いかなる尺度を採用すべきかという論点にとどまらないことがわかる。その点をつまびらかにしたうえで，資源主義の考え方を擁護するのが，ロールズの高弟でグローバル正義論者として著名なトマス・ポッゲである（⇨第8章5）。ポッゲは資源主義が優れている点を評価するにあたって，資源主義（とくに基本財を分配尺度とするロールズの立場）

とケイパビリティ・アプローチとの異同を見極めようとする。

**資源主義とケイパビリティ・アプローチの共通性**　ポッゲによれば，資源主義はケイパビリティ・アプローチと大きく重なる。途上国の女性がしいたげられていることや，飢饉や非識字が目立つ状況などは，資源主義（基本財）の観点からも大幅な改善が求められる事態である。問題は，個人の能力の多様性，すなわち，**個人多様性**である。人々のあいだで性別や身長などの身体的特徴は異なるし，どの分野でどの能力を発揮するかという点でも異なる。障がいや病気に見舞われて（いる）かどうか，そしてその時期や場所（部位）も多様である。となると，そうした違いを機能の多様性と評価しうるケイパビリティ・アプローチの方が，適切な指針を与えられるとの見方が出てきてもおかしくはない。

　しかし，個人多様性の多くは，個人の内的能力の違いに還元しうるものではない。人が特定の才能を発揮できるかは，環境や制度がととのっているかどうかに大きくよる。たとえば，ある子どもに学問的なセンスがあったとしても，大学等の高等教育機関がなければそのセンスを発揮することは困難である。病気や障がいについても，そのほとんどが社会的要因によって規定される。肺がんに罹患する確率も喫煙のリスクの周知徹底によって下げられるし，ノーマライゼーションが進んだ社会では，身体障がいが日常生活を送ることの特段の妨げにはならないだろう。以上をふまえてポッゲは，個人多様性にまつわる不平等や不正義の問題は，環境や制度を秩序づける分配的正義を実現するためにさまざまな基本財によって再分配を図る資源主義でも，十分対応できると主張する（Pogge 2010: 28-31）。

**資源主義とケイパビリティ・アプローチの異同性**　もちろん，個人多様性が社会的要因だけに規定されるとは言えない。また社会的条件がととのっていない状況（たとえば途上国）であっても，障がいや特定の病気（たとえば伝染病）への対応は求められる。こうしたケースでは，資源主義とケイパビリティ・アプローチでは異なる指針が示される。

　目が見えない人を想定しよう。ケイパビリティ・アプローチであれば，その機能の欠損を「劣った」ケイパビリティとして位置づけ，その分をカヴァーする緊急支援を短期的には求めるし，長期的には晴眼者と同様の生活を送ること

ができるような境遇改善を求めるだろう。他方，資源主義であれば，現在の社会環境と提供可能な財をふまえて可能なかぎりの対応を要求するだろう。

たとえば，盲導犬を無料で提供することは，そうした対応の一例である（Pogge 2010: 31）。こうした身体障がいの場合は，すべての人の能力が多様であるとする水平的な見方よりも，その優劣（障がいの場合は劣位にある能力）を評価しうる垂直的不平等の観点が重要になる。それゆえ，社会的要因に規定されているかどうかにとらわれることなく，個人多様性に感応的なケイパビリティ・アプローチの方が，障がいやそれにかかわる特定のニーズへの対応により適しているとの見方も出てこよう。

**資源主義から見たケイパビリティ・アプローチの問題点**　しかしケイパビリティ・アプローチには，厄介な問題がつきまとう。第1に，情報収集にまつわる問題である（Pogge 2010: 42-43）。経済的不平等の評価にあたって，障がいをはじめ，社会的要因に還元しえない能力差について，それが稼得の差にどの程度つながっているのかを知るのは難しい。実際，労働時間や勤勉さから個人の能力の差を差し引いて対価を算出することは，個人の能力差が労働時間や勤勉さと深くかかわっている点をふまえると，ほぼ不可能である。少なくとも，今日の経済や企業システムの複雑性にかんがみれば，労働・経済活動において純粋に個人の能力が果たす役割を割り出すことは困難であろう。所得や機会といった基本財の使用は，そうした困難をまぬがれている。

第2に，障がいやその他の能力不足を分配的正義の対象となりうるという意味で「劣位にある」と評価することは，公的なあつかいとしてふさわしくない。問題なのは，「能力が劣っている」ことを分配的正義の名の下に公示して，再分配を図ることが求められる点である（Wolff 1998）。実際ケイパビリティ・アプローチは，障がいを垂直的平等の観点から劣位にあるものとして位置づけるが，その評価を分配ルールや制度改変に反映させるために公にしなければならない。多くの障がい者運動は，そうした公的ラベリングに反対するだろうし，実際にそうしたあつかいに公然と反対してきた。以上をふまえると，ケイパビリティ・アプローチが排除しない垂直的平等の観点は，必ずしも容易には受け入れられるものではない。むしろ資源主義のように，垂直的平等に基づかない立場の方が，望ましいとさえ言えるかもしれない（Pogge 2010: 46-47）。

**アンダーソンの参戦** ポッゲによる資源主義の擁護およびケイパビリティ・アプローチ批判に対し，資源主義よりもケイパビリティ・アプローチの方が優れていると主張するのが，エリザベス・アンダーソンである。アンダーソンは，抑圧的な関係に移行しやすい，あるいは実際に抑圧的になっているハイアラーキカルな社会関係を対等な関係にすることが，平等，もう少し正確には**民主的平等**の主要な役割であると考える（アンダーソン2018: 113-129）。なぜなら，人々は平等な市民として対等な関係性を築くことに根本的な利害関心があるからだ。それは市民である以上，もち続ける（べき）関心である。

この観点から，アンダーソンはケイパビリティを資源よりも優れた尺度として支持する。なぜなら，基本財に代表される資源はあくまで手段にかかわるものであって，人々が多様性を見せる機能のように，目的がかかわるものには関与しない尺度だからだ。重要なのは，手段を等しく保障する観点から分配を決めることではなく，いかなる者も社会で平等な存在として生きていくために必要な社会環境をととのえることである。分配はその環境整備において枢要な役割を果たすのであって，それだけであらゆる不正義が解消されるわけではない。人種差別や性的マイノリティ（LGBT）への差別は，そうした不正義の典型的な例である。ケイパビリティは，そうした差別によって達成が妨げられる機能の多様性に目を向ける尺度である。それゆえアンダーソンは，ケイパビリティの方が尺度として優れていると見る（Anderson 2010: 88-89）。

**ポッゲの批判に対する応答** ではアンダーソンはケイパビリティ・アプローチを擁護する観点から，ポッゲの2つの批判にどう対応するのか。

第1の情報収集のコストついて。民主的平等の理念は，市民として等しい立場が保障されるレベルまでの分配ないし環境整備を求めるにとどまる。さらに，平等な市民のケイパビリティを保障するために，かりに情報収集以外のコストが過大になる場合には，その支出は他者が適理的に拒絶しない程度にまでおさえられる。それは対等な関係性をうたう民主的平等の考え方が示すものである（Anderson 2010: 97）。

第2の批判，すなわちケイパビリティ・アプローチは障がいや能力の欠損を

スティグマ化してしまう，という批判について。アンダーソンに言わせれば，ポッゲは，ケイパビリティ・アプローチが障がいや能力の欠損が生む垂直的不平等を公的な補償によって解消することを目的にしている，と誤って捉えている。不平等の温床となるものを直接的に解消しようとする政策は，必ずしも優れた不平等解消策とは言えない。そもそも，そうした政策を採用すべきかどうかは分配ルール次第である。ヌスバウムが示しているように，最小限の正義を求める立場からすれば，人間の中心的ケイパビリティが充たされていれば，その状態に不正義はない。この立場からすれば，目が見えない者が目が見える者と同じ生活を送ることができなくても，尊厳ある生活を送ることができればよい。それゆえケイパビリティ・アプローチも，資源主義が要求する盲導犬の無償提供でよいと考えるだろう。アンダーソンの民主的平等論がめざすのは，まさに最小限の正義が充たされている状態にほかならない。

　以上のアンダーソンの応答から，どの尺度を採用するかという問題と，いかなる分配ルールを採用するかという問題は，（密接に関係するが）根本的には別問題だということになる。すべての人が対等な関係性を享受しうるように，社会環境の整備や分配を通じて人々のケイパビリティが保障されればよいという考え方は，十分主義の考え方と符号する（⇨第6章4）。すなわち，分配ルール次第で，ケイパビリティ・アプローチも無理な要求をしない正義構想を提示することができるのだ。

**尺度問題から分配のルールの問題へ**　本章では，何を分配するのかという分配の尺度問題を中心に，ロールズの基本財尺度とその問題点，そしてその問題点を克服すべく提示されたケイパビリティ・アプローチを確認した。そのうえで，ケイパビリティ・アプローチをきっかけに発展した「何を分配するか」をめぐる資源平等主義と厚生への機会平等主義をめぐる論戦を説明した。

　こうした論争は，分配尺度の問題への応答の次元を超えてしまうことである。分配の尺度問題に還元されない次元の問題，とくに分配ルールの問題は，分配的正義を探究する際に検討しなければならない問題である（⇨第6章）。

## 文献案内

井上彰，2008，「厚生の平等——「何の平等か」をめぐって」『思想』1012号103-130頁.

若松良樹，2003，『センの正義論——効用と権利の間で』勁草書房.

［井上　彰］

# 第 5 章

# どこまでが個人の責任か

　平等論は，ドゥウォーキンの資源平等主義以降，不平等に対する個人の責任を考慮に入れる方向で進展してきた（⇨第 4 章）。本章では，さまざまな責任概念があることを確認したうえで，平等論において問われる責任が個人の責任であることを確認する。そのうえで，個人の責任（の程度）の測定を運の介在の有無（や程度）によって決める運平等主義の考え方を紹介する（1）。次に，運平等主義にとって核となる自然の運（状況）と選択（の運）の区別にまつわる困難について確認する（2）。さらに，運平等主義に突きつけられる 2 つの批判，すなわち，屈辱性批判と過酷性批判について，それらの批判に対する反論とともに解説する（3）。以上の批判に応答すべく提起された多元主義的運平等主義を，その問題点とともに確認する（4）。最後に，おもに過酷性批判に理論内在的に対応すべく提起されたフローベイの運平等主義，すなわち，「新しいスタート」論について説明する（5）。

◇

## 1　平等論における責任

**個人の責任**　責任にはさまざまなものがある。すぐに頭に浮かぶのは，罪を犯したら刑罰を受けるという意味での刑事責任や，交通事故によって被害者に損害を与えた場合に賠償する民事責任だろう。また，社会通念に反する行為により謝罪会見を開くといった道義的責任も，私たちにとってなじみ深い責任概念である。こうした刑事・民事ないし道義的に問われる責任は，相手がいてはじめて成立するという意味で対外的責任と言われるものである。

　それに対し，分配的正義を主題とする平等論において問われるのは，個人内で成立する対内的責任である。とくに，『正義論』公刊以降に進展した平等論において問われてきたのは，個人の選択がもたらす結果が（どの程度）自分によるものかを問う**個人の責任**である（Brown 2009）。とくに平等論の文脈では，

貧困におちいったときに，その結果が（どの程度）自らの選択によるものかが問われてきた（⇨第4章2）。

**デザートと責任** このことからもわかるように，個人の責任は個人が特定の結果に真に値するのかを問う**デザート（功績・功罪）**や，負担と成果の権衡を規準とする公正（⇨第1章3）とも深く関係する。しかし，個人の責任は，デザートや公正と必ずしも軌を一にするわけではない。デザートは，3項関係のスキーム，すなわち「個人Sが処遇Xに値するのは根拠Fによる」で表されるものである（ファインバーグ 2018: 122，原著 1970）。このスキームに照らせば，個人の責任の追求は，Fに「選択」をおきその範囲に収まる「結果X」の正当性の追求を意味するものとなる。

しかし，同じデザートであっても，処遇や根拠は多様である。陸上競技や水泳は通常，順位Fに従って賞Xが与えられるし，大学の学長選はさまざまな基準Fから学長Xにふさわしい候補かどうかが判定される（⇨コラム❸参照）。また公正は，ジョン・ロールズの議論に代表されるように，つねに個人の責任を先鋭的に問う観念として扱われているわけではない（⇨第2章1）。それゆえここでは，デザートや公正とは独立に規定されるものとして個人の責任を扱う（以下では，個人の責任という意味で「責任」を用いることとする）。

**選択の運と自然の運** 責任が平等論において中心的な役割を果たすようになったのは，ロナルド・ドゥウォーキンの資源平等主義以降である（⇨第4章2）。実際ドゥウォーキンの平等論にとって，個人が負うべき責任の範囲を定めることが最たる課題であった。予測可能かつ回避可能なリスクを意味する**選択の運**と，いかなる熟慮ある行動によっても回避しえない**自然の運**は，責任の範囲を確定するにあたって欠かせない区別である。

ドゥウォーキンによれば，選択の運は「結果的にギャンブルがどれくらい熟慮を経た，よく計算されたものであるかがわかるか，すなわち，ある者が予期したはずであり，また冒すことを辞退することができた特定のリスクを受け入れることを通じて得をするか，損をするか，という問題である」。それに対し自然の運は，「そうした意味で熟慮を経たギャンブルとは言えないリスクがどのような仕方で人々に降りかかるか，という問題である」（ドゥウォーキン 2002: 105，原著 2000）。

## コラム❸　デザート論

　デザート（功績・功罪）は，多義的な概念である。特定の刑に値する罪を犯したかどうか，名誉ある職位につくにふさわしい人かどうか，あるいは，特定の賞を受賞するにふさわしい人かどうかなど，デザートがかかわっているとおぼしき例は枚挙にいとまがない。しかしジョエル・ファインバーグが指摘するように，そうしたさまざまな例も，次の3項関係に収まることがデザートの概念的特徴であると言える。

> 「SがXに値するのはFによる」
> ここで，S：個人（例：犯罪者）
> 　　　　X：処遇の様式（例：懲役○年）
> 　　　　F：SとXの関係が適正なものになる根拠をともなうSに関する事実
> 　　　　　　（例：Sによる窃盗）（ファインバーグ 2018: 122）

　もっとも，この3項関係は，処遇の様式を所与としたとしても，デザートの根拠を確定するものではない。たとえば，ある大学の学長職をめぐって，2人の候補者がいるとしよう。その大学の学長（X）にふさわしいのは，行政的パフォーマンスに優れている（$F_1$）タナカさんか，それとも学術的業績で抜きん出たものがある（$F_2$）ササキさんのどちらだろうか。このとき，学長の職にふさわしいとする根拠，すなわち$F_1$と$F_2$が対立している。このように，デザートは単一の価値として構成されるものではない。

　となると，デザートと正義との関係で，次の2つの点を確認する必要がある。第1にデザートの根拠は複数ありうるし，ときに根拠同士が対立しさえする。第2にデザートと正義の関係は，決して一様ではない。

　第2の点は，デザートを正義の唯一の要求とする見方もありうるし，デザートをふくむさまざまな価値を統御する概念として正義を位置づける見方もありうることを意味する。前者の見方を代表するのが，フレッド・フェルドマンである。フェルドマンは，分配的正義が政治経済的コンテクスト上の複数のデザートの根拠（安全や公共インフラへの利益を受ける機会，政治的権利など）に基づいて成立する正義論を提示する(Feldman 2016)。後者の見方を代表するのが，デイヴィッド・ミラーである。ミラーはデザートのほかに，シティズンシップの平等とニーズ（に基づくコミュニティの原理）によって支えられる多元主義的な社会正義論を提示する(Miller 1999)。

〔井上　彰〕

**運平等主義**　ドゥウォーキンの資源平等主義は，選択の運には感応的だが，生来の能力差に代表されるような自然の運には不感応な分配のあり方を追求するものである（ドゥウォーキン 2002: 126）。選択の運と自然の運の区分をふまえて独自の平等論を展開したジェラルド・A.コーエンは，「平等論の根本目的の主要部分は，分配に対する自然的運の影響を消滅させること」であり，それゆえ「自然の運は，正しい平等にとっての敵である」と言い切る（Cohen 1989: 931）。

　このようにドゥウォーキン，コーエンはともに，自然の運の影響を可能なかぎり緩和すること（ドゥウォーキン），もしくは徹底的に取り除くこと（コーエン）で，個人が負うべき責任の範囲をはっきりさせようとした。以降，自然の運は，個人ではどうすることもできない要因を意味することから「状況」と呼ばれ，個人の責任範疇に入る「選択」と区別されてきた。この，運によって責任を規定し，運による影響のみを平等主義的分配による矯正対象とするアプローチは，**運平等主義**と呼ばれている。1980年代以降，この運平等主義の考え方は平等論において一大パラダイムを形成し，今日にいたっている。

## 2　運の区分をめぐって

**選択の運と自然の運の区別困難性**　運平等主義に対しては，さまざまな批判が投げかけられてきた。そのうちの1つは，ドゥウォーキンによる自然の運の定義をめぐるものである。自然の運は以下の2つの点で，（選択の運，もしくは端的に選択との対比をなすという意味での）機能を果たしえない，とする批判である。

**知識の暫定性**　第1点目は，知識の暫定性にまつわる批判である。選択の運の定義を慎重に行うにあたって無視できないのが，どういった確率に基づいて運を解釈すべきか，という点である。可能な応答としては3つある。そしてそのどれも，難のある応答である。

　第1は，個人の実際の信念に基づく事象生起評価によって算定される実際的主観確率である。そもそも主観確率とは，事象の生起についての人間の主観的評価（信念の度合い）によって測られるものである。しかし，実際的主観確率

では，その実際性ゆえに，さまざまなバイアスによって信頼性に乏しい情報がかかわってきてしまうことから，責任を真に帰すべき選択を確定しえない。

第2は，個人の主観的評価とは無関係に確率分布が同定される客観確率である。しかし客観確率では，すべての事象が先立つ出来事によってあらかじめ決まっているとする決定論が真であるとすれば，完全情報が与えられた世界では確率は0か1になる。それゆえその場合，選択の運の概念自体，有意義なものでなくなる。

第3は，十分な情報を所与として帰結の実現可能性を合理的に計算する理想的主観確率である。この確率に基づくと，予測可能な帰結がうまく捉えられると思われるかもしれない。だが，たとえば喫煙によってガンに罹患する確率についてのより確かな，信頼に足る情報が出てきた場合に，選択の運と当初みなしえたものが自然の運とみなすべき事態が生じる。それゆえ，自然の運は不確定なものとなってしまい，自然の運に規定される責任に基づく議論は成立しがたいものとなる（Lippert-Rasmussen 2001: 566-569）。

### 世界の不確実性

第2点目は，世界の不確実性にまつわる批判である。少し考えてみればわかるように，今日の資本主義経済では，選択の運としてみなされるもののほとんどが自然の運となりうる。実際，いくら熟慮しても予測不可能な出来事がグローバル金融市場で頻発するのは，周知のとおりである。それゆえ，予測可能性に基づいて運の定義を行うこと自体，成立しがたい（Price 1999: 270-271）。

以上から何が言えるだろうか。十分な情報に照らして選択ができる場合でも，その結果に責任を課すためには，選択と結果の関係が対応していなければならない。逆にそのような対応性がないと，（事前の情報では低リスクの）天変地異が起こった場合にも，その結果生じる不平等分布が正当化されてしまうおそれがある（Lipper-Rasmussen 1999: 482-483; Vallentyne 2002: 531-532）。

### ヴァレンタインの定義

もっとも，自然の運を予測可能性を軸に定義することなく，運平等主義を打ち出すことは可能である。ピーター・ヴァレンタインは，自然の運を次のように定義する。すなわち，「出来事の（不）生起は，行為者がその（不）生起可能性やその確率に（適理的に）意図的に影響を与えることができなかった程度に応じて，その行為者にとっての

自然の運に起因する」という定義である（Vallentyne 2002: 537）。

　ヴァレンタインの定義が優れているのは，予測可能性に基づかずに，帰結が
どの程度，熟慮ある選択に対応するかで自然の運の程度が変わることを認める
ところにある。知識が暫定的であるがゆえに自然の運について確定的には言え
ないケースや，選択と帰結という2つの出来事にはっきりとした対応性が見い
だせないケースでは，自然の運の占める割合は大きくなる。

　しかしこの定義では，選択の運とはっきり区別される仕方での自然の運の計
測はほぼ不可能になる。すなわち，両者の区分はあくまで程度問題となり，そ
れゆえ自然の運の影響を緩和ないし除去することの規範的含意は不分明なもの
となってしまう（Vallentyne 2002: 537-538）。とくに先に見たように，今日のグ
ローバル経済のもとでは，両者の区分が困難になっている。このような運の区
分の不確定性や困難性は，運平等主義の根幹にかかわる問題点と見られてい
る。

__厚い運と薄い運__　　このことをふまえてヴァレンタインは，運の規定の仕
方について，ある方向転換を提言する。それは，スー
ザン・ハーリィによる厚い運と薄い運の区別をふまえた（Hurley 2003: 107-
109），薄い運平等主義の定立である（Vallentyne 2008: 58）。**厚い運**とは，自然の
運が特定的内容を有することを前提にした運の捉え方をさす。これまで見てき
たアプローチ，すなわち，自然の運の定義づけによって運の緩和や除去の規範
性を示そうとするアプローチがそれに当たる。それゆえ，厚い運平等主義によ
れば，そうした定義によって特定の内容が与えられた運によって，責任がない
こと（あるいはその程度の軽減）が説明される。

　それに対し**薄い運**とは，自然の運と責任が端的に逆相関の関係，すなわち，
自然の運の程度が高まれば，責任の程度は低くなるという関係にあると捉える
見方に基づくものである。それゆえ，自然の運（と区別される選択の運）が責任
を規定するのではなく，逆に責任の構想により自然の運は規定される。

__責任の哲学的構想__　　となると，薄い運平等主義の場合，責任に関する哲学
的構想次第で運の捉え方が変わることになる。そこ
で，責任をめぐる哲学的議論を見てみよう。責任についての哲学的構想には2
つの立場，すなわち，非両立論と両立論がある。

**非両立論**によれば，世の中の出来事が因果的に規定されるとする決定論と自由な選択という構想は相容れない。それゆえ，あらかじめ因果的に規定されない自由意志の存在を認めないと責任は措定しえない。たとえば，学校をサボることについて，「学校をサボろう」（ということにかかわる）何らかの純然たる自由意志の発動なしには，その責任を問えないことになる。

**両立論**とは，決定論と自由な選択（責任）の構想は両立しうるとする立場である。両立論に従えば，「学校をサボろう」という純然たる自由意志（なるもの）の発動が見られなくても，その責任を条件・状況次第で問うことは可能である。

非両立論と両立論のなかでは，比較的後者の支持者が多い。だが，哲学的に必ずしも決着を見ているわけではない。それゆえ，いずれの立場をとる場合でも哲学的論争を回避しえない。

### 非両立論の場合

そのことをふまえてサミュエル・シェフラーは，薄い運平等主義は次のディレンマにおちいってしまうと批判する（Scheffler 2010: Chs. 7 - 8）。運平等主義を非両立論に基づいて解釈すると，自然の運が介在しない選択は，その意志の発動があらかじめ決まっていない場合にのみ履行可能なものとなる。選択責任は，そういう意味での自由な選択が可能でなければ成立しない。このように非両立論は，通常の因果連鎖のなかに組み込まれない選択および責任の構想を提示するものである。となると非両立論は，決定論が正しい場合，自由な選択が成立しないがゆえに責任は一切問えないことになる。

もちろん，決定論が十全にしりぞけられるならば，話は別である。しかし決定論を十全にしりぞける哲学的議論を提示できていない以上，非両立論では，選択ないし運の介在如何によって不平等の取り扱いを変えるという運平等主義の根幹部分が，実質的に機能しなくなってしまう。

### 両立論の場合

両立論の立場から運平等主義を解釈すると，自然の運と区別される選択責任は，通常の因果関係のなかで析出される。すなわち責任の所在は，個人の意志形成能力や正義の状況（⇨第2章2）のようなコンテクストに依存することになる。たとえば，合理的能力を保持する場合，あるいは公正な社会制度が成立している場合に，当事者の選択に責任が課されるというように，である。反対に自然の運は，そうした条件が

充たされない場合に成り立つ。

しかし両立論に依拠すると，そもそも運平等主義で想定されているような選択の「重み」を選択に見いだすことは困難である。なぜ社会経済的不平等の責任が，社会経済的環境に左右される行為者の意志形成能力やコンテクストに基づいて措定される選択によって決まると言えるのだろうか。選択やその帰結にコンテクストや意志形成の合理的能力が深くかかわっているとすれば，選択の有無によって不平等を正当化することは難しいように思われる。

**ナイトによる反論** このシェフラーの批判に対し，運平等主義者のカール・ナイトは次のような反論を展開する（Knight 2009: 178-183）。ナイトはまず，非両立論に立脚する運平等主義への批判に対し，もし決定論が正しければ，運平等主義は，完全な結果の平等を支持する議論に転化するだけだと主張する。そもそも，もし正義論・平等論に対する哲学的構想の影響を認めるならば，その影響は運平等主義に限らず，あらゆる正義論・平等論にも及ぶことを認めるべきである。かりに非両立論が正しくても，その観点から選択責任の構想に準拠する運平等主義より，別の正義論・平等論の方が説得力を有するとなぜ言えるのか（Knight 2009: 178-182）。

両立論に依拠する運平等主義についても，反直観的帰結は生じない。もし（たとえば障がいにより）選択の意志形成能力に欠損が認められる場合，あるいは合理的意思決定を履行できない制度環境に直面している場合，当人に補償するという判断は直観にかなっている。両立論に基づく運平等主義は，まさしくそうした公共政策や制度変革を実施すべきと主張する。反対に両立論的に責任があると認定しうる場合には，責任がない場合と同額の補償が受けられないとする適理的判断がなされる（Knight 2009: 182-183）。

以上からナイトは，運平等主義はシェフラーが指摘するディレンマにおちいらないと主張する。ナイトの議論が正しければ，両立論と非両立論のいずれの立場であっても，少なくとも運平等主義にのみ不利にはたらくとは言えない。しかし，そのことが示しているのは，どの正義論・平等論上の立場が説得力を有するのかについては，両立論か非両立論かという哲学的次元ではなく規範理論的次元で決着が求められてくる，ということにほかならない。

## 3　屈辱性批判と過酷性批判

**アンダーソンによる運平等主義批判**　運平等主義は規範理論的次元で，どのような説得力を有しているのだろうか。それは，責任をともなう選択およびその帰結と，そうでないものとの線引きによって，私たちの直観にかなう公共政策・社会政策を支持する点にある。労働が不可能な者だけに福祉を提供し，労働に従事可能な者にはそういったサーヴィスを提供しない政策は，その一例だ。こうした責任感応的な社会保障システムを求める声は，財政状況がきびしくなった1970年代後半から世界的に顕著になっている。コーエンが，自身の運平等主義を「反平等主義右派の兵器工場における最も強力な観念たる，責任と選択の理念を取り込んだ」構想と位置づけたのは，そうした背景をふまえてのことである（Cohen 1989: 931）。

　ところが，いやだからこそ，運平等主義には，私たちが想定する平等論とは相容れない政策的含意のあることが指摘されてきた。それについて批判的検討を行ったのが，エリザベス・アンダーソンである（アンダーソン 2018，原著 1999）。アンダーソンの批判は，2点にわたる。

**屈辱性批判**　第1に，もし運平等主義に基づく社会保障政策が展開されるとしたら，その構想によって認定される責任なき不平等は，間違いなく補償の対象となる。天賦の才能の欠如や生まれつき障がいを負っている者が不平等に苦しんでいるとしたら，そうした補償の対象となる。両者とも，責任が課されるべき選択ではなく自然の運の産物とみなしうるものだからだ。

　しかしその措定の仕方には，問題がある。次のようなケースを考えてみよう。

#### ■ケース5-1　障がい者への手紙
　政府が自然の運に対する補償を実施するにあたって，障がい者に以下のような手紙を送りつけたとしよう。

　障がい者の方へ：残念ながら，みなさまの生まれつき障がいで損なわれている能

> 力，ないし現時点での障がいによって，みなさまの人生は普通の人の人生よりも価値の低いものとなっております。この不幸を埋め合わせるべく，わたしたち健常者はみなさまに，少なくともみなさま一人一人が，自分の人生が他の人の人生と比べうるものだと思っていただけるような，価値のある生活を送っていただけるよう，特別に資源を提供します。（アンダーソン 2018: 100）

> あなたが障がい者だとして，このような手紙を受け取ったらどう思うだろうか。このような公示の仕方は，屈辱的だと思うのではないか。

　しかし運平等主義は，こうした当事者に屈辱感を与える政策をしりぞける議論を理論内在的にはそなえていない。（障がいをふくめた）先天的な才能の欠如を自ら公にしないと（公的機関に訴えなければ）補償が受けられないとすれば，スティグマを恐れて申請しない事態も出てくる。このように，運平等主義によって人々の自尊や等しい尊重の原則は蹂躙（じゅうりん）され，私たちが期待する平等論の理念とは相容れない政策が容認されてしまう（Wolff 1998: 109-112; アンダーソン 2018: 94-105）。

**過酷性批判**　第2の批判は，運平等主義が過酷な政策を推奨してしまう点を突くものである。たとえば，保険をかける機会があったにもかかわらず，不注意で交通事故に遭ってしまい，下半身不随になってしまった者がいるとしよう。その人は，運平等主義の観点からは，政府の救済対象にはならないことになる。しかしこのような政策は，「アメリカでみられる分配ルールと比べても極めて過酷な」ものである（アンダーソン 2018: 87）。運平等主義に従えば，公的扶助さえもが認められなくなり，死人が出ても「そうなったのは当人の責任である」と言われてしまう可能性さえある。このような運平等主義の過酷な含意は，平等論と相容れないどころか，明らかに反直観的である。

**屈辱性批判に対して**　屈辱性批判に対して，運平等主義者はどのような応答を試みてきたのか。ナイトは，自尊を蹂躙するほどのスティグマは，（いかなる福利の指標を採用するにしても）責任なき不平等の要因，すなわち，自然の運の産物とみなしうると考える。つまり運平等主義は，社会保障のあり方がスティグマ化を引き起こす場合には，それによる不利益も勘案して政策が行われることを推奨する（Knight 2009: 131-132）。

しかしながら，スティグマ化といった政策の波及効果にまで自然の運がかかわってくることを認めるとしたら，自然の運の緩和を求める社会保障スキームも，その恩恵に浴することのできる「運のよい」人と，その保障の原資を拠出する「運の悪い」人々を「つくり出す」ことになる。ナイトの運平等主義は，こうした保障がどっちつかずになる「シーソー現象」をまねく危険性がある（Lang 2006）。

**スティグマ化の回避**　シュロミ・セガルは，スティグマ化を避ける運平等主義政策のなかでも，その直接的要因（たとえば障がいや容姿のみにくさ）を除去することが必ずしも有効な不平等解消手法でない場合には，スティグマ化を回避する間接的手法（たとえばそうした要素が不利益になっている社会構造を変えるやり方）を運平等主義は求めるべきだ，と主張する（Segall 2010: 132）。もっとも，このセガルの応答は運平等主義に内在する論拠に基づいているというよりは，他の価値，たとえば効率性に依拠するものである。

コク＝チョア・タンは，運平等主義の適用を個人に対してではなく，ロールズと同様，社会の基底構造に限定すべきだと主張する（⇨第2章2）。制度が自然的不運を社会的不利益に変えてしまっている部分だけを補正するという考え方，すなわち，**制度的運平等主義**である。運平等主義の対象を制度に限定することで，いかなる自然の不運の要素にも対応する政策は支持されない。

たとえば，みにくさを自然の不運とみなせるにしても，「みにくい人々が実際に社会的に不利な位置におかれるかたちで社会制度が成立していない場合には，［制度的］運平等主義者はそれについては何も語らない」（Tan 2012: 127）。つまり制度的運平等主義の場合，公正な分配シェアを保障する社会制度のあり方に議論が限られることから，個人の生をおとしめる政策とはおのずと距離をおくことになる（Tan 2012: 129-130）。

**過酷性批判に対して**　次に，過酷性批判に対し運平等主義者はどのように応答するのか。ナイトは，運平等主義が過酷な政策に与しない可能性に言及する。ナイトに言わせれば，運平等主義の立場からも，強制加入の社会保険を正当化することは可能である。まず，私たちが（日本のように）そうした社会保険を提供する政府のあり方を支持しているとしよう。このとき，苦境におちいった，どんな人をも救う保険スキームは，運平等主義と

何ら矛盾することはない。

また，公的社会保障なき世界においても，民間の健康保険に加入しなかった責任が個人にあるとは単純には言えない。そういった世界では，ネオ・リベラリズムによってつちかわれた経済的・心理的障壁があることにかんがみて，健康保険への加入責任を問えない可能性がある。それゆえ，強制保険を提供する方が，責任感応的な枠組みをつくることにつながる可能性さえある（Knight 2009: 140-141）。

もっともこのナイトの議論は，運平等主義に基づく強制保険が充分な保障を用意することを確約するものではない。何より，自然の運による帰結が過酷になるという問題を原理的に解消するものではない（Voigt 2007: 403）。ナイト自身も，この議論によって過酷性批判を原理的にしりぞけることができるとは考えていない（Knight 2009: 138, 151-152）。

## 4　多元主義的運平等主義とその問題点

**価値多元主義**　ではナイトをはじめとする運平等主義者は，いかにして過酷性批判をしりぞけるのだろうか。彼らは異口同音に，**価値多元主義**により過酷性批判の含意を原理的に回避する戦略に訴える（Knight 2009: Ch. 6; Segall 2010: Ch. 4; Tan 2012: 119-126）。すなわち，運平等主義以外の正義原理や道徳的考慮，たとえば**基底的ニーズ**に訴えることで，不平等に対し責任がある場合であっても，そのいちじるしい不利益が当事者に降りかかることを回避する政策が正当化されるとする議論を展開するのである。

私たちには，自発的選択とその帰結には責任を課し，それ以外のものは自然の運（の産物）であるがゆえに補償すべきとする共通認識以外にも，自尊や基底的ニーズを充たすことの重要性についての共通認識があるように思われる。もちろん，こうした認識が正しいかどうかは，自尊や基底的ニーズがそれぞれ価値としてどれほどの重みを有しているのか，そして何より，それらの価値と運平等主義との関係を体系的に正当化しうるのかにかかっている。

**多元主義的運平等主義の正当化**　運平等主義の多元主義的構成は，いかにして正当化されるのだろうか。運平等主義者の多くが，基底的ニー

ズの充足をもって過酷性批判を回避できると考えている。たとえばナイトは，運平等主義の最も説得的な構想として，効率性と基底的ニーズによって運平等主義が機能するベースラインを確保する構想を提起する（Knight 2009: Ch. 6）。またセガルは，基底的ニーズを充足する社会の義務を根拠に，それが運平等主義とトレードオフの関係にあることを認めつつも，正義が機能する基盤となると主張する（Segall 2010: Ch. 4）。

　ところが，ナイトとセガルはともに，基底的ニーズをはじめとする運平等主義以外の考慮や価値を明示するだけで，それらが運平等主義といかに両立しうるのかについての議論を展開してはいない。単に価値や原理のトレードオフを認めるだけでは，その場しのぎの原理適用を認めるアドホック（場当たり的）な多元主義と変わらないものとなってしまう（Temkin 2000: 155; Barry 2006: 99-101）。アドホックな多元主義が問題なのは，運平等主義にいくら反論や反例を投げかけようとも，多元主義を盾になかば永久に言い逃れが可能になってしまう点だ。こうした議論を避けたければ，ロールズのように複数原理の適用順序に関するルールを提示するか（⇨第2章3），それ以外の多元主義の正当化が求められてくる。

**タンの多元主義的**
**運 平 等 主 義**　多元主義を構成する考慮や価値を明示するだけの議論とは異なり，価値や原理の衝突を否定して，運平等主義が正義と道徳の体系の核となることを示そうとするのがタンである。タンは，リベラルな**道徳的分業**と**制度的分業**の理念に沿った原理の分業的秩序の構想をふまえたうえで，選択と状況の区分からなる根本原理と基底的ニーズの価値が衝突しない多元主義の構想を提出しようとする。その前提には，ときに激しい衝突を見せる根源的な価値の多様性を前に，容易には諸価値のトレードオフを認めることはできない，とする背景的事実がある。

　その最たるものが，さまざまな個人が個別にあるいは家族や近親者のために追求する価値と分配的正義の価値とが，たがいに還元不可能なものであることだ。タンはこうした多元主義の事実をふまえて，それぞれの価値が衝突することなく顕著な役割を果たせるように，価値がはたらく領域を分割・限定するリベラルな道徳的分業の考え方を採用する（Tan 2012: 26-28）。

**道徳的分業と制度的分業**　この道徳的分業の考え方に沿ってタンは，運平等主義を，基本的自由の等しい保障をうたう政治的正義や基底的ニーズの充足を要請する人道主義的原理からなる道徳的領域とは区別された，まさしく分配的正義の領域で機能するものとして位置づける。そのうえで，分配的正義の主題はあくまで制度であるとして，自然の不運が当事者の不利益と化してしまう制度環境の変革を求める制度的運平等主義を提唱する。運平等主義が制度を主題におくことで，個人の生き方や動機づけの多様性を否定したり侵害したりすることなく，運平等主義の原理が分配的正義の領域で機能するという見立てが成立する。このように道徳的分業は，個人的価値と制度的価値を区分する制度的分業をも要請することになる。

　ここで重要なのは，分配の実質的構想が，道徳的・制度的分業下での多元的価値の発動によって決まることである。「選択をした」ということで個人が責任を負うべき領域と，制度を介して矯正対象が決まり，実際に矯正されるべきとする自然の運のあつかい方は，人道主義的考慮がはたらく道徳的領域とは別に設定される。これにより，人間としての尊厳を踏みにじるような分配は回避され，ある種の平等主義的ベースラインが保障されることになる。

　注意すべきは，ここでは基底的ニーズと運平等主義の考慮はトレードオフの関係にはなく，それぞれの領域で別個に機能するものとして位置づけられている点である（Tan 2012: 102, 125-126）。このように道徳的・制度的分業による制度的運平等主義は，運平等主義に投げかけられてきた批判に応答すべく，洗練された理論構造をそなえるものとなっている（表 5-1 参照）。

表 5-1　多元主義の分類

| | |
|---|---|
| 原理適用の辞書的順序ルールにのっとった多元主義 | 正義や道徳の原理が規範的評価の対象となるケースに適用される順序がどんなケースでも決まっている（例：ロールズの正義の二原理） |
| アドホックな多元主義 | 正義や道徳（基底的ニーズや自尊）の原理が規範的評価に際してたがいに衝突を起こす |
| 道徳的分業に基づく多元主義 | 正義や道徳（基底的ニーズや自尊）の原理が機能する領域が異なるために，規範的評価に際してトレードオフを起こさない |

**タンの多元主義的運平等主義の問題点**　とはいえ，それぞれの領域に分割された価値がはたして本当に，他の価値との領域区分によって他の価値群と整合しうる原理体系となるのかについては疑問が残る（Schemmel 2012: 445-447）。運平等主義が基底的ニーズの充たされていないときには機能しないという多元主義的運平等主義の説得性は，運平等主義に基づく体系的正義論の成否に依存するのであって，道徳的・制度的分業に訴えることで価値衝突を回避しうるということで説明しつくせるものではない。なぜならその説明だけでは，道徳的・制度的分業と運平等主義とのつながりを，体系的に正当化するにはいたらないからである。

　ところがタンの議論では，道徳的・制度的分業によって，たまたまうまく衝突が回避できたという議論以上のものは提出されておらず，運平等主義と人道主義的考慮とのたまさかの併存以上のものが示されているわけではない。つまり道徳的・制度的分業の要求は，運平等主義の体系的構想に内在する仕方で導かれているわけではないのだ。これでは「タンの立場が本当に運平等主義と言えるのか」という根本的な疑問をまねいてしまう（Inoue 2016: 404-409）。

　こうした疑問は他方で，タンの運平等主義が依拠する道徳的・制度的分業が成立する社会に依存する可能性をも示唆している。言うまでもなく道徳的・制度的分業は，正義や平等といった非個人的価値が金銭的動機や家族への愛といった個人的価値を尊重するための工夫として，リベラルな社会で通用してきたものである（Nagel 1991: 57-62）。それゆえタンの議論が，リベラルな社会以外では通用しないのではないか，という疑いも提起されてしまう。

## 5　運平等主義の刷新

**フローベイの「新しいスタート」論**　もちろん，多元主義によって運平等主義を批判から守ろうとする議論ばかりが提起されてきたわけではない。マーク・フローベイによる「新しいスタート」論は，多元主義によって運平等主義の問題を回避しようとする議論とは一線を画すものとなっている（Fleurbaey 2005; 2008）。

　フローベイによれば，これまでの運平等主義の問題点は，選択責任を重んじ

るあまりに，社会的不平等が深刻になっても平等主義の観点から無問題だとしてしまうところにあった。とくに，以前の生活スタイルを後悔している人間にまで，貧しい境遇におちいった責任を追及してしまうのは平等主義的とは言いがたい。そこでフローベイは，過去をかえりみて新しいスタートを切る人間に配慮する運平等主義の構想，すなわち，「新しいスタート」論を提案する（Fleurbaey 2005: 30; 2008: 178）。

「赦し」をともなった自由　では，どのように新しいスタートを設定するのか。それは，人々の現在の企図や人生目標をふまえるかたちで，かれらに等しく資源ないし機会を保障するものである。このスタートラインに基づく制度により，過去の選択を後悔して新たなスタートを切る人の選択の自由は（従来の運平等主義に基づく制度と比べて）格段に増えることになる。逆に当人が後悔しているにもかかわらず，過去の選択を根拠とした，人生の後半期に自由を大きくそこなうような選択責任の賦課はあまりに無慈悲である。このように，フローベイの「新しいスタート」論は「赦し」をともなった自由の理想を強調する議論である。

### ■ケース5-2　堅実家と浪費家

社会の構成員が「（資源の使い方をわきまえている）堅実家」と「（もっている資源をすぐに使ってしまう）浪費家」によって二分されているとしよう。かれらは2期にわたってどのように行動しうるのか。堅実家は2期ともに，バランスよく与えられた資源を割り当て，生活を送る。対照的に浪費家は，1期目でほとんど浪費してしまい，2期目に資源を残さない。極端に言えば，堅実家は各期に半分ずつ資源を割り当てて，浪費家は1期目に全資源を使い果たしてしまう。

ただ，浪費家のなかには1期目での浪費を反省する者もいる。すなわち，2期目には堅実家と同じ選好をもつ浪費家，すなわち，後悔している浪費家が一定数見込まれる。社会保障制度をそなえていない制度，たとえば，レッセ・フェール社会を所与とすると，2期目に後悔している浪費家は，「使える資源がない状況に直面する堅実家」となる。

そこで，2期目に後悔する浪費家が一定数出てくることを見込んで，浪費家に強制貯蓄させ，堅実家には資源の一部を税金として拠出してもらう資源平等主義に基づく制度を考えてみよう（⇨第4章2）。それは，社会保険に基づく福祉国家に近いものである。堅実家は1期目と2期目で使える資源を等分する（平等な資源配分Eから2割の税金が課されるとすると，0.4Eを各期に割り当てる）（表5-2参照）。

浪費家は一方で，１期目に自らの選好に従って資源を全部使い果たそうとするが，そのうちの２割は強制貯蓄される。２期目も浪費家のままの場合には，選好に変化はないので，平等な資源配分（0.8E）により選好が充たされる。他方，２期目で後悔している浪費家の場合は，２期目では改心して堅実家の選好を有しているがゆえに，堅実家からの税を原資とする補助金を合わせた資源（0.4E）により，堅実家と同等に選好が充たされる（Fleurbaey 2008: 185）。

　みなさんはこのフローベイの提案について，どう思うか。

表5-2　フローベイの資源平等主義の成立状況

|  | 課税後の資源 | 1期目 | 2期目 | 選好充足の状況 |
|---|---|---|---|---|
| 堅実家 | E（1−0.2） | 0.4E | 0.4E | 各期に等分割り当てる選好が充足 |

|  | 強制貯蓄後の資源 | 1期目 | 2期目 |  |
|---|---|---|---|---|
| 後悔しない浪費家 | E（1−0.2） | 0.8E | 0.4E（貯蓄0.2E + 補助金0.2E） | 1期目で浪費家としての選好が充足 |
| 後悔している浪費家 | E（1−0.2） | 0.8E | 0.4E（貯蓄0.2E + 補助金0.2E） | 1期目で浪費家としての選好が充足 2期目で堅実家としての選好が充足 |

**従来の運平等主義者からの反論**　このフローベイの提案については，２つの方向からの反論が考えられる。１つは，従来の運平等主義者からの反論である。従来の運平等主義者からすれば，浪費家に強制的に貯金させ，堅実家に税を課すという制度はあまりに選択責任をないがしろにするものである。本来，運平等主義は責任なき貧者を補償し，責任ある貧者は補償に値しないと判定する。ところが，フローベイの運平等主義（に基づく制度）は，浪費家と堅実家の選択の自由をうばって，一律に浪費家を救うものである。

　これに対し，まず言えることは，フローベイが提案する制度は，２期目で後悔する浪費家と後悔しない浪費家の区別が実際には不可能であることを織り込んだものである。もし後悔する浪費家向けだけの補助金制度をつくっても，その補助金に後悔している「ふり」をした浪費家もこぞって申請することが見込まれる（Fleurbaey 2008: 184-185）。それゆえフローベイは既存の福祉国家のように，２期目で後悔するかもしれない浪費家（＝貧者）が一定数出ることを見込

んだうえで，制度設計を図るのだ。

### 「新しいスタート」論に基づく制度の適理性

そのうえで3点言えることがある。

第1に，浪費家が貧者であることに変わりはない点だ。とくに自由の観点をふまえると，もし強制保険や補助金の制度がなければ，浪費家は人生の後半でかなりの不自由に直面することになる。

第2に，堅実家は税金を課されたとしても，そのライフスタイルへの選好を変えない人たちである。対照的に2期目でも後悔しない浪費家にとって，強制貯蓄は望ましくない制約である。言い換えれば，かれらはそれにより，堅実家や2期目で後悔する浪費家よりも損失をこうむることになる（選好充足の観点から見て，決してかれらの福利は改善しない）。

第3に，具体的な制度設計によって，選択責任をよりいっそう重視する制度が構築可能である。たとえば，義務教育や公的年金制度を充実化させることで，将来おそれるかもしれない後悔をおさえることができる。さらには，就労支援を資金ではなく現物（たとえば就労訓練プログラム）で行うことで，後悔している浪費家と後悔している「ふり」をする浪費家とを見分けることも可能かもしれない（Fleurbaey 2005: 57-59; 2008: 195-196）。このように，フローベイの運平等主義は既存のものよりも，過酷性批判に理論内在的にのみならず現実的にも対応しうるものとなっている。

### 民主的平等からの反論

フローベイの運平等主義への別方向からの批判として，アンダーソンの2つの批判に十全に応答しうるものになっていない，との批判がありうる。過去の選択責任を過度に追及することなく，尊厳を充たしうる平等主義的な補償枠組みは，いかなる者にもペナルティを与えずに，社会において人としての尊厳を棄損しない条件をととのえることを求める。言ってしまえば，それで十分ではないのか。

アンダーソンは，平等な市民として他者に支配されることなく，対等な市民として社会的協働にかかわることが可能な制度設計を平等主義の核にすえる（アンダーソン 2018: 113-129⇨第4章5）。そうした民主的平等の観点からすると，「新しいスタート」論は，後悔している浪費家のあつかいをめぐって起こりうる屈辱性批判を回避する制度を構築できていないし，2期目も浪費家でありつづける者の選択責任に依然としてこだわっている点で過酷性批判を完全に

はまぬがれない。

## 選択責任の重要性

こうした批判に対し，フローベイは次のように応答するだろう。すなわち，すべての平等に関する問題が民主的平等の問題であるとする主張は，あまりにもナイーヴである，と。浪費家であり続ける者にも基本的な市民権がつねに保障されるべきであることは，フローベイも認める（Fleurbaey 2008: 270）。しかし，浪費家と堅実家を選別しようとせずに，2期目で後悔し改心する浪費家に（具体的な制度設計を通じて）インセンティヴを与えようとしないのも，一面的な考え方である。

もちろん選択責任に関して，それを金銭的補償やインセンティヴでの格差を設ける根拠とみなしうるかどうかは1つの論点である。もっとも，選択責任と金銭的補償や報償を直結させる必要はない。先に見たように，教育や職業訓練の制度に反映させることも可能だろう。

何より，選択責任をまったく不問にふして社会保障の仕組みを構築することが適理的かは，冷静に見極める必要がある。かりに民主的平等に基づく制度が屈辱性批判と過酷性批判を完全にまぬがれるとしても，浪費家でありつづける者を堅実家や後悔している浪費家とまったく同等にあつかうことは本当に正義にかなっているだろうか。浪費家にも新しいスタートを切るチャンスをつねに与える一方で，（具体的な制度を通じて）後悔している浪費家とそうでない者を差別化しようとするフローベイの運平等主義が，本当に民主的平等の考え方よりも劣るのかどうかについては，総合的に検討する必要があるだろう。

## 運平等主義の可能性

本章では，運平等主義を中心に，個人の責任によって不平等への対応を変える議論の妥当性や問題点について明らかにした。より具体的には，①運平等主義には，自然の運（状況）と選択（の運）の区分困難性やシェフラーが指摘したディレンマに向き合う必要があること，②アンダーソンが投げかけた屈辱性批判と過酷性批判に対し，価値多元主義によって応答するためには，多元主義的運平等主義の説得性が問われること，③フローベイの「新しいスタート」論が，過酷性批判をはじめとするさまざまな運平等主義批判に十全に応答しうるものであるのかについて，総合的に検討する必要があること，以上である。

## 📖 文献案内

井上彰，2017，『正義・平等・責任——平等主義的正義論の新たなる展開』岩波書店，第5章.

盛山和夫，2006，『リベラリズムとは何か——ロールズと正義の論理』勁草書房，第5章.

広瀬巌（齊藤拓訳），2016，『平等主義の哲学——ロールズから健康の分配まで』勁草書房，第2章.

［井上　彰］

# 第 6 章

# 再分配は平等をめざすべきか

◇

　近年，平等に基づく分配状態の評価や再分配の主張に対して，水準低下批判などの強力な異議が出され，擁護者とのあいだで論争がつづいている。また，平等に代わる再分配の目標として，優先性と十分性がとなえられ，それぞれの分析も進んでいる。本章ではまず，平等とほかの価値の衝突を確認した後，平等の抽象的意味に関する重要な学説を紹介し，さらに平等主義のいくつかの形態を区別する（1）。次に，水準低下批判とそれに対するおもな反論を解説する（2）。つづいて，優先主義を特徴づけ，いくつかの批判を概観する（3）。最後に，十分主義を取り上げ，その利点と課題を説明する（4）。

## 1　平等とは何か

**平等が行きすぎれば**　あなたは平等について，次のように考えているかもしれない。平等はたしかに大切だが，しかしこれを追求しつづけると，いずれはほかの価値と衝突する。たとえば，平等を実現するために，貧困層への生活保障を拡充しようとして，富裕層への課税を重くしてゆけば，富裕層は自分の所得を思うままに使えなくなってしまう。これは自由への制約になる。また，富裕層への増税を進めると，労働への誘因が弱まって，生産能力の高い人々が熱心に働かなくなり，やがては社会全体が貧しくなるだろう。このように考えているならば，あなたは，平等という価値が，所得を思いのままに費やすという意味での自由や，社会全体の富の最大化といった別の価値と衝突するのだと想定していることになる。もっとも，所得を望むように使うことが，自由によって本当に要求されるかどうかは，論争の的である。

　価値の学術的研究でも，平等が他の価値と不可避的に衝突すると考える論者は，少なくない。たとえば，政治哲学者アイザイア・バーリン（2018，原著

1958)は，諸価値が両立不可能だという**価値多元論**の立場をとった。その際，彼が念頭においていたのは，自由と平等の衝突である。より最近では，平等を1つの重要概念とするジョン・ロールズ以来の分配的正義論に対して（⇨第2章），リバタリアニズムが，個人の自由に基づいて真っ向から批判を加えてきた（⇨第7章1-3）。

**状態を評価する**　平等を追求しつづければ，いずれは他の価値と衝突するという考えは，平等とは別の価値があることを前提としている。こうした価値は，平等を推進したときだけでなく，平等に照らして状態を評価するときにも，すでにしばしば現れる。ケース6-1について考えよう。

■**ケース6-1　平等はどのくらい望ましいか？**
　図6-1を見てほしい。
　①　ⅠとⅡのどちらが望ましいか。
　②　ⅠとⅢのどちらが望ましいか。

図6-1の縦軸は，基数として表された福利をさす。基数とは，1，2などの値をとる数であり，1番，2番などの順番を示す序数と異なる。また，福利は，厚生・資源・ケイパビリティのいずれとして理解してもよい（⇨第4章）。

**評価の逆転**　多くの人は，ⅠよりもⅡが望ましいと感じるだろう。なぜか。Ⅰでは，ユウリとフリヤのあいだに9もの格差があるのに対して，Ⅱでは，格差はなく，しかも2人はともに9をもってい

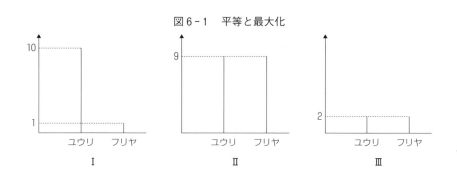

図6-1　平等と最大化

るからだ。次に，ⅠとⅢを比べると，多くの人は，ⅠがⅢよりも望ましいと感じるのではないだろうか。たしかに，Ⅲには格差がないが，しかし2人ともたった2しかもっていないからだ。

　では，ⅡとⅢにはさまれた中間的状態とⅠとを比較していったら，どうだろうか。ユウリとフリヤが等しく8をもつ，7をもつ，……と順に想像して，それとⅠを比べるのである。すると，ⅡはⅠよりも望ましいと考えた人も，どこかの時点で，平等な中間的状態よりもⅠの方が望ましいと感じることだろう。そのとき，中間的状態とⅠのあいだで，望ましさの順序の逆転が起こっている。

　ここからわかるように，私たちの多くは，無格差としての平等と総福利の最大化の両方を受け入れている。功利主義は，効用として解釈された福利の最大化をめざすが（⇨第3章），福利の解釈を問わず，何らかのよいものの最大化は，1つの価値だと言える。そして，平等と最大化が衝突するときには，私たちの多くは，両者を衡量して状態の判断をする。

### 平等な配慮と尊重

平等と他の価値との衝突や衡量について語るとき，私たちは通常，2人以上の個人が等しい数量の何かをもつこととして，平等を捉えている。だが，平等には他の意味もある。たとえば，形式的正義や法の下の平等は，比較権衡すなわち2人以上の個人に対する処遇のあいだでの釣り合いを求めている（⇨第1章2・3）。比較権衡を希薄な仕方で解釈すれば，諸個人が等しい数量の何かをもつことは，必ずしも求められない。

　比較権衡の希薄な解釈となる，平等の抽象的意味に関する学説として，ロナルド・ドゥウォーキン（2003: 238，原著 1977）の見解が広く知られている。彼は平等の意味を，**平等な配慮と尊重**として捉える。政府は，すべての市民に対して平等な配慮と尊重を行うべきだという。

　これに関連して，ドゥウォーキンは，平等にあつかうことと，平等者としてあつかうこととを区別する。平等なあつかいとは，複数の個人を同じ仕方であつかうことである。それに対して，平等者としてのあつかいとは，平等な配慮と尊重をもって個人をあつかうことである。

### 平等主義的土台

ドゥウォーキンによれば，近代以降の政治哲学における主要な論者は，平等な配慮と尊重を支持していると

いう意味で，みな平等主義者である。かれらは，平等な配慮と尊重という抽象的な観念が具体的に何を意味するかをめぐって，意見を異にしてきたのだという。たとえば，自由を称揚し，福祉国家を非難するロバート・ノージックさえも（⇨第7章3），諸個人が等しく所有権をもつことを前提としており，政府にその尊重を要求している。

こうしたドゥウォーキンの見解を，ウィル・キムリッカ（2005: 6-7，原著第2版 2002）は，**平等主義的土台**と呼ぶ。いく人かの論者が平等主義的土台に賛同する一方で，リバタリアニズムや価値多元論の立場からは異論が出されてきた。

<u>唯 一 の 価 値 か
諸 価 値 の 1 つ か</u> 以下では，比較権衡の濃厚な解釈をとって，平等とは，各人が等しい数量の何かをもつことだと理解することにしよう。このように狭く平等の意味を捉えてもなお，平等にはさまざまな側面があり，平等主義にはいろいろな形態がある。そこで，平等や平等主義について厳密に考えるためには，これらに関するいくつかの区別を学ぶことが大切である。

デレク・パーフィットは，1991年の記念碑的な講演論文で，平等や平等主義について3通りの区別を行っている。第1に，彼は，純粋平等主義と多元的平等主義を区別する（パーフィット 2018: 139-141，原著 2000）。**純粋平等主義**は，平等が唯一の価値だと考える。それとは対照的に，**多元的平等主義**は，平等がいくつかある価値の1つだと考える。

私たちの多くは，きっと多元的平等主義者だろう。先ほど，平等の追求は，自分の所得を望むがままに使うという意味での自由や，社会の富の最大化をいずれ後退させるという想定に触れた。また，状態を評価する際には，平等と福利の最大化がしばしば衡量されることを例で示した。こうした想定や衡量は，平等が自由や福利の最大化とは別個であり，ときには衝突するということを前提としている。

<u>目 的 論 的 見 解</u> 第2に，パーフィット（2018: 137-138）は平等主義について，目的論的見解と義務論的見解を区別する。伝統的には，**目的論**は，あらゆるものには目的があるという視点から，すべての現象を説明する理論をさす。その古典的主唱者は，アリストテレスである。目

的論では，桜の木が成長するのは，大木という状態をめざしているからであり，またリンゴが木から落ちるのは，地面にあるという状態に向かっているからだとされる。

だが，パーフィットが目的論的見解と言うとき，伝統的意味での目的論をさしていない。むしろ，平等を促進するべき理由が，平等が帰結を改善することにあると考える帰結主義的な平等主義をさしている。これはやがて，**目的論的平等主義**と呼ばれるようになった。目的論的平等主義は，帰結主義をとる点で功利主義と共通しているものの，福利の総量または平均の最大化ではなく，福利の平等化をめざしている（⇨第3章）。また，功利主義と異なって狭義の厚生主義を必ずしも前提とせず，資源主義やケイパビリティ・アプローチもとりうる（⇨第4章）。

**義務論的見解**　義務論とは，行為や制度について評価・提言を行う際に，その行為・制度がどのような結果状態をもたらすかよりも，むしろ行為の意図や制度による個人の処遇の仕方に着目する理論である。その代表例は，カント倫理学である（⇨第3章1）。

パーフィットによれば，平等主義の義務論的見解とは，平等が帰結を改善するという理由ではなく，他の何らかの理由により，平等を促進するべきだと考える立場である。たとえば，人々は平等にあつかわれるべきだから，ある人に便益を与えた以上，別の人に便益を与えないのは不正だという見解は，**義務論的見解**である。これは，**義務論的平等主義**と呼ばれるようになった。

平等が重要だと考える人の多くは，目的論的平等主義者だろう。あなたが図6-1（105頁）の3つの状態を比べていたとき，無格差としての平等が帰結をどこまで改善するかを考えていたはずである。以下では，目的論的平等主義に焦点をあわせることにしよう。

**本来的価値と道具的価値**　第3に，パーフィット（2018: 142）は，平等を本来的価値と捉える立場と，道具的価値と捉える立場を区別する。**本来的価値**（内在的価値）とは，それ自体でよいものである。**道具的価値**とは，ほかのよい何かに役立つかぎりでよいものをさす。

平等はさまざまな目的に役立ちうる。たとえば，トマス・スキャンロン（Scanlon 2000）は，不平等を縮小するべき5つの理由を挙げている。平等はと

きおり，①一部の人がこうむる災禍または深刻な剥奪をやわらげ，②個人の地位上の差異がスティグマ（社会的烙印）となるのを防ぎ，③受け入れがたい形態の権力ないし支配を避け，④手続的公正によって要求される出発点の平等を保ち，⑤手続的公正は結果の平等を支持する。

**平等主義と非平等主義**　福利の平等分配が本来的価値だと認める立場こそが平等主義であり，道具的価値だと捉える立場は非平等主義だと思うかもしれない。たしかに，平等主義者は通常，福利の平等を本来的価値とみなしている。ただし，平等を本来的価値と認めつつも，これがほかの価値と衝突するすべての場合かほとんどの場合に，ほかの価値が優越すると考える人を，平等主義者と呼ぶことは難しい。平等主義者とは，本来的価値として平等を解釈したうえで，これを重視する立場だと考えるべきである。

　なお，スキャンロンは，②と⑤は平等主義的理由であるのに対して，①と③は非平等主義的理由だとしている。②や⑤は，パーフィットの区別では義務論的平等主義にふくまれるだろう。

**構成的価値**　パーフィットが挙げなかったもう1つの種類の価値として，平等を理解することもできる。ある価値 $v$ が，より大きな価値 $V$ の不可欠の一部となっているとき，$v$ は $V$ の**構成的価値**だと言われる。平等を自らの構成的価値とするいっそう大きな何らかの価値を支持する立場を，構成的平等主義と呼ぶことができるだろう。そして，より大きな価値を構成している平等以外の部分は，別の構成的価値であるので，その大きな価値を支持する立場は，パーフィットが言う多元的平等主義に当たる。

## 2　平等主義論争

**水準低下批判**　平等の推進に対する旧来からの異議や留保は，自由の制約や富の最大化の阻害を理由とするものだった（⇨本章1）。これは，平等とは別の価値に基づく外在的批判だと言える。ところが，平等に関する分析的研究が発展する1980年代以降，平等の推進それ自体が私たちの道徳的直観に反する結果をもたらすという内在的批判が現れる。水準低下批判である。

図6-2 水準低下批判

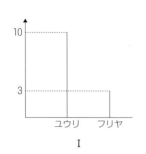
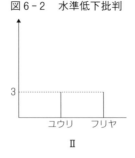

　**水準低下批判**とは，不利者の状態を改善することなく，有利者の状態を悪化させることが，少なくとも1つの観点からは道徳的に望ましいことになるという批判である。この批判は，1980年代に先駆的に示唆された後，パーフィット（2018: 166-168）によって明確に提起され，そして多くの研究者をまきこむ論争へと発展していった。パーフィットは，この批判が平等主義の目的論的見解に当てはまると指摘した。

　図6-2を見てほしい。ⅠからⅡへの移行を考えよう。ユウリの福利は，10から3に減少しているから，彼女の境遇は悪化している。他方，フリヤの福利は，3のまま変化していないから，彼の境遇は改善されていない。だが，Ⅰでは，2人のあいだに7の格差があったのに対して，Ⅱでは，格差がなくなっている。そのため，平等という観点からは，ⅠよりもⅡが望ましいことになってしまう。この結論は，多くの人にとってもっともらしくない判断だろう。

**水準低下批判の射程**　今度は，図6-2のⅠからⅢへの移行を考えよう。ユウリだけでなくフリヤもまた境遇が悪化しているが，しかし2人のあいだに格差はない。だから，平等の観点からは，ⅠよりもⅢが望ましいことになる。また，ⅡとⅢを比べると，どちらにも格差はない。そこで，平等の観点からは，ⅡとⅢは無差別である，すなわち同程度に望ましい。これらの判断は，多くの人にはとうてい受け入れられないだろう。ここから，水準低下批判がいかに強力な異議であるかがわかる。

　水準低下批判は，純粋平等主義だけでなく多元的平等主義にも当てはまる。ある人が，水準低下は平等と異なる価値をそこねるという理由で，道徳的に望

ましくないという最終的判断を下すとしよう。たとえば,福利の最大化も重要だと考える多元的平等主義者は,図6-2のIが最も望ましく,次がIIで,IIIは最も望ましくないと考えるだろう。それでも,その人が,平等を1つの価値としているかぎり,その観点からは,水準低下が望ましいと認めざるをえない。私たちの多くが多元的平等主義者だとすれば,水準低下批判から逃れられないことになる。

水準低下批判によって,従来は初期分配・再分配の理にかなった目標としてほぼ疑われることのなかった平等は,重大な疑念にさらされることになった。分配は本当に平等をめざすべきだろうか。

**比例的正義**　水準低下批判に対して,平等主義者は,さまざまな仕方で反論を試みている。よく知られた2つの反論を見てゆこう。ラリー・テムキン(Temkin 2000: 132-140)は,次のように論じる。水準低下批判の背後にあるのは,スローガンである。スローガンとは,ある状況がその人にとって何らかの点でより悪い(またはよりよい)個人がいなければ,その状況がより悪い(またはよりよい)ことはありえないという主張である。スローガンは,テムキンが比例的正義と呼ぶものに反する。

図6-3のIを見てほしい。悪行のかぎりをつくしたアクオが,来世で10の福利を得るのに対して,生涯にわたって善行を積んだセイトは,なぜか3しか与えられない。ここでは,2人の来世での報いが,現世での行動に比例していないから,比例的正義が実現されていない。他方,IIでは,アクオもセイトも来世で等しく3をもつ。IIでは,Iと比べれば,不十分ながらも比例的正義が

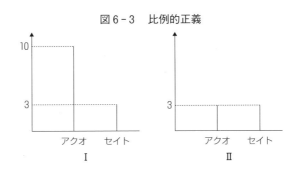

図6-3　比例的正義

充たされている。だが，図6-3のⅠからⅡへの変化は，図6-2のⅠからⅡへの変化と同じく，アクオの水準低下だけである。

テムキンが言うスローガンは，功罪としての正義と一般に呼ばれるものに等しい。功罪としての正義は，アリストテレスの配分的正義にも見られる伝統的な正義観である（⇨第1章1）。これは，西洋正義思想史において個人観の平等化が次第に進んでゆく以前の古い正義観だと言える。

**条件つき平等主義**　水準低下批判に対する別の反論として，条件つき平等主義がある（Mason 2001）。条件つき平等主義によれば，平等化が誰かに便益を与えるならば，かつそのときのみ，平等は本来的価値をもつ。ここでは，誰かを利するという条件のもとで，平等の本来的価値が肯定される。

たとえば，図6-1（105頁）でⅠからⅡに移行するならば，平等化によって，フリヤは便益を得るから，平等は本来的価値をもつとされる。ⅠからⅢへの移行についても，同様である。これらとは違って，図6-2（110頁）でⅠからⅡに移行しても，誰も便益を得られないから，平等は本来的価値をもたない。ⅠからⅢへの移行も同様である。ここからわかるように，条件つき平等主義は水準低下批判をかわすことができる。

条件つき平等主義は，経済学で強パレート原理と呼ばれるものと似ている。**強パレート原理**とは，少なくとも1人の個人にとって，ある状態が別の状態よりも好ましく，ほかのすべての個人にとって，2つの状態が無差別であるならば，前者の状態は後者よりも好ましい。

条件つき平等主義は，たしかに水準低下批判を避けられる。しかし，誰かが便益を得るのと，福利の格差が小さくなるのは，まったく別のことである。そのため，なぜ前者が生じたときにのみ，後者が肯定されるのかを説明する必要がある。

## 3　優先主義

**中心的主張**　パーフィット（2018: 170-172）は，平等主義者の考えのなかに，平等とは別個の価値がときおりふくまれて

いると指摘した。優先性である。パーフィットはここから，平等主義とは別個の見解を構成した。優先性説によれば，人々に便益を与えることは，この人々の境遇がより悪いほど重要となる。これはやがて，優先主義と呼ばれるようになる。**優先主義**によれば，人々に便益を与えることは，この人々の境遇がより悪いほど，また与えられる便益がより大きいほど重要となる。

「人々の境遇がより悪い」というのは，ほかの人々と比較して相対的に悪いという意味ではなく，境遇の程度を測る基準に照らして絶対的に悪いという意味である。具体例で考えよう。タカコは富士山の山頂まで登ったが，ナカトは5合目まで行って帰ってきた。タカコは，呼吸がより難しいはずだ。タカコはナカトと比べて，呼吸がより難しいだろう。だが，それだけでなく，ナカトが5合目まで行くか山頂まで行くかを問わず，標高が高くなるにつれて，タカコは呼吸がより難しくなる。同様に，ある人々の境遇が特定の基準に照らしてより悪いほど，その人々に便益を与えることはより重要になると考えるのが，優先主義なのである。

**平等主義との関係**　優先主義は，平等主義とどのような関係にあるのだろうか。優先主義は，いくつかの点で平等主義と似ている。何よりもまず，2つの理論はしばしば同一の評価にいたる。図6-1（105頁）のⅠとⅡを比べたとき，優先主義も平等主義も，ⅠよりもⅡの方が望ましいと評価する。

もっとも，同じ評価にいたる理由は異なる。平等主義は，ユウリとフリヤの格差9が0となることを理由とする。他方，優先主義は，フリヤの境遇が1から9へと改善することを理由とする。優先主義は，平等化が不利者の境遇の改善という非平等主義的目的に役立つかぎりで，平等化を是認する。つまり，優先主義は平等に道具的価値しか認めない。

**ピグー＝ドールトン原理**　優先主義も平等主義も，ピグー＝ドールトン原理を充たす。ピグー＝ドールトン原理は，有利者から不利者へと福利を移転することによって，ほかの誰の福利も変化しないならば，無遺漏的で非逆転的な移転を求める。無遺漏的移転とは，有利者から失われた福利がすべて不利者に与えられる移転である。また，非逆転的移転とは，移転によって有利者が不利者よりも小さな福利をもつことはない，つまり有利性の順

図6-4 ピグー=ドールトン原理

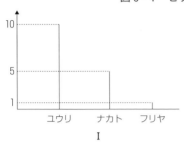
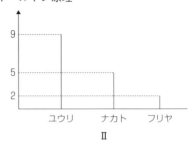

位が逆転しない移転をさす。

図6-4では、Iでユウリがもつ福利の一部を、Ⅱではフリヤに移転しても、ナカトの福利は変化しない。ユウリが失った1単位は、すべてフリヤに与えられ、また移転の後も、ユウリはフリヤよりも有利な立場にいる。このとき、ピグー=ドールトン原理は、ⅡがⅠよりも望ましいと評価する。

優先主義と平等主義はこの評価をともに支持する。ただし、支持する理由は異なる。優先主義にとっての支持の理由は、Ⅰでのフリヤの福利1が、Ⅱでは2に増加することであるのに対して、平等主義の理由は、Ⅰでの格差9が、Ⅱでは7に縮小することである。

**過剰な優先**　優先主義に対しては、いくつかの批判が提起されてきた。ここでは3つの批判を取り上げよう。第1に、ロジャー・クリスプ（2018: 224-225, 原著 2003）は、ビバリーヒルズの事例という仮想例を挙げている。富豪と大富豪がいるとき、福利の絶対的基準に照らして、富豪は大富豪よりも不利である。そこで、優先主義では、上質のワインを与える対象者として、富豪が大富豪よりも優先される。しかし、多くの人は、ワインの贈り先として富豪と大富豪は無差別だと感じるだろう。

こうした問題への対策は、優先主義が妥当する領域に上限をもうけることである。その場合、理にかなった上限をどのように設定するかを考えなければならない。

**人格の個別性の軽視**　優先主義への第2の批判は、不確実性のもとで1人が意思決定を行う場合と、複数の人が意思決定を行う場

合とで，同様の道徳的評価が行われることを問題視する。マイケル・オーツカら（Otsuka and Voorhoeve 2009）は，次の事例を挙げている。

　ある若者が，等しい確率で2つの状態のどちらかになると仮定しよう。①2キロメートル以上歩くのが難しい軽度の障がい，②寝たきりだが，介助があれば椅子に座ったり車椅子で動いたりできる重度の障がいである。だが，事前に治療Aを受ければ，①でなく健康となる。治療Bを受ければ，②でなく，③自力で座っていられるが，動くには介助が必要である中度の障がいとなる。ある調査結果によれば，多くの人は，Aを受けるかBを受けるかについて無差別である。これを前提とすると，医療資源の分配を行う際，AとBは無差別であるべきだろう。

　次に，ある集団はいまは健康だが，その半数は間もなく②となり，残りの半数は①となるとしよう。医療資源の分配で，どちらかの半数にだけ治療を提供できる。このとき，もちろん②となる人たちに治療Bを与えるべきだと考えられる。

　ところが，優先主義は，単独の個人に関する資源分配でも，複数の個人のあいだの資源分配でも，BをAよりもつねに優先する。これは人格の個別性を軽視するものだと，オオツカたちは論じた。かれらの批判は大きな論争をまきおこし，優先主義の擁護者と批判者の双方によって多数の研究が生み出された（たとえば，Parfit 2012）。

| 水準低下批判 | 優先主義は，平等主義のように，個人間で福利を比較して，格差を最小化しようとするのでなく，各人の福 |

利を特定の基準に照らして評価し，福利がより小さい個人に対してより優先的に便益を与える。そのため，パーフィットをはじめ多くの理論家は，この立場が水準低下批判をまぬがれていると考えてきた。

　ところが，優先主義はときには水準低下を是認することを示す分析や，ある仕方で解釈された優先主義は水準低下批判をまぬがれないという主張が，現れている。これらの研究はかなり専門技術的だが，ともかく，優先主義は水準低下批判を受けないと素朴に信じることは，もはやできないのである。

## 4　十分主義

**中心的主張**　平等主義とも優先主義とも異なる分配目標の理論として，十分主義がある。**十分主義**は，閾値までの福利を万人に保障する一方で，閾値を上回る諸個人のあいだでは再分配を否定する。この立場は，ハリー・フランクファート（2016，原著 1987）によって明確にとなえられた後，クリスプ（2018）らによりさまざまな方向へと発展させられていった。

十分主義は 2 つのテーゼからなると言われる。積極テーゼは，あらゆる個人が閾値に達するまで福利をもつべきだと主張する。他方，消極テーゼは，閾値を超える領域では福利を再分配するべきでないと主張する。

図 6-5 の I では，ユウリは閾値の 5 を上回っているが，フリヤは 2 だけ下回っている。そこで，フリヤに 2 を与えることが求められる。なお，フリヤが 2 を受け取り，閾値に達してもなお，ユウリとのあいだに 5 の格差があるが，これを縮小するべきではないとされる。

**平等主義との関係**　十分主義は，平等や平等主義とどのような関係にあるのだろうか。フランクファート（2016: 15-44）は，平等主義が，人々の関心を他の人々との格差にばかり向けさせると難じている。また，資源が深刻に不足している状況では，平等主義は壊滅的帰結をもたらすと批判する。たとえば，5 人がそれぞれ生き残るためには 10 ずつの資源が必要

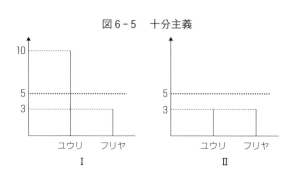

図 6-5　十分主義

だが，合計40しかないと仮定しよう。平等主義は，5人に8ずつを分配するように求めるが，それでは全員が死んでしまう。そして，重要なのは，他者と等しくもつことではなく，十分にもつことだと喝破した。十分主義はもともと，平等主義批判のなかから現れたと言ってよい。

　だが，万人が等しく閾値まで保障されるという積極テーゼには，正義概念にふくまれる比較権衡の希薄な解釈が見いだされる（⇨第1章3）。さらには，閾値までの保障は，ドゥウォーキンが言う平等な配慮を，また閾値を超えた領域での再分配による介入の自制は，平等な尊重をそれぞれ具体化しているとも考えられる（⇨本章1）。十分主義は，比較権衡の濃密な解釈である福利の平等とは異なるが，希薄に解釈された平等を包含しているのである。

**閾　　値**　　十分主義の要となる福利の閾値は，どのように確定されるのだろうか。十分主義の提唱者たちには，閾値を高い位置に設定する傾向があった。フランクファート（2016: 51-52）によれば，十分な金銭をもつことは，自分がもっているよりも多くをもたないことに満足しているか，あるいは満足しているのが理にかなうということである。また，クリスプ（2018）は，アダム・スミスがとなえた不偏的観察者（公平な観察者）に基づく閾値の設定を提案しつつ，自分自身の直観として，80年間の上質な人生は誰にとっても十分であるか，あるいは十分以上であると考えるのがもっともらしいと述べている。

　だが，このように高い閾値までの福利を万人に保障するのは，個人の選択の尊重と齟齬をきたしかねない。選択の尊重は，選択の結果を本人に帰属させることをふくむはずだからである。また，高水準の福利の普遍的保障は大きな社会的費用を必要とするだろうから，現実社会での予算制約のもとでは，絵に描いた餅となりかねない。

　最近の十分主義者からは，より複雑な閾値が提案されている。たとえば，本人の満足に基づく最大限閾値と，人間のニーズに基づく最小限閾値を設定する学説がある（Huseby 2010）。また，いくつもの閾値を設定したうえで，自分が上回っている閾値の数が少ない個人ほど，より優先されるという見解も見られる（Benbaji 2005）。もっとも，この見解に対しては，十分主義から離れて優先主義に近づいてしまうという批判がある。

## 水準低下と無制約性

十分主義は，閾値を下回る諸個人を閾値まで引き上げつつ，閾値を上回る諸個人に対しては介入を行わない。どちらの場合にも，水準低下は決して是認されないから，十分主義は水準低下批判をまぬがれている。図6-5（116頁）のⅠとⅡを比べよう。Ⅰでは1人の福利が閾値を上回っているのに対して，Ⅱでは2人とも閾値を下回っているから，ⅠがⅡよりも望ましい。

また，クリスプが優先主義に対して行った無制限の優先性という批判は，十分主義には当たらない。閾値を超えた領域では，より不利な個人の優先的処遇が生じないからである。

## 閾値の設定と道徳感情

他方，十分主義はいくつかの批判を受けてきた。第1に，理にかなった福利の閾値を本当に設定できるのかという疑義が根強くある。これは，厚生・資源・ケイパビリティのいずれとして福利を解釈するかにもかかわっている（⇨第4章）。効用として福利を捉えるならば，効用の測定の困難性がここでも現れる（⇨第3章3）。

第2に，不利な人々に対する私たちの配慮の道徳的感情は，明確な境界線をはさんで配慮の有無が決まる二者択一的なものではないという批判もある。むしろ，強い配慮から弱い配慮を経て無配慮にいたるグラデーションだというのである。たとえそのとおりだとしても，私たちの道徳的感情がもつ特徴をそのまま理論化しようと努めるべきかについては，一考が必要である。ここには，道徳的直観と正義理論の関係をどう考えるかという難しい問題がある。

## 閾値を超える人数

十分主義にとって，閾値をどう設定するかとならぶ大きな課題は，閾値を下回る人々をどのように処遇するかである。フランクファート（2016: 40-44）は，後に員数説と呼ばれる立場を打ち出した。員数説とは，閾値に達する個人の数を最大化するべきだという見解である。図6-5（116頁）のⅠでは，閾値を超えている個人が1名いるのに対して，Ⅱでは閾値に達した個人がいないから，ⅠはⅡよりも望ましい。

しかし，員数説はときおり，もっともらしくない判断にいたる。図6-6では，員数説は，ⅠがⅡよりも望ましいと評価する。ところが，Ⅰではフリヤが閾値をはるかに下回るのに対して，Ⅱではユウリもフリヤも閾値付近まで達しているから，むしろⅡがⅠよりも望ましいと考えられる。しかも，員数説は，

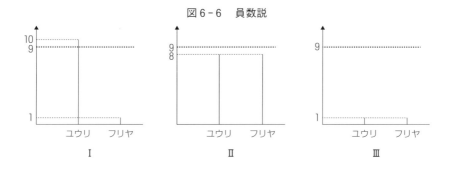

図6-6　員数説

ⅡとⅢが無差別だとする。だが，Ⅱは，2人がともに閾値を大きく下回るⅢよりも明らかに望ましい。

**閾値未満の人数と程度**　員数説の難点を回避できる見解として，加重価値説と呼べるクリスプ（2018: 229-231）の見解がある。加重価値説によれば，閾値よりも下方では，人々に便益を与えることは，この人々の境遇がより悪いほど，この人々がより多いほど，そして与えられる便益がより大きいほど重要となる。これは，優先主義に似た発想を十分主義のなかに組み込んでいると言える。

クリスプは，各人の境遇，人数，便益の大きさがどのように衡量されるべきかを述べていない。それでも，人数が等しい図6-6では，加重価値説によれば，便益を与えることがもつ重要性は，Ⅲで最大となり，次いでⅠ，そしてⅡで最小になると思われる。そうだとすれば，加重価値説は員数説の難点を回避できている。

**多数派対少数派**　もっとも，加重価値説にも難点がある。この立場では，便益を受ける人数が多いほど，便益を与えることはより重要になるとされる。図6-7では，Ⅰの全員がⅡの個人の5倍もの福利をすでにもつにもかかわらず，便益を与えることの重要性は，Ⅰの方がⅡよりも大きいとされるだろう。このように，閾値よりも下方にいる人々のなかで，福利が中程度に小さい多数派のために，福利がきわめて小さい少数派が犠牲になるおそれがある。

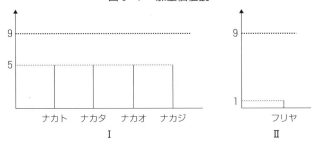

図6-7　加重価値説

**再分配の目標は何か**　平等は魅力ある理念だ。それは，貧困を削減し，差別に反対し，対立を緩和し，協働を促進する理由となる。ただし，平等をどこまでも追求しようとすれば，自由や富の最大化がおびやかされると懸念され，2つの理念が衝突する場合には衡量するべきだとされている。

　平等の魅力によりかかって，長い間，初期分配・再分配の目標は平等にこそあると想定されてきた。ところが，水準低下批判という強力な異議が提起され，それが1つの契機となって，優先性という別の目標が提案された。また，平等主義への批判のなかから，十分性も提唱された。

　本章では，平等主義・優先主義・十分主義のあいだでつづく三つ巴の論争の一部を概観した。各理論は魅力をそなえている反面，限界や難点もかかえている。これらを学んだいま，改めて次の問いに対するあなた自身の答えを練り上げていってほしい。分配は何をめざすべきか。

📖 **文献案内**
広瀬巌（齊藤拓訳），2016，『平等主義の哲学——ロールズから健康の分配まで』勁草書房，第3章-第5章.
森村進，2013，『リバタリアンはこう考える——法哲学論集』信山社，第7章.

［宇佐美　誠］

# 第7章

# 再分配は自由を侵害するか

　これまでの章では，分配的正義について肯定的な理念や構想を検討してきた（⇨第2章・第4章・第6章）。本章では，分配的正義に基づく再分配に批判的な考え方を紹介する。まず，古典的リベラリズムを代表する2つの潮流，すなわち，ロックの思想とスミスやヒュームの思想があることを確認する（1）。そのうえで，スミスやヒュームの社会経済思想を現代に復権させたハイエクの立場と（2），ロックの自然権や自然法の考え方をベースに独自のリバタリアニズムを展開したノージックの正義論について確認する（3）。両者ともに，個人の自由を最大限擁護しようと試みる立場である。その一方でリバタリアンのなかでも，ノージックの議論の問題点を克服すべく，再分配が自由にとって欠かせないものであることを明らかにした左派リバタリアニズムがある（4）。本章では，以上3つの正義論について説明したい。

## 1　古典的リベラリズム

**分配的正義への懐疑**　ジョン・ロールズの正義論をはじめ，資源平等主義や厚生への機会平等主義，ケイパビリティ・アプローチ，さらには平等主義と区別される優先主義，十分主義にいたるまで，すべて分配的正義を支持する議論である。そうした議論は，一定の再分配を支持しつつも，各人が自らの生き方を追求する自由を尊重する点で，平等主義的リベラリズムとも言われている。

　しかし正義論は，分配的正義を支持するものばかりではない。むしろ，分配的正義が求める再分配は私たちの自由をおびやかし，市場経済の発展を阻害するという見方も根強い。事実，大幅な規制緩和によって市場の力を最大限活かすことをうたうネオ・リベラリズムは，それなりに支持されていたりもする。このネオ・リベラリズムと親和性が高いと言われているのが，個人の自由と市

場経済を擁護し政府の役割を可能なかぎり小さくすべきとする古典的リベラリズムである。古典的リベラリズムの主張には，平等主義的リベラリズムが擁護する分配的正義の考え方を批判する視点がある。

**2つの古典的リベラリズム** もっとも，古典的リベラリズムといっても，思想的ルーツによってその具体的構想は異なる。古典的リベラリズムは，さかのぼれば17世紀のイングランドの思想家であるジョン・ロックの思想にまで行き着く。ロックは，人間は自然状態において完全に自由で平等な存在であるとし，（自分自身を含む）自分の所有物を自由に使う権利，すなわち自然権を有すると主張した（ロック 2010: 後篇第2章，原著 1713）。自然権が侵害されれば，自然法は，賠償請求権や処罰・報復を実行する権利，すなわち，処罰権を保障する。それゆえロックにとって自然権は，不可侵の権利である。そしてその不可侵の権利が信託される仕方で，自然法を解釈し独占的に執行する政治権力が設立される。これこそ，人々が自然状態を仮想することで，一定の社会状態を理性的に構築ないし受容するという社会契約説の考え方である（⇨第2章1）。

　他方，古典的リベラリズムを代表する18世紀の思想家として著名なのは，デイヴィッド・ヒュームやアダム・スミスである。ヒュームやスミスは，政治社会を人間の理性によって導かれるものとせずに，欲求（情念）によって広く社会が発展していくことを強調した思想家である。スミスによる自己利益追求が社会全体の利益増進につながるとする「見えざる手」の説明は，人々の欲求が慣習を通じて秩序づけられ，市場社会が進化していくメカニズムを描くものである。この考え方は後に，古典派経済学の考え方として定着するにいたる。ヒュームやスミスに言わせれば，正義は慣習を通じてその道徳的重要性が見いだされる自然法ないし所有権にかかわるものにすぎず，人々の同意によって取り決められるものではない。とくにヒュームは，政治権力の契約論的説明を否定し，むしろ人々の利益にかなうからこそ支持されてきたと公言してはばからない。

　これら2つの古典的リベラリズムの違いは，個人の自由を尊重する立場として今日影響力をもっている2つの思想（潮流）の差異にもつながっている。その2つの思想とは，ヒュームやスミスの正義論に影響を受けたフリードリッ

ヒ・ハイエクの思想と，ロックの所有権論と契約論を**正義論としてのリバタリアニズムの確立のために援用**したロバート・ノージックの思想である。

## 2　古典的リベラリズムの復権

**ハイエクと社会主義**　ハイエクは，資本主義下における階級闘争からの解放をうたうマルクス主義が影響力をもった時代に活躍した思想家である。ハイエクは，1917年のロシア革命（十月革命）以降，1990年代にソ連・東欧諸国が崩壊するまで存在した20世紀の社会主義体制を，全体主義と変わらないものとして批判したことで知られる（ハイエク 1992，原著 1944）。その先見の明により，ハイエクの市場経済をベースとする社会構想は一躍，注目されることとなった。

　もっともハイエクは，ネオ・リベラリズムに連なるような市場原理主義を主張したわけではない。ハイエクは，古典的リベラリズムの考え方に基づいて正義論を展開し，独自の立法理論によってその具体的構想を明らかにした。ハイエクは古典的リベラリズムのなかでも，ヒュームとスミスの慣習に根ざした市場社会論を**真の個人主義**と呼んで評価した。それに対し，デカルト流の合理主義的個人主義やそれに基づいて社会制度を設計しようとするジャン゠ジャック・ルソーや社会主義者が与する設計主義の考え方，すなわち，**偽の個人主義**をきびしく批判した（ハイエク 1986，原著 1945）。

**真の個人主義と偽の個人主義**　真の個人主義とは，私たちが知りうることの限界性をふまえて，細かい決定に関しては基本的に各自にまかせるべきだとする考え方のことである。そうした個別の意思決定を支えるのは，一般性・抽象性の高いルールである。ハイエクによれば，そのルールは，市場の自生的秩序によって育まれる。市場は私たちを，価格と競争を通じて知っておくに値するものに目を向けさせる。それにより多くの知識が効率よく用いられ，社会全体に大きな利益がもたらされる。もしそのルールが相互利益をもたらすものでなければ，ルールとして学習・模倣されることはなく，すたれていく。この相互利益によって起こる淘汰と適応のプロセスこそ，ハイエクが重視するルールの進化である（ハイエク 1986: 第2章・第3章）。

それに対し偽の個人主義は，私たちの全知性を仮定して，個別具体的なことまで完全に合理的に統御しうるとの見方をとる。その結果，社会の隅々まで因果的に予測可能で，そうした予測に基づいて望ましい社会が設計できるとする「間違った」考え方が支持されてしまう。それが20世紀に破綻した社会主義体制や，政府の失敗を生んだ福祉国家への流れを大きく後押ししたとハイエクは見る。

その流れを哲学的に根拠づけることに「成功した」と評されるものこそ，分配的正義（ハイエクの言葉では「社会正義」）の構想である。しかしハイエクに言わせれば，それは根拠薄弱な構想である。たとえば，個人の責任やデザートに応じて報酬を受けるべきだとする分配的正義の考え方（⇨第5章1）は，そのような責任帰属やデザート評価のために微に入り細をうがった情報・知識の把握が可能な政府の存在を前提しなければならない。また，分配的正義が強調するところの「すべての人の福祉に基づく社会にとっての価値」は，特定の人もしくは組織にとっての価値にすぎない。このようにハイエクにとって分配的正義は，設計主義的合理主義に基づく間違った理念でしかない。その内実は，市場の自生的秩序の進化とともに発展してきた文明社会のあり方からの逸脱を擁護する「部族社会への先祖返り」にすぎない（ハイエク 2010: 第3章，原著1967）。

**ノモスとテシス**　もっともハイエクは政府による市場への介入を完全に否定しているわけではない。むしろ，市場の自生的秩序を安定的に維持・発展させるためには，政府は市場に見られる独占的慣行を排除することや，市場社会の成員の最低限の生活を保障する役割をになうべきである。ハイエクが最低限の生活保障を重視するのは，市場のゲームに敗北することで生まれる貧困がもたらす負の連鎖が，社会に広がらないようにするためである。それゆえ，ハイエクを何が何でも再分配を否定するネオ・リベラルとして位置づけるのは間違いである。ハイエクは市場社会のセーフティーネットを重視していたと言える（太子堂 2011: 220-221）。

こうした政府の役割が真の個人主義の伝統と齟齬をきたさないのは，政府に一般的・抽象的ルールとしての法（ノモス）にそくした活動を行うように立法権をしばるからである。こうしてさまざまな介入が立法（テシス）よりも古い

「法の支配」を遵守するかたちでなされるならば，無制限な立法を通じて行政府が肥大化することはなくなる。むしろ，ノモスの支配を遵守することで，立法権が特定の階級に支配されることなく，正義にかなう仕方で法の一般性がたもたれるのである（ハイエク 1987: 第4章・第5章）。

**正義の構想としての**
**ハイエク立法理論**
ではどのようにして，ノモスの支配にそくした立法が可能となるのだろうか。ハイエクは，人民主権の名の下に無制限な立法にかたむきがちな立法府のあり方を変革する構想を提示する（ハイエク 1988: 第17章）。それは，市場の自生的秩序の進化を阻害しない，一般的・抽象的ルールにかなった立法のみを許容する議会制度の提案である。具体的には，立法府を2つの代表機関に分け，一方を政府の全権を掌握する行政院とし，他方をその予算をコントロールして政府の動きを適宜監視する立法院とする提案である。

立法院は，通常の選挙で議員が選ばれる行政院とは対照的に，一般の分別ある45～60歳の成人からなる議員（任期15年で毎年15分の1ずつ選ぶ方式）によって構成される。このようにして選定される立法院のメンバーは，特定の階級や組織の利益を代弁することなく，一般的・抽象的なルールにそくした長期的判断を下すことが可能である。この立法府改革構想こそ，ハイエクがノモスによって市場の自生的秩序が統御・発展するための正義構想の要とするものである（図7-1）。

このハイエクの正義構想は，ある種の元老院支配を擁護するものではないかという批判（田中 1986）や，ノモスを理解しうる知性の特権化をうたうものであるとする批判（Gamble 2006），さらには，市場競争による価値ある事実の発見だけに焦点をあわせすぎて，新たなテクノロジーを生み出すといった価値創

図7-1 ハイエクの立法府改革構想

| ┌─ 立法院 ─┐ | ┌─ 行政院 ─┐ |
|---|---|
| 任期15年<br>毎年15分の1を入れ替え<br>分別のある45～60歳の成人を指名 | 普通選挙で選出 |

造の契機を無視してしまっているとの批判（Buchanan and Vanberg 1991）を受けた。ヒュームやスミスから引き継いだこのハイエクの正義論を，今日の市場社会の規範として成立しうる正義の構想へと発展させるためには，こうした批判を克服できるかが問われるだろう。

ハイエクと
フリードマンの違い
ハイエクが市場の自生的秩序に基づく正義の立法理論を提起したことは，ハイエクの立場に近いとされる議論との違いを際立たせる。たとえば，貨幣供給量の安定を重視するマネタリズムの理論を確立したことで1976年にノーベル経済学賞を受賞したミルトン・フリードマンは，自らハイエクの信奉者であると公言していた。しかしフリードマンの議論は，ハイエクのように正義の重要性を強調するものではない。

　フリードマンが主張したのは，個々の経済主体が市場における自由な行動により，社会的に見て効率的な状態を導くとする新古典派経済学の基本理念に従っての提言である。実際フリードマンは，人々の選択の余地を最大限確保するために，現在政府が行うべきとされるものの多くを廃止する数々の政策提言を行った。たとえば，通信や交通といった公共事業やそれらを取り巻くさまざまな規制，さらには特定の農業や産業を保護する補助金制度の廃止である（フリードマン 2008: 第2章，原著 1962）。また，学校の運営が政府主導になっていることにより教育政策に不自由さや非効率が見られるとして，子ども1人当たりの年間教育費に相当する利用権を配分する「教育バウチャー制度」に基づく教育の自由化を唱道した（フリードマン 2008: 第6章）。

　フリードマンの提言のなかでもいまなお注目されているのは，現行の貧困層に対する福祉政策を「負の所得税」に置き換えるべきだとする主張である。負の所得税は，所得が控除額を下回った場合に，その差額を比例的に支給する（納税者に還付される）仕組みである。たとえば，控除額が300万円だとしよう。負の所得税が50％だとすると，所得がゼロ円の者には，150万円が支給される。所得が150万円の者ならば，差額の150万円の50％分（75万円）が支給され，225万円の所得が得られることになる。フリードマンはこの仕組みにより，人々の労働インセンティヴがそこなわれることなく，貧困層に最低所得を保障できると主張する（フリードマン 2008: 第12章）。

　このようにフリードマンは，正義の要請に従った政策や規制の検討や提案で

はなく，むしろ新古典派経済学の観点から見て市場の効率的均衡モデルとの両立性を軸とする議論を展開した。その点で，フリードマンの選択の自由論はハイエクの正義基底的なルール論とは異なる。

**ハイエクとブキャナンの違い** 公共選択論の発展に寄与したことで1986年にノーベル経済学賞を受賞したジェイムズ・ブキャナンも，ハイエクと同様，スミスやヒュームらの古典的リベラリズムに親和的な政治経済秩序を構想する。とはいえその構想に通底するのは，自発的かつ互恵的な合意に基づく人々の一般的な交換に根ざした全員一致の理念である。

ブキャナンは，不特定多数の人が自由に使える財，すなわち公共財が，特定の層に（利益を上回る）不利益（経済学で言うところの「外部コスト」）をもたらす仕方で供給される集合的意思決定のあり方を問題視する。たとえば，無駄な要素の多い道路補修やダム建設は，効用の最大化を図ろうとする人々の全員一致ではなく，デモクラシーを支える多数決原理に依拠することでうながされる。実際，個人の合理性を仮定すると，多数派は民主的な議会において，少数派に外部コストを課してでも自分たちの利得を最大化するために結託する。それにより，自分たちに利する公共財を政府に提供させるように図るのだ。

そして，そのことは，各人の意思決定に見られる戦略的な相互行為を取り扱うゲーム理論によっても確認される。というのも各プレイヤーの利得構造をふまえると，総利得がプラスになるような公共投資ではなく，結託したプレイヤーに多くの利益がもたらされる過剰投資が誘発されるからだ（ブキャナン／タロック 1979: 第11章・第12章，原著 1962）。

ブキャナンは晩年になって，ハイエクと同様，立憲的制約をデモクラシーの外側から課すことで，こうした非効率な公共財供給を回避する枠組み，すなわち，法の一般性に根ざす枠組みを提起するにいたる（Buchanan and Congleton 1998; 鳥澤 2014: 207-210）。しかし，その要請はあくまで個人の合理性を重視する全員一致ルールに基づくものであり，ハイエクの議論のように正義の要請に根ざしたものではない。言い換えれば，個人の合理的選好に基づく自発的かつ互恵的合意が，立憲的制約を正当化するものとして位置づけられているのだ。この点でブキャナンの立憲的公共選択論は，ハイエクの正義基底的な立法理論と異なる。

# 3　リバタリアニズムの正義論

**横からの制約としての自然権**　古典的リベラリズムのなかでも，ロックの自然権および契約論の考え方を基点とする正義論を展開したのが，認識論や形而上学の領域でも顕著な業績を残したノージックである。ノージックは『アナーキー・国家・ユートピア』（原著 1974年）で，人々が不可侵の自然権と両立しうる国家のあり方，すなわち，**最小国家**を提案したことで有名である。個人の自由は，市場社会を発展させるからでも，よりよきルールを見つけ出すためでもなく，まずもって自然権として守られるべきである。この自然権により，自由の内実およびその道徳的重要性を明示しうる部分こそ，ノージックのリバタリアニズムの特徴である。

　ノージックは自然権を擁護する観点から，いかなる自然権の侵害も許されないという**横からの制約**を提唱する（ノージック 1994: 第3章，原著 1974）。これは，社会の幸福が最大化されようが，所得の再分配により平等化されようが，課されるべき絶対的制約である。この制約により，結果的な事態の評価とは独立に正しい行為を規定する義務論的立場が擁護される。その擁護にあたってノージックが提起するのが，「功利の怪物」と「経験機械」の思考実験である（⇨第3章2）。

　功利の怪物は，どのような些細な刺激でもつねに大きな満足度を得ることができる存在である。もし功利主義を採用するならば，功利の怪物にすべての資源を与えることが正しいことになる。それゆえ正しさは，得られる利益に関係なく規定されるべきという教訓が得られる。経験機械は，私たちが望むいかなる経験をも与えてくれる架空の機械である。もしそれが利用可能だとして，その機械に私たちは一生つながれていたいだろうか。重要なのは，経験機械につながれている人生を拒否して，自らの手で自由に行為する道徳的権利を私たちが有していることである（ノージック 1992: 65-72）。

**ノージックによるロールズ批判**　以上の議論は，功利主義を棄却するのみならず，ロールズ正義論の前提をなす社会的協働の理念にも批判の矛先を向ける（⇨第2章2）。社会的協働は，すべての人が単独で生きるより

も，社会を築き上げ，そのなかで生きる方がより多くの利益を得られることを前提として成立するものである。しかしこの前提をおくことにより，社会的協働が成立する以前に人々に自然権として与えられているさまざまな権原が等閑視されてしまう。ノージックによれば，社会的協働の理念は，横からの制約を課す人々の権原を無視して，めぐまれた者がめぐまれない者のために取り分が少なくなることを甘受するように方向づけてしまう。このような前提によって，めぐまれた者が社会的協働を安定にする資源移転に対し異議を申し立てることができなくなってしまう（ノージック 1994: 306-339）。

　それではノージックは，どのような正義論を展開するのだろうか。ノージックが正義論を展開するにあたって重視するのは，第1に，無政府状態を擁護するアナーキストとは異なり，国家の正当性を合理的に説明しうる正義論である。第2は，その国家が最小国家であるべきとする正義論である。その最小国家の擁護こそ，ノージックがロールズと対峙することで打ち出す正義原理によって，成し遂げようとすることにほかならない。

### 最小国家の正当化

　ノージックは，国家の正当性をどのように説明するのか。国家には2つの特徴がある。第1に，一定の領域内での実力行使，とくに処罰権を独占する点，第2にその領域内にいるすべての者の生命や財産を保護する点である。この2つの特徴をそなえる国家が，はたして自然権を有する人々に受け入れられるだろうか。

　この点についてノージックは基本的に，自然状態から始まるロック的な社会契約論の枠組みで説明する（ノージック 1994: 第2章）。その説明とはこうだ。まず自然状態の人々は，処罰権の自由な行使による報復合戦を避けるべく，相互保護協会を設立する。すると紛争処理の分業化により商業的保護機関が生まれ，機関の競合による統廃合などが進み支配的保護協会が誕生する。これにより実質的に実力行使を独占する存在，すなわち，超最小国家となり，国家の第1の特徴を充たすものとなる。

　しかし問題は第2の特徴である。国家は，国家の保護など不要だと公言する人たち，すなわち，独立人も領域内の住民として実質的に保護しなければならない。それに対しノージックは，独立人の自然権（処罰権）の侵害に対する賠償，すなわち，独立人の保護によって，第2の特徴をもそなえた国家が正当化

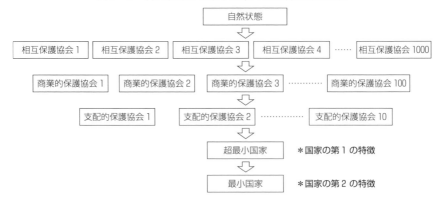

図7-2 自然状態から最小国家への契約論的正当化

されると主張する（ノージック 1994: 第4章）。

ではなぜ，2つの特徴だけをそなえた最小国家であるべきなのか。それは，その国家を支える正義原理が，独立人も含めたすべての人の自然権を基点としていることと関係している。ノージックは人々の自然権が，あらゆる権原の源泉であると考える。その権原は，財産権からなる所有権によって具現化される。所有権が確立されれば，私有財産を（部分的に）没収して行われる再分配は正義にもとるものとなる。それは，再分配する方が社会全体の幸福が高まろうが，それにより平等がうながされようが変わらない。この，分配的正義を否定する正義の権原ベースの捉え方に，国家が最小国家であるべき規範的根拠が求められる。

**歴史的権原理論と正義の三原理**　ノージックは正義の権原ベースの捉え方を**歴史的権原理論**と呼び，ロールズの正義原理のような結果的な資源分配の正しさを問う結果状態原理と区別する。歴史的権限理論は，第1に無主物を自分のものにする専有を正当化し，それによって所有権を保障する**獲得の正義**，第2に自分の所有物の交換や譲渡に関する**移転の正義**，そして第3にそのいずれのプロセスに窃盗等の不正がかかわっていれば補償・賠償を指示する**匡正の正義**を支持する。そのどれもが結果の正しさではなくプロセスの正しさ（瑕疵がないこと）を問うものである。ノージックが自身の正義論を歴史的権原理論と呼ぶゆえんである。

以上の3つの正義のうち，ノージックの歴史的権原理論を根幹から支えるのは獲得と移転の正義である。移転の正義から見ていこう。ノージックによれば，自由な交換に基づく所有移転は，いかなる分配的正義が問う結果の正しさをもくつがえす。次のケースについて，考えてみよう。

■ケース7-1　大谷翔平選手のケース

　アメリカ大リーグの大谷翔平選手のプレーを観たさに，観客が1枚の観戦チケットにつき1ドルを大谷選手に支払う契約を結ぶ。年間100万人が大谷選手のプレーを観に来るとすれば，100万ドルが彼の追加収入になる。このような移転にはいかなる不正も見いだしえない。そのことが含意するのは，観客1人ひとりがそれぞれ支持する分配的正義があったとしても，大谷選手の高収入が正当なものであることを認めざるをえないことだ。

　このように，他者の権原を侵害しないかぎり，財産権の移転は認められるべきである。もしそのことを無視して再分配を図ろうとすれば，それは自然権の侵害になる。ノージックはこれを「勤労収入の課税は強制労働と変わりがない」と評価するが（ノージック 1994: 284），みなさんはノージックに同意するだろうか。もし同意しないとしたら，どの点で異論があるだろうか。


獲得の正義と
ロック的但し書き

しかし移転の正義も，移転前の所有者が正当に無主物を専有したことを所与として成立する。ノージックの歴史的権原理論の核となるのは，獲得の正義である。問題は，自分の一部ではない無主物を自分の所有物とするときに充たすべき条件である。第1の条件は，無主物を自分の労働によって専有することである。これはロックの混合労働の考え方，すなわち「自然が供給し，自然が残しておいたものから取り出すものは何であれ……自分の労働を混合し，それに彼自身のモノを加えたのであって，それにより彼自身の所有物とする」という考え方である（ロック 2010: 後篇第27節）。第2の条件は，獲得したモノとほぼ同質のものが十分な量，共有物として残されていることである。ノージックはこの2つの条件，とくに後者をロック的但し書きと呼び，獲得の正義が成立する条件として位置づける（ノージック 1994: 第7章）。

　ノージックはこの獲得の正義の成立条件を，専有によって他の人の境遇が悪化しない場合，かつその場合にかぎり，無主物の所有を正当化する条件として

再構成する。このとき，境遇悪化をどう測るかが問われてくる。ノージックは専有前の状態，すなわち，無主物が共有物として拘束なく使えていた状態を基準として，境遇悪化を測ることを支持する。以上からノージックのロック的但し書きは，専有によって専有前に無主物が自由に使えていた状態と比べて，他の人の境遇が悪化しない場合，かつその場合にかぎり，無主物の所有を正当化するという獲得の正義原理をうたうものとなる（ノージック 1994: 292-306)。

　まとめよう。第1にノージックの歴史的権原理論は，獲得の正義を核とするものである。第2に，移転の正しさは獲得の正義という前提のうえに成立するものである。第3に，結果の正しさを問う分配的正義は，その移転の正しさを担保する交換の自由を，つまりは自然権を侵害するものである。以上により，再分配が自由を侵害することの問題性が明らかになるとノージックは考える。

## 4　左派リバタリアニズム

**歴史的権原理論批判**　ノージックの歴史的権原理論にはさまざまな批判が投げかけられてきた（Paul 1981)。とくに正義の主要な二原理について，それぞれ以下のような批判が投げかけられている。

　まず移転の正義について。ノージックによれば，随意契約（自由な交換）は，いかなる分配的正義が志向する結果の「正しさ」をもくつがえす。この見立てでは，一見すると直観適合的である。しかしノージックは，随意契約が成立する条件についてはっきりとしたことを述べていない。

　大谷選手の例をふまえると，ノージックは自然権がおびやかされていなければ，いかなる契約も随意契約としてみなしうると考えている。しかし，自然権が侵害されていないことは，必ずしも強制性がないことを含意しない。たとえば，最近よく取り沙汰されるブラック企業の事例からも明らかなように，労働者が企業経営者・資本家に服従していると思しき事態が散見される。このような事態は，双方の権力が不釣り合いであることに起因する（コーエン 2005: 44-49, 原著 1995)。このような雇用契約は，やむにやまれず取り交わしたものと位置づけられるだろう。誰も，低賃金で雇われるか，それとも飢え死にするかの二者択一しかない状況を，「随意」契約が取り結ばれる状況であるとはみな

さないのではないか（Olsaretti 2004: 142-143）。

　次に獲得の正義について。先に見たようにノージックはロック的但し書き
を，専有によって専有前に無主物が自由に使えていた状態と比べて，他の人の
境遇が悪化しない場合，かつその場合にかぎり，無主物の所有を正当化する正
義原理として位置づける。しかしこの条件では，専有前に使えた資源の価値が
ごくわずかだった場合でも，その分だけ他の人に補償しさえすれば専有が正当
化されてしまう。たとえば，すべての土地を専有したとしても，専有前の状態
で使用できた資源の価値に相当する分だけを他の人に補償しさえすれば認めら
れることになってしまう。極端な話，専有前の状態がかろうじて生きながらえ
ることができる状態であったとしても，その状態で享受しうる福利水準が保障
される場合には，ロック的但し書きが充たされることになってしまう（Otsuka
2003: 23）。このようにノージックのロック的但し書きは，適理的には受容しが
たい不平等を正当化してしまうのである。

　以上2点をふまえると，移転の正義と獲得の正義とも，私たちが期待する正
義としての役割を十全には果たせないのではないかという疑問が生じる。

### 自己所有権の頑健性

以上の問題点を，平等主義の理念を取り込むことによ
り克服しうるとする議論を展開するのが**左派リバタリ
アニズム**である。左派リバタリアニズムは，自分自身を完全に所有していると
いう自己所有権（ロックとノージックが言うところの自然権）を基点とする点で，
ノージックと見解を同じくしている。しかし，土地や鉱物などの天然資源はす
べての人に平等に割り当てられるべきであるとする点で，平等主義の考え方を
支持する立場である（Vallentyne, Steiner, and Otsuka 2005: 201-205）。この平等主
義へのコミットメントこそ，左派リバタリアニズムが「左派」と呼ばれるゆえ
んである。

　重要なのは，左派リバタリアニズムが，平等主義の理念を獲得の正義原理，
すなわち，ロック的但し書きに組み込む点である。左派リバタリアンを代表す
るヒレル・スタイナー，ピーター・ヴァレンタイン，そしてマイケル・オーツ
カとも，（原則的には侵害してはならないという意味で）自己所有権の頑健性を認
める一方で，ロック的但し書きの平等主義的改訂を主張する。そのためにまず
左派リバタリアニズムは，自然権を不可侵なものとしてあつかわずに，自己所

有権と（自己）所有権の行使によって得られる利益を分離可能なものとして位置づける。たとえば，自己所有権が絶対的な意味で不可侵なものであれば，交通事故を防ぐために本人の同意なしに突き飛ばして助けることも，自己所有権の侵害になってしまう。このような権利の絶対不可侵性は，私たちの直観に反する。それゆえ自己所有権には，その基底性をゆるがさない程度の頑健性を見いだす方が理にかなっている。となると，天然資源を専有または交換するにあたって，その平等な割り当てを主張することは，自己所有権の頑健性に必ずしも抵触しない可能性が出てくる。

**ロック的但し書きの平等主義化** それでは，左派リバタリアンはどのような平等主義的なロック的但し書きを提示するのだろうか。スタイナーは，ロナルド・ドゥウォーキンの資源平等主義（⇨第4章2）に類するものをロック的但し書きに組み込む（スタイナー 2016: 367-369，原著 1994）。すなわち，無主物の専有は，誰も資源の競争的価値の観点から等しく分割された資源以上のものを取得しなかったら得ていたはずの利益よりも他の人の境遇が悪化しない場合，かつその場合にかぎり，正当化される。

しかしこれでは資源平等主義と同様，生まれつきの能力差に起因する資源へのアクセス可能性および活用可能性に大きな開きがあるケースに十分に対応できない。そこでオーツカとヴァレンタインは，リチャード・アーネソンの厚生への機会平等主義（⇨第4章3）に類するものをロック的但し書きに反映させる（Otsuka 2003: 24-25; Vallentyne 2007: 200）。すなわち，無主物の専有は，誰も他の人と同じだけの暮らし向きを享受する価値ある機会をうばわれない状況で得ていたはずの利益よりも他の人の境遇が悪化しない場合，かつその場合にかぎり，正当化される（表7-1）。

表7-1　財産権確立のための必要十分条件としてのロック的但し書き

| | |
|---|---|
| ノージック | 専有前の状態（自然状態）と比べて他のあらゆる人の境遇を悪化させないこと |
| スタイナー | 資源の競争的価値の観点から見て等しく分割された資源によって得られる利益が，他のあらゆる人に保障されていること |
| オーツカとヴァレンタイン | 厚生への機会が等しく保障されているかどうかという観点から資源がそれぞれに確保された状態で得られる利益が，他のあらゆる人に保障されていること |

左派リバタリアンによれば，平等主義的なロック的但し書きにより，ノージックの議論の問題点が克服される。

　第1に平等主義的なロック的但し書きは，ノージックのロック的但し書きが適用される場合の補償額，すなわち，専有前に共有物として使うことができた資源の価値に照らして補償されるよりも大きい額の補償を専有者に求める。

　第2に平等主義的なロック的但し書きは，資源の競争的価値に基づく平等や生まれつきの能力差をふまえた実質的な機会の平等を織り込んだ境遇悪化基準により，資本主義社会における権力差に代表されるような不平等をも考慮に入れられる獲得の正義原理となる。

　したがって，その正当性を前提にした移転の正義は，契約の随意性を反映しうるものとなる。現状における企業経営者・資本家と労働者の交渉力の違いは，平等主義的なロック的但し書きを充たした専有に基づくものとは到底言えないからである。このように左派リバタリアニズムによって歴史的権原理論は，再分配と敵対しないものに生まれ変わるのだ。

　上記のとおり，左派リバタリアニズムがノージックの正義論としてのリバタリアニズムの問題点を克服しうるとしよう。しかし，それがはたして，自生的秩序として発展する市場社会においても規範的指針となりうるだろうか。次のケースで考えてみよう。

### ■ケース7-2　左派リバタリアニズムと不確実性

　誰も所有していない場所で，ある天然資源が見つかったとしよう。その資源は当初，誰も見向きもしなかった資源である。その資源を見つけたマナさんは，とくに深い考えもなく，その資源を掘り出して自分のモノにした。

　しばらく経って，当初ほぼ無価値だったその資源が，テクノロジーと地球温暖化の進展により，石油に代替しうる地球環境にやさしいエネルギー資源であると評価されるようになった。このことは，当初は専門家でさえもまったく予測できなかった。結果，当該資源の価値は急激に高まり，マナさんは大金持ちになった。

　このケースでは，第1にマナさんは後になって高い価値が見いだされる資源を自分で見つけ，自分で掘り出した点で，混合労働の条件を充たしている。第2に，その当時は，専門家でさえその資源に価値を見いだしていなかった点で，マナさんによる資源獲得によって他の人の（資源獲得を通じての）利益は，競争的価値ベースだろうが，厚生への機会平等ベースだろうがそこなわれたとは言えない。すなわち，平等主義的

なロック的但し書きは充たされていたと言える。それゆえ，左派リバタリアニズムの観点からすると，マナさんが多くの財産を築き上げたのは，まったくもって正当なことになる。これについて私たちは，どう考えるべきだろうか。

**再分配は自由を侵害するのか**　古典的リベラリズムを継承するハイエクやリバタリアンらにとって，再分配は自由を侵害する不正な政策なのだろうか。それぞれの立場とも，単に選択の自由を最大限確保すべしとする主張を振りかざしていたわけではない。自由を規範的にかつ安定的に保障することは正義の構想を展開することなくしては不可能であるという認識を，ハイエク，ノージック，そして左派リバタリアンのいずれも共有していた。

　市場の自生的秩序の重要性をうたうハイエクの立場に従えば，競争によって不可避に生まれてしまう敗者が自生的秩序の機能をおびやかさないように保障することは正義にかなっている。自然権とロック的但し書きの再構成からなる正義論としてのリバタリアニズム，すなわち，ノージックおよび左派リバタリアンの歴史的権原理論の立場からは，ロック的但し書きを充たさない資源獲得は矯正の対象となる。それゆえ，ロック的但し書きの内容次第では，（左派リバタリアンが支持する平等主義的なロック的但し書きのように）矯正を求める度合いは大きいものになる。それゆえハイエクにしても，ノージックにしても，そして左派リバタリアンにしても，再分配は自由をつねに侵害するとは見ていないと考えるべきだろう。

📖 **文献案内**
井上彰，2017，『正義・平等・責任——平等主義的正義論の新たなる展開』岩波書店，第3章．
井上達夫編著，2014，『立法学のフロンティア　第Ⅰ巻　立法学の哲学的再編』ナカニシヤ出版，第7章（井上彰）．
ウルフ，ジョナサン（森村進・森村たまき訳），1994，『ノージック——所有・正義・最小国家』勁草書房．

[井上　彰]

第 2 部

# フロンティア

# 第 8 章

# 貧困と格差

　日本社会では近年，貧困層が増えて格差が広がりつつあり，また海外に目を向ければ，極貧のなかで多くの人命が日々失われているというきびしい現実がある。本章では，まず国内の貧困と格差について現状を概観し（1），それらが正義論とどのようにかかわるかを説明する（2）。次に，途上国の貧困と南北格差の現状に目を向けた後（3），先進国に住む私たちのグローバルな倫理を説く学説をくわしく紹介し（4），また国際制度や途上国の人々の権利に注目するグローバルな正義の諸学説を要約する（5）。最後に，グローバルな正義への懐疑論・限定論について学ぶ（6）。

## 1　国内の貧困と格差

**2 種類の貧困**

　貧困問題が深刻化している。貧困層が人口に占める割合は，かつてよりもずっと大きくなっているのだ。この事実を正確に把握するためには，まずいくつかの重要語を知る必要がある。
　貧困には，相対的貧困と絶対的貧困がある。日本をふくむ先進国で重要となるのは，相対的貧困である。絶対的貧困については，後で見ることにしよう（⇨本章3）。

**相対的貧困とは何か**

　まず，等価可処分所得を説明しよう。住居と生計を同じくする個人の集まりを世帯という。たとえば，両親と同居して親の給料で暮らしている大学生は，世帯の一員である。卒業して就職し，自分の給料で一人暮らしを始めたら，両親とは別の世帯となる。1つの世帯の実収入から，税金や保険料などを差し引いたものを，可処分所得と呼ぶ。この可処分所得を世帯員数の平方根で割ったものが，等価可処分所得である。たとえば，2人世帯ならば，2の平方根1.41で割る。

次は，中央値である。異なる値をもった要素を小さい順にならべたとき，真ん中にくる要素の値を，中央値という。たとえば，18歳，19歳，20歳，23歳，25歳の人がいるとき，中央値は20歳となる。平均値21歳とは異なるので，注意しよう。

**相対的貧困**とは，等価可処分所得の中央値の半分に充たない世帯の一員であることをさす。等価可処分所得の中央値の半分を，貧困線と呼び，それに充たない人々が総人口のなかで占める割合を，相対的貧困率という。この相対的貧困率が徐々に高まっているのだ。

**深刻化する相対的貧困**　相対的貧困率の推移を見てみよう。1985年に12％だった貧困率は，その後に増加しつづけて，2012年には16.1％に達した。2015年には15.6％と，わずかに下がったものの，この傾向がつづくかはわからない。日本では，およそ6人に1人が相対的貧困であることになる。

貧困線の水準を見ると，1985年に108万円だった貧困線は，次第に上がってゆき，1997年には149万円となった。しかし，その後は下がって，2012年と2015年には122万円まで落ち込んでいる。1カ月当たりでおよそ10万円，1日当たりではわずか3300円となる。最近20年間の貧困線の下降から，人々の所得が全体として減少していることがわかる。

**貧困の要因**　人々の所得が減少してきた一大原因は，1990年頃のバブル経済崩壊以来ずっとつづいている経済成長の停滞である。不景気のなかで生き残るため，企業は正規雇用の数を減らし，非正規雇用を増やしてきたので，雇用が以前よりもはるかに不安定化している。また，少子高齢化が急速に進んで，勤労所得をえられる稼働層人口が減り，年金にたよって生活する非稼働層人口が増えている。さらに，少子高齢化に地方から都市への人口流出も相まって，農村部や地方小都市での過疎化も進行している。

**貧困層とはどのような人たちか**　貧困のさまざまな要因は，広い範囲の人々に等しく表れるわけではなく，むしろ特定の集団に集中的に表れる。高齢者のなかには，家賃収入などの財産所得がなく，年金もわずかである人たちが少なくない。非正規雇用は若年層に多く，また女性に大きくかたよっ

ている。就労しているにもかかわらず低所得であるワーキングプアは，いまや膨大な数にのぼる。ワーキングプアの定義は国により異なるが，日本では，所得が貧困線を下回る労働者をさし，一般的には年収200万円未満の人々とされることも多い。過疎地では，一定以上の収入がある安定した仕事に就けない人も少なくない。

これらの人々の特徴が相まって，相対的貧困が生まれる。貧困世帯のかなりの割合は高齢者であり，また女性は男性よりも，町村部住民は市区部住民よりも，貧困におちいりやすい。なかでも，一人親世帯は貧困となりやすく，その大半を占める母子家庭では，じつに半数以上が貧困世帯である。これに関連して，子どもの貧困も深刻となっている。

| 国際的に見た貧困と格差 | 日本の貧困問題を諸外国と比較してみよう。この国の相対的貧困率16.1％（2012年）は，先進国のなかでは

イスラエルの18.6％（2014年），アメリカの17.5％（2014年）に次いで高く，フランスの8.0％（2013年）の2倍を超え，経済協力開発機構（OECD）加盟国の平均11.4％を大きく上回っている。日本の貧困問題は，先進国のなかでかなり深刻なのである。

貧困な人たちがいる一方で，富裕な生活を送っている人たちもいる。2016年の調査結果によれば，1500万円～2000万円の所得がある人は，人口の2％であり，2000万円以上の人も，1.3％いる。また，所得の不平等度を示す数値として，ジニ係数がある。ジニ係数の定義はかなり専門的だが，全員が等しい等価可処分所得をもつ状態では最小値0をとり，1人がすべての所得を独占する状態では最大値1をとるような数値だと思えばよい。2010年前後の時点で，日本のジニ係数0.336は，先進国のなかではアメリカの0.389，イギリスの0.344などについで高く，OECD加盟国の平均を上回っている。日本は，先進国のなかで所得の不平等がかなり顕著である。

| 結婚格差 | 所得格差も相対的貧困も，人間生活のさまざまな側面に深刻な影響を与える。所得格差が大きな一因となっ

ている格差として，最近では結婚格差が知られている。生涯未婚率，すなわち50歳時点で一度も結婚したことがない人の割合は，1990年頃までは数％だったが，2015年には男性の4人中1人，女性の7人中1人にのぼる。とくに，低所

得層の若者のあいだで未婚率が高い。収入が少なく不安定であるために結婚できない若者が増えており，さらには未婚者が中年の人たちにまで広がっている。

だが，所得格差が引き起こす格差や，貧困が生み出す不利さは，結婚格差にとどまらない。格差や貧困のさまざまな長期的悪影響を，子どもの貧困に力点をおきながら順に見てゆこう。

### 教 育 格 差

学歴と所得のあいだには相関性がある。高校卒業者の平均所得は，大学卒業者や大学院修了者の平均所得よりも低く，また高卒の貧困率は大卒・院卒よりも高い。そこで，親の学歴と子どもの学力との相関性を見ることによって，親の所得が子どもの学力にどんな影響を与えるかを推測できる。

OECDの学力到達度調査（PISA）では，両親の学歴と子どもの得点の関係を調べている。結果は歴然としている。父親・母親それぞれの学歴が低いほど，子どもの科学・数学・読解力の点数は低い。ここから，貧困は子どもの学力に深刻な悪影響を与えていると推測される。所得格差は教育格差を生むのだ（教育については，⇨第9章）。

### 貧困による学力の阻害

貧困は，どのように子どもの学力向上をさまたげるのだろうか。貧困家庭では，塾代や参考書の代金を捻出できないから，学力が伸びにくいとしばしば言われる。だが，これは事柄の一面にすぎない。

塾代などの支出に勝るとも劣らず重要なのは，親の子どもに対する態度である。貧困家庭では，親が幼少期の子どもと接する時間は短く，家庭内での会話も少ないことがわかっている。また，勉学の意義を説くことや，継続的な努力を励ますことも少ないだろう。

そもそも，親が高学歴をもたず，生活に追われていると，子どもは，勉学を起点とした人生の役割モデルをもつことができない。このような役割モデルの欠如は，子どもの学習意欲を減退させてしまう。

マクロ経済学的な観点から見ると，一部の子どもの低学力は，良質な人的資本の不足をもたらし，生産性の低下をまねく。実際，1990年から2010年までに，日本の国内総生産（GDP）は17.5％しか成長しなかったが，この時期に生

じた所得格差の拡大によって，じつに5.6％も成長が押し下げられたと推計されている。格差拡大がなければ，23.1％の成長が実現できたことになる。

### 健康格差

貧困は健康もそこなう。欧米でのさまざまな研究によれば，低所得の世帯ほど，親も子どもも健康状態が悪くなりやすい。その結果，貧困家庭に育った子どもは，そうでない子どもと比べて，平均余命が短い。所得格差は，健康格差を，さらには寿命格差さえもたらすのだ（⇨第10章）。

他方，健康状態の悪さが貧困をまねくという傾向もある。病弱な人や障がいのある人は，安定した高収入の仕事に就きにくく，さらにはどんな仕事にも就けない場合さえ少なくないから，貧困におちいりやすい。

注目されるのは，所得格差が大きい社会ほど，平均寿命が短いという知見である。国際比較やアメリカの州間比較の多数の研究によれば，格差が拡大するにつれて，貧困層だけでなく他の社会階層でも，寿命はより短くなる傾向がある。その要因としては，職業上の上下関係のなかで，あるいは周囲との経済的比較のなかで生じる精神的ストレスや，所得格差に応じて高まる犯罪率などが，指摘されている。

### 虐待と犯罪

貧困のさらに別の悪影響として，虐待がある。家庭における子どもの虐待の要因としては，一人親家庭での育児の負担，夫婦間の不和によるストレス，親族・知人・地域社会からの孤立などがある。だが，これらとならんで広く見られる虐待の一因が，貧困なのである。

貧困家庭の子どもは，そうでない子どもと比べると，非行に走り，将来には犯罪をおかす確率が高い。こうした傾向を明らかにする犯罪学的・社会学的な研究は，欧米には数多くある。日本でも，少年院の収容者に占める貧困家庭出身者の割合は，かなり大きい。

非行や犯罪は，被害者に対して，身体的・精神的・財産的な損害を与えるだけではない。加害者もまた，懲役刑・禁錮刑を受ける場合には自由を制限され，死刑の場合には生命さえ奪われる。より広くは，社会的評判を落とし，多くの人間関係を失うなど，さまざまな損失をこうむる。したがって，貧困削減は，犯罪から潜在的被害者を守るだけでなく，犯罪に起因する不利益から潜在

的加害者を守ることにもなる（刑罰については，⇨第11章）。

### 貧困の連鎖

すでに見たように，貧困家庭の子どもは，貧困でない家庭の子どもと比べて，学力が伸びにくく，高学歴をえるのが難しい。そして，学歴が低い人は高い人よりも，低所得となる傾向がある。つまり，貧困家庭の子どもは，成人してから貧困になりやすい。これは，貧困の連鎖とも呼ばれる貧困の世代間再生産である。

それだけではない。貧困の一因である個人の属性にも，貧困が一因となる属性にも，世代間再生産は見られる。母子家庭で育った女児は，そうでない女児と比べて，後に単身の母親となる傾向がある。幼少期に虐待を受けた人は，そうでない人よりも，自分の子どもに対して虐待を行いやすい。

このような貧困にまつわるさまざまな世代間再生産の傾向を見ると，貧困削減の重要性がよくわかる。貧困削減は，いま貧しい人たちの数を減らすだけではない。社会の一部の構成員やその子孫が，二重，三重の不利さを背負うのをふせぐことにもなる。

## 2　正義論との関係

### 貧困は本人の責任か

近年の日本では，いわゆる自己責任論がさまざまな場面でとなえられている。この考え方によれば，貧困な人々は，子どものときに勉強をなまけたために，低学歴となり，安定した高収入の職に就けないのだから，自業自得である。だから，政府は，かつては勉強し，いまはまじめに働いている人たちから集めた税金で，貧困な人々を助ける必要はないというのだ。

自己責任論は，所得と勉学のあいだにある双方向的な因果的経路のうち，一方だけに着目している。たしかに，子どものときに勉強しなかった人は，勉強した人と比べて，所得が低い傾向がある。勉学から所得への経路である。しかしながら，勉学意欲の程度や，勉学に適した条件の充足度は，親の学歴・所得をはじめとする家庭環境によって大きく左右される。つまり，所得から勉学への経路を否定できない。そして，貧困家庭に生まれ落ちたことについて，子どもに責任はないのだ。

貧困の他の要因に目を向けると，自己責任論はいっそう説得力を欠く。たとえば，日本では，離婚した女性は，とくに子どもがいる場合，貧困におちいりやすい。離婚の原因が夫の暴力や不倫だったならば，妻に責任はないはずだ。

### 努力できた人とそうでない人

もちろん，貧困家庭出身の子どものなかにも，努力の末に高学歴をえて，高所得者となる人はいる。だが，不遇から出て成功した人がいることを理由として，似た境遇にいたすべての人が同様に努力して成功しないかぎり，全面的に当人の責任だと断じることは，理不尽だろう。貧困家庭の出身者が富裕家庭の出身者と比べて，高所得をえるのが難しいという一般的事実は，依然として変わらないからだ。

仮想例で考えよう。小学校のあるクラスには，身長140cm の子もいれば，170cm の子もいると仮定しよう。体育の時間に，170cm 近くの子たちは，8 段の跳び箱を軽々と跳んでゆく。そのなかで，放課後に毎日独りで黙々と跳び箱の練習をしていた140cm のトビオが，8 段を跳んだと仮定しよう。だからといって，トビオ以外の140cm 近くの子たちが8 段を跳べないかぎり，当人の責任だと言うことはできないだろう。

### 運としての貧困・格差

一国内における貧困や格差は，分配的正義の理論家たちが応答しようとしてきた，あるいは理論構築の際に念頭においてきた最も中心的な問題である。そして，代表的な論者や学派は，出身家庭の貧困をいわれのない不運と捉えてきた。

ジョン・ロールズによれば，所得階層の分布は，才能・資質の分布と同じく道徳的に恣意的だから，人生の見通しを左右してはならない（⇨第 2 章 2）。ロナルド・ドゥウォーキンは，自然の運と選択の運を区別したうえで，前者を後者へと部分的に転換する装置として，仮想的保険市場を構想している（⇨第 5 章 1）。個人がどのような所得の家庭で生まれ育つかは，明らかに自然の運にふくまれる。さらに，こうした運の区別から示唆をえて現れた運平等主義は，状況による不利性は社会的に補償されるべきだが，選択による不利性は個人に帰属させるべきだと主張する（⇨第 5 章 1）。出身階層は状況の典型例である。このように，主要な論者や学派は，出身家庭の貧困が個人の貧困をまねくことや，出身家庭のあいだの格差が個人間の格差を生むことを是正しようとしてきたと言える。

**格差か貧困か** 所得格差と相対的貧困のどちらが是正されるべきだろうか。この問いは再分配の目標にかかわっている。所得格差を縮小するべきだという意見は，個人間格差が大きいほど望ましくないと考える平等主義に立っている（⇨第6章1）。他方，相対的貧困を削減するべきだという見解は，平等主義よりも優先主義または十分主義にいくらか近い（⇨第6章3・4）。もっとも，貧困線を下回る世帯は，所得を問わず等しくあつかわれる点で，優先主義と異なる。また，貧困線は所得分布に左右されるが，十分主義は福利分布から独立に閾値を設定するから，貧困削減の主張は十分主義と同一ではない。

## 3 グローバルな貧困と格差

**絶対的貧困とは何か** 日本から世界全体へと視野を広げよう。すると，途上国，とくにサハラ以南のアフリカ諸国において，極端に貧困な状態におかれた膨大な数の人々に気づかずにはいられない。ここで，絶対的貧困という概念が重要となる。**絶対的貧困**とは，食料，安全な水，衛生設備，健康，シェルター，教育など，人間の基底的ニーズが剥奪された状況である。

世界銀行はかつて，アメリカ・ドルで，1日1ドルと2ドルという2つの絶対的貧困線を用い，購買力平価（為替レート）を勘案して各国の貧困者数を調査し公表していた。その後，2008年に1日1ドルを1.25ドルへ，2015年には1.9ドルへと更新している。

絶対的貧困線を下回る生活を送っている人たちは，どのくらいいるのだろうか。1日1.9アメリカ・ドルという貧困線未満の人たちは，1990年時点では18億7千万人で，地球上の総人口の35.3％にものぼった。その後，貧困削減策が進められて，2013年には7億7千万人となり，10.7％まで下がった。

他方，絶対的貧困線を上回るものの，各途上国の相対的貧困線を下回る人たちは，途上国全体で増えてきている。そこで，将来的には，世界全体でも相対的貧困の観念がより重要となるだろう。

**貧困関連死**　絶対的貧困は人の健康や生死に直結する。8億2千万人が必要な栄養をとれておらず，その98%は途上国に住んでいる。また，途上国でしばしば見られる家父長主義的な因習のために，栄養不良者の60%以上は女性である。そして，栄養不良，さらには飢餓，あるいは先進国ではたやすく治療できる疾病のために，毎年900万人が死亡し，そのうち300万人は5歳未満の乳幼児である。

**南北格差**　絶対的貧困と別個だが関連する問題は，南北格差である。**南北格差**とは，多くは北半球の北側に位置している先進国と，より南側に広がっている途上国のあいだにある経済的格差をいう。

　2017年に世界で生み出された富のじつに82%は，最富裕層1%の手に渡ったという試算がある。これは，途上国での貧困を解決するのに必要な金額の7倍以上に相当する。また，所得だけでなく資産についても，目もくらむような格差が存在する。たった42人の最富裕者が，世界人口の下層50%に匹敵する金額の資産をもっているとされる。しかも，このような格差は年々増大してきた。2006年から2015年までの10年間に，10億ドル以上の超富裕層がもつ財産は，年平均13%も増加してきたのである。

## 4　先進国市民の倫理

**コスモポリタニズム**　絶対的貧困や南北格差に応えようとするさまざまな規範理論は，**コスモポリタニズム**（世界市民主義）にふくまれる。「コスモポリタニズム」のもとになるギリシア語「コスモポリテース」は，古代ギリシアの各ポリス（都市国家）の枠を超えて，コスモス（世界）の秩序に従う人をさした。

　今日のコスモポリタニズムは，いくつかの形態に区分される。道徳的コスモポリタニズムは，国境を越えた個人の倫理的義務や，地球規模での分配的正義を提唱する。政治的コスモポリタニズムは，世界政府の樹立や，国家の権限の一部を委譲された超国家的統治機関の設立を構想する。文化的コスモポリタニズムは，ナショナリズムを批判して，多文化の尊重を主張する。本節と次節で

は，道徳的コスモポリタニズムの代表的学説を見てゆこう。

**飢餓に匹敵する犠牲**　途上国での飢餓について，ピーター・シンガー（2018,
原著 1972）は衝撃的な議論を提示した。彼は帰結主義
的立場から（⇨第3章1），次の原理をかかげる。この原理は個人に多くを要求
するので，強い原理と呼ぶことにしよう。

> 強い原理　　個人は，悪しきことの発生を，それに匹敵するものを犠牲に
> せず防止できるかぎり，防止するべきである。

飢餓は明らかに悪しきことだから，次の結論が導かれる。先進国の市民は，途
上国での飢餓を，それに匹敵するものを犠牲にせず防止できるかぎり，防止す
るべきである。
　では，私たちは具体的に何をするべきだろうか。シンガーは，貧困問題に取
り組む非政府組織（NGO）への寄付を勧めている。あなたは，NGO に寄付す
るべきだが，もし寄付をつづけてゆけば，いつかは非常に貧しくなって，自分
自身が飢えてしまうだろう。つまり，途上国の人々の飢餓に匹敵する犠牲が自
分に生じてしまう。そのときには，もう寄付しなくてよいというのだ。

**道徳的に重要な犠牲**　もっとも，強い原理は，あまりにも多くの負担を求め
ていると感じられる。こうした反応を予想して，シン
ガーは，いわば弱い原理も示している。

> 弱い原理　　個人は，悪しきことの発生を，道徳的に重要なものを犠牲に
> せず防止できるかぎり，防止するべきである。

弱い原理によれば，先進国の市民は，途上国での飢餓を，道徳的に重要なもの
を犠牲にせず防止できるかぎり，防止するべきである。

**おぼれる子ども**　弱い原理が何を求めているかを理解するために，以下
のケースについて考えよう。これは，シンガーが挙げ
た有名な仮想例を脚色したものである。

### ■ケース8-1a　おぼれる子どもを救うべきか？

　あなたが公園の噴水の横にあるベンチに腰かけていると，２メートル先で噴水のへりを歩いていた見知らぬ幼児が足をすべらせ，水中に落ちた。放っておけば，おぼれて死んでしまうだろう。だが，駆けよって腕をのばせば，簡単に引き上げられそうだ。あなたは幼児を救うべきか。

### ■ケース8-1b　距離は重要か？

　ケース8-1aとほぼ同じ状況だが，ただし，あなたと幼児の距離は20メートルである。あなたは幼児を救うべきか。

### ■ケース8-1c　人数は重要か？

　ケース8-1aとほぼ同じ状況だが，ただし，噴水の周りには，あなたのほかに10人の大人がいるのに，誰も幼児を救おうとしない。あなたは幼児を救うべきか。

<br>

飢　え　る　子　ど　も 　ケース8-1aで，おぼれている幼児を救おうとすれば，もちろん服がぬれてしまう。だが，服がぬれるのは道徳的に重要な犠牲だと言えないから，弱い原理によれば，あなたは幼児を助け出すべきである。

　これとの類比で，飢餓にかかわる個人の倫理的義務を考えることができる。あなたの財布に，いま3000円があるとしよう。これは今夜のコンパ代である。この3000円を，貧困削減に取り組むNGOオックスファムに寄付すれば，飢餓にあえぐ何人もの子どもを救える。他方，コンパには行けなくなるが，しかしコンパへの参加が道徳的に重要だとは言えない。だから，あなたは3000円を寄付するべきである。

距　離　の　無　関　連　性 　おぼれている幼児を助けることと，飢えている子どもたちを救うために寄付することのあいだには，２つの明らかな違いがある。第１に，幼児はあなたのすぐ近くにいるのに対して，たとえば飢餓に苦しむソマリアの子どもたちははるか遠方にいる。では，飢餓という悪しきことが遠くで生じているときには，あなたの防止義務はなくなるのだろうか。

　ケース8-1bでは，あなたと幼児のあいだの距離は，ケース8-1aの10倍にもなる。しかし，そのことは，幼児を救う義務を否定する理由にはならないだろう。これが正しいとすれば，悪しきことの発生地点と個人がいる地点との空間的距離は，防止義務の存否には無関連だということになる。したがって，

149

はるか海のかなたのソマリアにいる貧しい子どもたちに対しても，私たちは寄付義務を負う。

**義務者数の無関連性** 幼児の救出と飢餓を防ぐ寄付とのあいだにある第2の違いは，防止義務を負っていると思われる個人の数である。ケース8-1aでは，幼児を助けられるのはあなた1人なのに対して，オックスファムに寄付できる先進国の市民はほかにも大勢いる。では，寄付の義務を果たしていない個人が多数であるときには，あなたの義務はなくなるだろうか。

ケース8-1cでは，救助義務を果たしていない人が，あなたのほかに10名もいる。だからといって，あなたの義務がなくなるわけではないだろう。これが正しいならば，義務を果たさない個人の数は，義務の存否に無関連だということになる。したがって，私たち一人ひとりは，他の人たちが寄付を行うかどうかを問わず，寄付義務を負う。

**その後のシンガー** シンガーの強い原理だけでなく弱い原理さえも，個人に対する過剰な要求という功利主義の問題点を典型的に示しているという批判が出されてきた（⇨第3章4）。その批判に応えて，彼は，途上国の貧困をなくすのに必要な負担額はそれほど大きくないと強調するようになった。より最近には，暮らしに困らない人は所得の5パーセントを寄付し，富裕層はそれ以上を寄付することを提案している（シンガー 2014: 204, 原著 2009）。

## 5 グローバルな制度の正義

**国際的相互依存** シンガーが個人の倫理的義務を論じたのとは対照的に，社会制度に目を向ける論者は少なくない。有力な立場の1つは，ロールズの国内正義論（⇨第2章2・3）を拡張しようとする。

国際関係論（国際政治学）において有力なリアリズムは，潜在的な戦争状態というホッブズ的自然状態として国際関係を捉える。チャールズ・ベイツ（1989: 第1部，原著 1979）は，リアリズムへの批判から出発する。リアリズムの国際関係の見方に反して，現実には国家間の相互依存性や協力が見られる。そこ

で，ベイツは，自足的社会というロールズの想定を拒否する一方で，社会的協働に基づく正義という前提を受け継いで，グローバルな正義の社会契約説的理論をとなえた。

　具体的には，ロールズの意図を超えて彼の国内正義の理論をグローバルに拡張し，さまざまな社会を代表する諸個人が集まる原初状態を想定する（ベイツ1989: 第3部）。この諸個人は，格差原理をふくむ正義原理を採択するだろう。グローバルな格差原理によれば，国際的不平等が世界で最も不利な人々の利益を最大化しないかぎり，不平等の是正が求められる。

**基底権と自己所有権**　別の有力な立場は権利に基礎をおく。ヘンリー・シュー（Shue 1996[1980]: 18-20）は基底権をとなえている。**基底権**とは，ほかの諸権利を享受するために，それを享受することが本質的に重要となる権利である。たとえば，政府を批判すると警官から拷問を受けるおそれがある国では，表現の自由を行使するのは難しい。だから，殺人・拷問などを受けないという身体的安全権は，表現の自由を享受するために必要となる基底権の1つだと言える。

　同様に，飢えや寒さによって生存がおびやかされているとき，公の場で自分の考えを表明することは難しい。それゆえ，食料・衣服・シェルターなどの経済的な必要物をもつという経済的安全権もまた，表現の自由の行使に必要な基底権の1つである。経済的安全権を，シューは**生存権**とも呼ぶ（Shue 1996[1980]: 22-29）。経済的安全権としての生存権は，表現の自由などの市民的権利よりも基底的だから，アメリカの外交政策が市民的権利の保障を政策目標のなかに位置づける以上，生存権も当然に政策目標にふくめるべきだという。

　ヒレル・スタイナー（2016: 420-425, 原著1994）は，ロックの自己所有権の左派リバタリアン的解釈に基づいて（⇨第7章4），グローバルな正義に取り組む。途上国での貧困をもたらしている地球全体での天然資源利用のあり方は，ロック的但し書きに反しており，正当化できないという。ロック的但し書きは，所有権の範囲を，十分かつ良好な状態のものが他者に残されるかぎりに限定する。この但し書きが充たされない現状を改善する制度として，スタイナーはグローバル基金を提案している。

**積極的義務か消極的義務か**　貧困対策NGOへの寄付を求めるシンガーの議論は（⇨本章3），市民の積極的義務を主張していた。**積極的義務**とは，財布を落として家に帰れない友だちにお金を貸すなど，他者を利する義務である。それとは対照的に，トマス・ポッゲ（2010，原著初版 2002，第2版 2008）は，消極的義務の問題としてグローバルな正義を捉える。**消極的義務**とは，殺さない，盗まないなど，他者を害さない義務である。ポッゲは，先進国の政策が途上国の貧困の一因となってきたため，先進国市民は消極的義務に違反していると論じる。

**先進国市民による消極的義務違反**　ポッゲ（2010: 43-53）によれば，先進国政府は，公正競争をさまたげるほど安い価格での輸出をふせぐための反ダンピング関税を，国際競争で途上国が優位に立つ農業や繊維業においてしばしば発動して，国内の生産者を保護してきた。また，農業補助金を通じて国内の生産者を支援している。これらの政策は，途上国の農業労働者の収入を減らして貧困におちいらせる。

そのうえ，先進国政府は，人権抑圧的で非民主的な政府を正統な代表とみなしたうえで，その政府から天然資源を輸入し，いわば資源特権を与える（ポッゲ 2010: 181-185）。また，資金を貸与し，借款特権を与える。これらの政策は，貧困を放置する専制的政府を財政的に助けることになる。

先進国の政策は国際法秩序によって是認されており，その秩序は先進国政府の主導権のもとで形成されてきた。そして，先進国政府は自国市民のために，自国市民の名において行動する。したがって，先進国市民は消極的義務に違反して，途上国市民を貧困へと追いやっているのだとされる。

**制度の改革と新設**　消極的義務を果たすために，何がなされるべきだろうか。ポッゲ（2010: 313-317）は，国際的な政治経済制度の改革に加えて，グローバルな資源配当を提案する。**グローバルな資源配当**とは，政府や市民が自国内の天然資源の使用・売却のたびに，その国際市場価格の1％を税として支払い，その基金を貧困対策に用いるという制度提案である。

## 6 否定論と懐疑論

**国内と海外の優先順位**　これまでに，国内の相対的貧困や格差の現状について，ややくわしく説明した（⇨本章1）。また，途上国における絶対的貧困に言及した（⇨本章3）。ここで1つの疑問が生じてくるだろう。貧困削減に関して，国内と海外のどちらをどのくらい優先するべきか。ケース8-2について考えよう。

### ■ケース8-2　海外の貧困層か国内の貧困層か？

ある人が次のように言ったとしよう。

> 海の向こうの貧困層のために，日本政府が多額の税金を費やすのは，間違っている。生活保護受給者数は210万人を上回り，年収200万円未満のワーキングプアは1100万人を超えている。これらの人たちこそまず救済するべきであり，海外の人たちなどその次でよい。

あなたはこの意見についてどう考えるか。その理由は何か。

**グローバルな正義の否定**　学術的にも，道徳的コスモポリタニズムを批判する立場は，いくつかある。**ステイティズム**（国家単位主義）によれば，分配的正義は国家の範囲を超えて妥当しない。この立場の先駆的で代表的な論者は，ロールズ（2006: 第16節，原著1999）である。

ロールズは，ベイツの国際的再分配の理論に対して（⇨本章5），2つの批判を行った。第1に，ロールズの考えでは，国際的な経済格差の最も重要な要因は，貧困国の政治文化にある。天然資源が乏しい日本がなしとげた経済的成功は，政治文化の重要性の好例だという。第2に，国際的再分配は，負担を課される国に対して不公正だとされる。たとえば，勤勉を選択した国と，牧歌的な社会を選んだ国がある場合，何年か後に前者から後者に再分配を行うことは不公正である。

だが，これら2つよりも根本的な理由が，ロールズにはある。分配的正義とは本来，社会の基底構造に妥当するという前提である（⇨第2章2）。実際，

ロールズの高弟トマス・ネイゲル（Nagel 2005）は，正義が社会内でのみ妥当するという前提のもと，グローバルな正義は成立しないと論じる。そして，貧困削減の根拠は人道主義に求められるべきだという。

**ネーションの責任**　ナショナリズム（国民・民族単位主義）は，正義が，人間集団としてのネーションの内部で妥当することを強調して，他のネーションに対する責任を否定または限定する。その代表的論者は，デイヴィッド・ミラー（2011, 原著 2007）である。

　ミラー（2011: 84-91）はロールズと同様，国家間の経済格差を生む最大の要因を，各ネーションが自発的に選択した歴史的経路の差異だと考える。そのうえで，彼は，ネーションの結果責任と救済責任を区別する（ミラー 2011: 101-135）。結果責任とは，集合的自己決定の結果を引き受ける責任である。経済格差を縮小させようとする平等主義的なコスモポリタニズムは，ネーションの結果責任を不問にしてしまう。他方，ネーションは救済責任も負う。救済責任とは，困窮した人々を救援する責任である。個人は，どの国に住むかを問わず，困窮しないという基底的人権をもつ。他国で基底的人権がそこなわれているときには，先進国は救済責任を果たすべきだとされる。

　だが，各先進国のネーションは，独自の伝統や価値観を理由に，自らの救済責任を否定するかもしれない（ミラー 2011: 330-332）。ここで，正義の間隙が生じる。正義の間隙とは，途上国の人々が正義の問題として要求しうるものと，先進国の市民が正義の問題として犠牲を義務づけられるものとのずれである。正義の間隙をせばめることは可能だろうが，これをなくすことは不可能だという。

**国内外の貧困・格差と正義**　貧困問題や所得格差には2種類ある。一方は，一国内の相対的貧困と所得格差である。日本では貧困率が高まっており，格差も広がっている。所得格差は，学力格差・健康格差などを生み，世代間で再生産される。これらの事実をふまえて，正義論の代表的理論が，個人の出身階層をいわれのない不運として捉えていることを確認した。また，格差是正は平等主義に，貧困削減は優先主義または十分主義にそれぞれ親和的だと指摘した。

　他方は，途上国での絶対的貧困と所得の南北格差である。これらの問題に応

## コラム❹ 移　民

　移民は，近年の欧米諸国で大きな政治的争点となっている。多くのヨーロッパ諸国で，移民排斥を公約の１つに掲げる右翼政党が支持を広げており，議席のある政党も少なくない。アメリカでは，2017年，メキシコ移民が犯罪と麻薬をもちこんでいると主張し，メキシコ国境での巨大な壁の建設を公約したドナルド・トランプが，大統領に就任している。これらの動きは，決して対岸の火事ではない。少子高齢化や地方の過疎化が急速に進み，人口減少がすでに始まっている日本では，政府が近時，従来の制限的な外国人労働者受け入れ政策を緩和しつつある。こうした政策転換に対して，一方には，移民を単なる一時的労働力としてしか見ていないという批判があり，他方には，膨大な外国人が押し寄せつつあるという警戒の声がある。

　そもそも移民とはどのような人たちか。また，移民政策はどうあるべきか。移民とは，どんな理由であれ，また法的地位がどうであれ，居住国を変更した人をさす。３〜12カ月の短期移住と，13カ月以上の長期移住に区分される。2015年時点の世界全体で，移民は約２億4400万人おり，世界人口の3.3％に当たる。途上国から先進国への移民が注目されているが，じつは全体の３分の１にすぎず，残りは先進国間や途上国間で移動した人たちである。なお，移民のなかでも，政府による迫害や国内紛争・戦争などを理由に出身国を逃れた人は，難民と呼ばれ，世界中で2200万人を超える。そのほかに，国内避難民が4000万人以上いる。

　移民は犯罪をおかしやすいと思われがちだが，これは正確でない。アメリカでの数多くの犯罪学的研究によれば，暴力犯罪の犯罪率について，移民と非移民のあいだには統計的に有意な差がないか，あるいは移民の犯罪率の方が低いのだ。ヨーロッパ諸国についても，同様の研究結果がある。

　移民政策をめぐる規範的研究の主題は，移民正義と呼ばれる。この研究は，国境開放論と国境閉鎖論の論争を軸として展開してきた。もっとも，国境開放論者は，無条件の受け入れを提案しておらず，また国境閉鎖論者は，全面的な受け入れ拒否を主張しているわけではないので，注意してほしい。

　国境開放論の論拠としては，移入希望者がもつ移動の自由や，他国での社会的協働・結合を可能とする結社の自由が挙げられる。その他，貧困国から富裕国への人の移動はグローバルな正義にかなうという主張もある。もっとも，移民の大半は，出身国の最貧困層ではないから，移民受け入れはただちに途上国の貧困の解消に役立つわけでなく，むしろ有能な人材の流出をともないがちである。他方，国境閉鎖論の論拠としては，受入国の国民がもつ結社の自由や，多数派の意思，社会福祉の費用負担などがある。

［宇佐美　誠］

答しようとする道徳的コスモポリタニズムのうち，先進国市民の救援義務につ
いてくわしく述べたほか，グローバルな格差原理，基底権としての生存権，消
極的義務違反などの学説も見てきた。さらに，道徳的コスモポリタニズムの論
敵として，ステイティズムとナショナリズムを取り上げた。国内でも地球規模
も，貧困と格差は，分配的正義論の実践的含意を問う重要な試金石でありつづ
けている。

### 📖 参考文献

ウィルキンソン，リチャード・G.（池本幸生・片岡洋子・末原睦美訳），2009，『格差社会の
　　衝撃——不健康な格差社会を健康にする法』書籍工房早山.
シーブルック，ジェレミー（渡辺景子訳），2005，『世界の貧困——1日1ドルで暮らす人びと』
　　青土社.
橋本健二，2018，『新・日本の階級社会』講談社.

［宇佐美　誠］

# 第9章

# 家族と教育

　本章では，家族関係において生じる正義の問題を，おもに教育の観点から取り上げる。私たちが親あるいは子どもとして過ごす家族という場所は，従来の正義論で必ずしも重要なテーマとはされてこなかった（1）。しかし，教育の観点から見直すと，親の教育方針が子どもの自律的成長と対立しうるという問題や（2），子どもの教育に対する親の熱意と投資が家族間で大幅に異なりうるという問題など（3），家族という場所は論争的な正義の問題をはらんでいることがわかる。こうした規範的論点を掘り下げていくと，そもそも家族の価値とは何かという原理的問いに突き当たることになるだろう（4）。

## 1　正義の場所としての家族

**個人であること，個人になること**　　私たちは人生の約4分の1を，勉学をふくめた学びに多くの時間を費やす未成年として過ごしている。子どもから若者を経て大人になる成長の過程は，誰にとっても身近な経験として思い当たるだろう。はじめから独立独歩の個人として社会に登場し，社会から退出するのであれば，家族や教育の問題にかかずらう必要もないかもしれない。しかし実際には，私たちはつねに誰かの子どもとして生まれ，誰かからの庇護や支援のもとで，日々新しいことを学びながら十数年かけて一人前の個人になるのである。こうした従来の正義論の見直しをせまる問題意識は，今日「ケアの倫理」として一大潮流を形成している（⇨コラム❻）。

　本章では，私たちが個人になる局面で中心的役割を果たす家族と教育にまつわる正義の問題を取り上げる。私たちの一生における位置づけの重大性に比べると，これらの領域は従来の正義論でそれほど注目を集めてきたわけではない。たとえば，正義論分野の発展の原動力となったジョン・ロールズの『正義

論』をながめると，家族や教育の問題は散発的に言及されるものの，章題はおろか節題にすらまとまって登場しない。しかし1980年代以降，スーザン・オーキンの著作を転機として，この話題にも徐々に本格的な進展が見られるようになった。

**家族と基底構造**　よく知られるように，ロールズは正義の第1の主題を，人間の心性や態度ではなく，社会の基底構造すなわち社会制度のあり様であると定義した（ロールズ 2010: 6，原著 1971⇨第1章2）。正義の主題が社会の基底構造に限定されるかどうかはともかく，正義がその適用に際して何らかの場所を想定していることは事実である。たとえば，人々が誰を生涯のパートナーに選ぶかという場面で，正義の判断を振りかざすのは奇妙に感じられるだろう。家族もまた，愛情や親密さの場所として捉えられがちであるがゆえに，正義の場所とはみなされてこなかった。

　ロールズ自身について言えば，正義論における家族の位置づけに関して，彼の説明には変化が見られる。『正義論』の段階では，家族を正義の主題である「主要な社会制度」の一部としてみなし，「私的な結社・連合体やそれほど包括的ではない社会集団のルールや実践・慣行」から区別している（ロールズ 2010: 第2節）。ただし，1980年代のいわゆる政治的転回（⇨第2章4）以降では，家族を会社や教会と同様に自発的結社の1つとしてみなし，政治的正義が直接的に適用される対象から外している（ロールズ 2004: 第50節，原著 2001）。

　オーキンはこうした論調を批判する。ロールズをふくむ従来の正義論は社会制度のあり様の正不正を語っているが，当の社会制度を下支えしている家族という場所がどのような不正義をはらんでいるかを等閑視してきた。たとえば，家事育児などの無償労働が男女の不平等を生み出しているならば，正義の原理を家族内にも適用し，労働の平等化を図るべきである。家族は，個人が正義感覚を育てるための最初の場所であり，正義論は，何よりもまずその場所を正義にかなった場所とすることから出発しなければならない（オーキン 2013，原著 1989）。

**家族正義の2つの視点**　正義の場所としての家族は，ジェンダー関係と親子関係という2つの視点から規範的に分析できる。前者のジェンダー関係としての家族正義論については，すでに日本でもまとまった研

究書が刊行されている（野崎 2003; 有賀 2011）。その一方で，親子関係としての家族もまた，正義論の一テーマとして重要である。そこで本章では，後者の親子関係としての家族正義論に焦点を絞りたい。とくに注目したい論点は，一人前の大人に育てていくにあたり，親が子どもにどのような教育機会を提供すべきかという点である。

## 2　家族と教育——家族内の問題

**親権と子どもの自律**

ひと口に親子関係と言っても，そこに見いだされる論点はさらに2つに細分化することができる。第1に，家族内，すなわち親と子どものあいだで生じる正義の問題である。これは，親権と子どもの自律をどのように調停するかという問いとして定式化できる。第2に，家族間，すなわち親子と親子のあいだで生じる正義の問題である。これは，親権と教育機会の平等をどのように調停するかという問いとして定式化できる。本章では以下，第1の問題を本節で，第2の問題を次節で取り上げよう。

　出発点は，子どもも親と同様に，一個の独立した人格であるということだ。そうでなければ，そもそも親子「関係」を問うこと自体が成り立たない。独立した人格同士という点では，家族は会社や教会のような他の自発的結社に近いように見えるかもしれない。しかし同時に，子どもは精神的にも肉体的にも経済的にも，親の庇護なしには自力で生活することができない。親子関係には子どもの依存性も織り込まれているがゆえに，独自の正義論的考察が必要となるのである。

　世界人権宣言には，「親は，子に与える教育の種類を選択する優先的権利を有する」と規定されている（第26条）。子どもに音楽を教えるのもスポーツを教えるのも，あるいは公立学校に通わせるのも私立学校に通わせるのも，基本的には親の自由である。しかし問題は，上述の依存関係のもとで，子どもが親の選択に必ずしも同意できないという点である。教育内容に関する親権を強調するだけでは，何を学ぶかという決定的選択にあたり，子ども側の視点を等閑視することにもなりかねない。

**ウィスコンシン対
ヨーダー判決**　一例を挙げよう。アメリカ合衆国にはアマン派（アーミッシュ）と呼ばれる，移民当時の伝統的な生活様式を維持する人々が暮らしている。かれらは，他の価値観に染まったり信仰心を失ったりすることを避けるため，自分たちの子どもが第9学年（14歳）以降に就学することを拒否したが，これが就学義務規定に反していたため，州との訴訟問題に発展した。ウィスコンシン対ヨーダー判決と呼ばれる連邦最高裁判決（1972年）では，他の宗派への一般化を避けながらも，アマン派の生活様式を尊重することは信教の自由の観点から擁護できるとして，義務教育からの免除が認められた。

　これは，**自律**と**寛容**という2つのリベラルな価値がたがいに衝突をきたしてしまうことの一事例としてみなすことができる（松元 2009）。一方で，人々が自律的自己決定を下すためには，複数の生き方の選択肢と反省的・批判的な選択能力が必要となる。他方で，文化的少数派を寛容にあつかおうとすれば，世間一般とは異なるがかれら自身が重視する善の構想に外部が干渉することは避けられるべきである。アマン派の教育方針のように，親の善の構想への寛容が同時に子どもの自律の制約をふくんでしまう場合，私たちはどちらを優先すべきだろうか。

**自律を支持する議論**　ジョエル・ファインバーグは，子どもは「開かれた未来に対する権利」を有するとして，子どもの自律を支持する。一個の独立した人格である子どもは，大人と共通する一般的権利とともに，子どもならではの特別な権利をもっている。すなわち，第1に依存権，すなわち脆弱な存在として保護される権利，第2に信託中の権利，すなわち将来大人になったときに自律を享受できる可能性を残しておく先行的権利である。これらの権利に照らすと，親が特定の善の構想に従い，子どもの学ぶ機会を制限することは不当である。ファインバーグは，ヨーダー判決が依拠する事実的側面と哲学的側面を慎重に区別しながらも，それが親の権利を優先して子どもの権利を後回しにするものだったとして疑問を呈している（ファインバーグ 2018, 原著 1980）。

　マシュー・クレイトンは同じ判断を，公共的理由という後期ロールズのアイデアを援用しながら補強している。**公共的理由**とは，政治的強制力の正当化に

あたっていかなる包括的教説からも自立した政治的価値に訴えることである（ロールズ 2004: 第26節⇨第2章4）。クレイトンによれば，国家権力と同様に，親の権力も強制力を帯びているがゆえに，公共的理由によって正当化されなければならない。親が特定の善の構想に従い，同意なしにわが子を自分の包括的教説に加入させることは，子どもの自律の前提条件をおびやかすため正当化しがたい。クレイトンが挙げる例は，親が自身の信仰に従って自分の子どもに幼児の段階で洗礼をほどこす幼児洗礼の慣習である（Clayton 2006: Ch.3）。

**寛容を支持する議論**　ただし，こうした議論は家族問題に対する過度の干渉にも見える。ウィリアム・ギャルストンによれば，自由主義社会の原則は多様性の尊重であり，そこには家族内で特定の善の構想を共有することもふくまれる。そもそも，一切の善の構想から中立的な子どもの養育はありえないし，家族的親密性をたもつうえで望ましくもない。特定の善の構想のもとで育つことが，ただちに子どもから自律の能力をうばうわけではない以上，最小限の市民的礼節を身につけることを超えて，理想化された自律的市民像を押しつけることは，現代の多元的社会にはかえってふさわしくないとも考えられる（Galston 2002: Ch.8）。

　ところで，教育に関する親権の存在を敷衍すると，子どものために遺伝子操作を行うことも肯定されうるかもしれない。子どもに対して，たとえば重大な疾患を未然に防止するために遺伝子介入することの是非は，いわゆるリベラル優生学の観点から論じられてきた（⇨コラム❺）。親が子どものために最善をつくすという点では，生後の教育と生前の遺伝子操作の道徳的な違いは，じつはそれほど大きくないようにも思われる。すると，その良し悪しはともかく，前者に賛成する人であれば，後者にも賛成するという結論にいたりうるだろう（Agar 2004: Ch.6 ; Buchanan et al. 2000: Ch.5）。

## 3　家族と教育──家族間の問題

**親権と教育機会の平等**　以上見たように，家族と教育をめぐっては，家族内において潜在的な正義／不正義の火種がある。本節では次に，家族間で生じる問題を取り上げよう。問題は，子どもの教育に対する親

### コラム❺　リベラル優生学

　優生学とは、特定の人間的性質を付加あるいは排除するよう医学的にはたらきかけることをめざす思想や運動、科学のことを言う。かつて優生学は、犯罪歴や病歴、人種や民族に基づく断種措置や隔離措置を正当化するために利用された経緯があり、いちじるしく悪い評価のもとにあった。しかし、近年の遺伝子工学の技術発展とともに、そうでなければめぐまれなかったであろう個人の人生を改善するための措置として、ニコラス・エイガー、アレン・ブキャナンといった論者が、リベラルな観点から優生学の再評価をとなえている（桜井 2007）。

　リベラル優生学は以下の点で、以前の優生学とは異なる。第1に、それは社会全体の改良をめざすものではなく、あくまでも個人としての親が自分とその子どもの福利を改善するためのものである。それゆえ、社会的に特定の人間的性質が望ましいといった画一的な価値観を押しつけているわけではない。第2に、それは子どもの将来をその意に反して狭めるものであってはならない。遺伝子操作の対象は、長寿や健康など、あらゆる人生にとって汎用的な善を実現することに限定される。

　ただし、リベラル優生学には数々の批判も向けられている。まず、遺伝子操作が完璧にリベラルであればあるほど、その遺伝子操作は社会的に許容されるところか、要求されさえするという逆説的に非リベラルな状況をもたらすだろう。また、親が子どもの「設計者」の役割を演じることは、子どもを支配・管理の対象として捉え、あるがままに受容する心情をそこないかねない。くわえて、それは特定の人間的性質に対する差別や偏見を助長したり、社会の格差の拡大につながったりするかもしれない。論争は、エンハンスメントやドーピングなどの関連する論点とならんで、生命倫理学分野を中心にいまも継続中である。

［松元　雅和］

---

の熱意と投資の違いが、子どものその後の人生を一変させかねないような影響を残しうることである。もし親にわが子への特別な配慮を認めれば、どの親のもとに生まれるかという偶然性が子どもの将来にもたらす影響はそれだけ甚大になる。要するに家族という場所は、教育を通じて社会的不平等を再生産する場所としても機能しうるのだ。

　近年、格差社会論が人口に膾炙して久しいが、その多くでは教育が格差の原因あるいは結果の一要素として、しばしば登場する。社会学者が指摘するところでは、日本でも確実に階層社会化が進みつつあり、その過程の一部には教育を媒介とした階層の再生産がふくまれるという（苅谷 2001; 2008）。これらの議

論は，出自→教育→階層の影響関係を実証的に明らかにしている。教育は私たちの生の見通し全体に多大な影響を与えるがゆえに，その資源としての性質と分配の公正性を問うことが必要となる（松元 2015: 第7章）。

**平等を支持する議論**　ロールズは，本人の選択の結果ではない偶然性の一種として，才能や意欲などとならんで，どの家族のもとに生まれるかを挙げていた（ロールズ 2010: 100）。もし，このような「道徳的観点からは恣意的」な要素が人々の資源分配に影響を与えるならば，正義の第2原理が規定する**公正な機会の平等**は達成できないだろう。**運平等主義**の用語を用いれば，家族は本人の自己責任の範疇にあるとは言えない状況の一種である（⇨第5章）。学校教育はこうした偶然性から生じる不平等を中和するように再設計されなければならない。

　それでは，学校教育をどのように設計すればよいだろうか。1つの方策は，個々の家族の経済力や教育熱の違いにかかわらず，少なくとも一定の教育段階までは教育機会の平準化を行うことである。同学年の子どもに同一の内容を教えれば，家庭背景の違いという道徳的に恣意的な要素が教育資源の分配に与える影響を緩和できるだろう。こうした観点から，ハリー・ブリッグハウスやアダム・スウィフトは，学校の私事化・民営化をふくむ教育の自由化方針に反対している（Brighouse 2000; Swift 2003）。

　ちなみに，戦後日本教育でもまた，1950年代に導入された一連の教育政策（義務教育費国庫負担制度や学級編制および教職員定数の標準化）を骨子として，機会の平等やナショナル・ミニマムの維持という観点から，環境や条件を均した横並びの教育が推奨されてきた。とくに義務教育課程では，一定の学力をすべての子どもに身につけさせるため，全国の同学年の子どもに同一の内容が教えられてきた。高度経済成長期には，経済界の意向を受けて文部省が能力主義を導入しようとするが，教育現場および教育学界では，「競争や序列化は教育本来の目的を歪める」との意見が支配的であった。

**水準低下批判**　しかし他方で，このように教育機会を制限するならば，経済力や教育熱の高い家族は不満をもつだろう。なぜなら，教育投資によって伸ばせるはずだった生徒までも足止めを強いられるからである。これは，平等主義に対してしばしば向けられる**水準低下批判**の

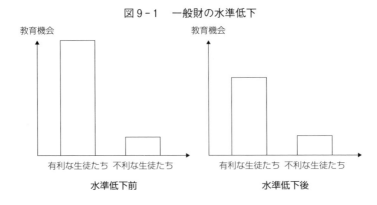

図9-1 一般財の水準低下

一例である（⇨第6章2）。すなわち、教育機会の平準化は、有利な生徒たちの状況を悪化させるかたちで教育資源の分配を行っているのである。教育機会の平等に熱心なあまり、出る杭を打つ型の下向きの平等主義におちいってしまっているというのだ（図9-1）。

ただしここでは、水準低下の是非についてさらに検討する余地がある。要点は、教育が**位置財**（地位財）の一種であることだ。位置財とは、財の相対的所有がその絶対的価値に影響を与えるような財のことである。たとえば、進学率が低いなかで少数者のみが大学に進学するなら、その学歴には高い社会的価値が付け加わる。しかし、進学率がきわめて高いなかで大多数が大学に進学しても、大卒という肩書の社会的価値はそれほど高まらない。教育という財は、自分がそこから得る価値と同様、他人がそこから得る価値によっても左右されるのである。

**位置財と水準低下**　教育が位置財としての性質をもつことは、水準低下に新たな意味を与える。すなわち、教育機会を平準化することは、たしかに有利な生徒たちにとってマイナスになるかもしれないが、同時に不利な生徒たちにとってプラスになるのである。学歴がそうであるように、位置財は、全員が十分にもつことはありえず、誰かが利得を得れば、別の誰かが損失をこうむるというゼロサム的性質をもつ。すると、教育機会の平準化によって有利な生徒たちの教育機会を制限するなら、その変化は同時に不利な生徒たちの位置的状況を絶対的に改善する（図9-2）。

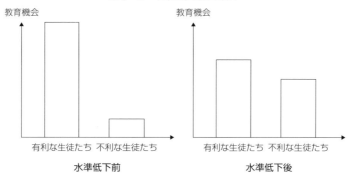

図 9-2 位置財の水準低下

　これは下向きの平等主義だろうか。必ずしもそうではない。たとえば優先主義は，社会の相対的・比較的な差異に注目するのではなく，よりめぐまれない人々の絶対的な水準を改善することを重視する（⇨第 6 章 3）。ところで上述のとおり，教育機会の平準化によって，不利な生徒たちの位置的状況は絶対的に改善するのであった。それゆえ，よりめぐまれない人々の利益がより重大であるという優先主義的理由に基づいて，少なくとも位置財としての教育に関しては，水準低下を行うことが正当化されるだろう。

　ただし，この結論は教育がどれほど位置財としての性質をもつかに依存する。教育という財の価値には社会的側面があるが，同時に個人的側面もある。すなわち，教育を受ける者にとって，それは単に社会内の自分の位置を決定するだけの手段ではない。教育はそれ自体で受け手にとって内在的に価値をもつのだ。教育がよい職業に就く，あるいはよい収入を得るための手段であることをやめ，受け手にとって純粋に楽しみや必要の源泉となるならば，私たちは教育格差をそれほど問題視する必要はなくなるだろう。

**適切性を支持する議論**　以上のように，平等主義と優先主義は，ともに教育機会の平準化を支持する議論に結びつく。それに加えて，**十分主義**に基づく議論もある。十分主義は，すべての人々が適切に設定された一定の閾値以上の水準にあることを重視する（⇨第 6 章 4）。これを敷衍すれば，教育資源の分配指標としては，平等よりも適切性がふさわしい。こうした考え方は，世界人権宣言（第 26 条），国際人権規約 B 規約（第 13 条），児童の

権利条約（第28条）などに盛り込まれた，初等教育の義務化・無償化のアイデアにも反映されている。

たとえば，**民主的平等論**をとなえるエリザベス・アンダーソン（⇨第4章5）は，社会集団の帰属の違いにかかわらず，万人が大学進学への準備に必要な程度の閾値を保障されるべきであると論じる。民主主義社会は，社会全般に対して責任と指導力を発揮するリーダーを必要とするが，そうしたリーダーは，さまざまな地位や階層を代表する各集団から構成され，高等教育を通じて統合されることが望ましい。平等を支持する議論は教育達成を私的財として捉えているが，それを誰にとっても有益なある種のメリット財として捉えるならば，閾値以上で教育資源の不平等が生じても，それが羨望や不平の対象になることはないだろう（Anderson 2007）。

同様の十分主義的議論は，エイミー・ガットマンも展開している。ガットマンは学校教育の目的を，民主的人格を育成することに求める。それゆえ，すべての子どもに対して，民主的参加の能力を発達させるために必要かつ十分な教育資源を分配しなければならない。その内実は，読み書き能力から，批判的思考や熟議の能力，相互尊重の精神の涵養など多岐にわたる。教育機会の不平等は，もしあるとしてもすべての子どもに民主的参加の能力を付与するという閾値を充たしたあとでのみ許容されるにすぎない（ガットマン 2004: 第5章，原著1987）。

**平等の価値と家族の価値**　実際のところ，教育機会の平等と既存の家族制度を厳密に両立させることは，気が重くなるほど困難である。もしどの家族のもとに生まれるかという偶然性が，道徳的に恣意的であり中和されねばならないのだとしたら，たとえば親が子どもに与える就寝前の読み聞かせも規制の対象にすべきだろうか（Segall 2013: Ch. 7）。ここまで教育機会の平等に固執する社会は，おそらく私たちの大半にとって受け入れがたいだろう。たとえそれ自体で重要であるとしても，私たちは平等と他の価値とのあいだでバランスをとらねばならない。

■ ケース 9 - 1　学校選択制

　戦後日本の公立学校は，一部の私立学校や国立学校とは異なり，定められた学区に
基づき，家庭にとっては非選択的に，学校にとっては非選抜的に，通学する学校が定め
られていた。しかし，硬直的な学区制の見直しを提言した1987年の臨教審第三次答
申を出発点として，1990年代後半の行政改革では教育部門の規制緩和がとなえられる
ようになる。近年一部の地域では，学区を越えた通学を可能にする「学校選択制」が
導入されている。

　学校選択制のメリットとしては，家庭にとっては教育環境のよい学校に子どもを通
学させやすくなり，学校にとっては門戸を広げることでより学力の高い生徒を集めや
すくなる。くわえて，学校間の競争が教育の質を高めることも期待できる。ただしデ
メリットとしては，従来学区制を中心として横並びであった公立学校のあいだに格差
が生じる可能性も指摘されている。これは学力の高い学校が学力の高い生徒をさらに
集め，学力の低い学校には学力の低い生徒が集まるという循環をもたらすだろう。

　教育は，誰かがその財にめぐまれれば別の誰かがめぐまれなくなるという位置財と
しての性質をもつ。このゼロサム的性質に注目すると，ここでの状況は以下のように
記述できる。一方で，学校を非選択化するならば，有利な生徒たちの状況は悪化する
が，不利な生徒たちの状況は改善する。他方で，学校を選択化するならば，有利な生
徒たちの状況は改善するが，不利な生徒たちの状況は悪化する。はたして，学校選択
制の導入は正義にかなっているだろうか。

# 4　家族の価値

子どもの観点　　以上のように規範的論点を洗い出していくと，私たち
　　　　　　　　はなぜ「家族」という社会制度に価値をおいているの
かという原理的問いに突き当たる。むしろ，たとえばイスラエルで建国期前後
に形成されたキブツと呼ばれるような集団養育体制をとれば，本章で指摘した
家族内・家族間の問題は容易に解決されるのではないか。もちろん，現今社会
でこうした家族の代替案がただちに実行可能であるわけではない。しかし，正
義の場所として家族の再考察を進めていくかぎり，家族の価値とは何かという
そもそも論に対しても，どこかで真正面から取り組む必要がある。

　この問いに対する第1の答えは，いまだ依存関係のもとで他者からの扶養を
必要とするという子どもの特別な利害関心に訴えることである。子どもが独立
独歩の個人ではない以上，その成長を見届ける大人と場所が社会のどこかに必

要となる。親子関係の規範的正当性をささえているのは，究極的にはこうした利害関心に対する子どもの権利の存在である。親の権利は，もしあるとしても子どもの権利に対応する養育義務を果たすうえで副次的に要請されるにすぎない（Blustein 1982: Pt. 2 Ch. 1）。

　それでは，（もちろんそれだけではないが）現今社会で一般的な形態となっている，生物学的つながりに基づく核家族制度にはどのような価値が見いだせるだろうか。有力な答えは，既存の家族制度のもとで子どもを養育することが，子どもの権利を保障するための相対的に優れたシステムだということである。これは，政治的責務論で言われるところの割当責任論に近い（瀧川 2017: 第17章）。すなわち，本来一般的であるところの子どもの養育義務は，個々の親に個別に割り当てた方が便宜上望ましい結果をもたらしうるということである。

| 親 の 観 点 | しかし，この答えだけでは十分ではない。なぜなら， |

もし子どもの権利が家族の価値の主要素であるならば，あらゆる国家がその国民にとって最善とは言えないように，あらゆる家族がその子どもにとって最善とは言えないからである。もし子どもにとって潜在的に最善の親（たとえば，裕福で教育に熱心な夫婦）がほかにいるとしたら，既存の家族制度を所与とすることで，最善の親のもとで育てられるという子どもの利害関心がそこなわれてしまうのではないか。こうして，私たちは家族の価値を支えるものとして，子どもの権利と並ぶ親の権利の存在にも思いいたる（Brighouse and Swift 2006; 2014: Ch. 4）。

　それでは，なぜ親は子どもとともに家族の一員であることに利害関心をもつのか。大きな理由は，家族を形成することが，本人にとって重要な人生の意味を与えるからだろう。依存に基づく親子関係は，同意に基づく大人同士の関係には存在しない親愛や権威，責任を含む。こうした独特の関係に対する利害関心から，親であることへの条件つきだが基本的な権利が導かれる。それゆえ，虐待やネグレクトによって子どもの権利が深刻に侵害されないかぎり，かりに最善の親とは言えないとしても，政府や社会一般がかれらから子どもを取り上げたりはできない。

　子どもの権利から独立した親の権利を想定することで，親権と教育機会の平等をどのように調停するかという前節の問いにも一定の指針を示すことができ

る。すなわち親には，たとえ家族間の不平等を生み出すとしても，わが子を特別に配慮する権利があるのだ。ロールズの表現を借りれば，それは正義の第1原理（平等な自由原理）に属する事柄であり，第2原理（公正な機会の平等原理）に辞書的に優先する（⇨第2章3）。ただし，親子関係の維持に必要な程度に応じて，わが子への特別な配慮が許される範囲には限定がつくだろう（Brighouse and Swift 2009; 2014: Ch. 5）。

**社会の観点**　最後に，家族の価値を推し量る尺度として，社会の観点を付け加えることもできる。子育てはミクロな家族の再生産とともに，マクロな社会的再生産にもなっている。保険や年金のような直接給付サービスのみならず，経済・科学・交通・医療・文化等々，私たちの社会生活全般は，次世代が成人し，独立した社会人になることにかかっている。こうした次世代育成の側面をおもににないのが親であり，その便益は社会全体が享受する。すなわち，家族を形成し，維持することは，その正の外部効果として多大な社会的貢献をもたらしているのである。

すると，こうした便益の対価として，教育をふくめ，相応の子育て資源を親に支援するのが社会の責任だと論じることもできるだろう。たしかに親子関係は私たちにとって重大な個人的関心であるが，そうであるがゆえにしばしば，その社会的側面が見落とされがちになる。家族の形成・維持に正の外部効果がある以上，それは**社会的協働**の事業でもあり，本人が産みたくて産んだのだからといった意図的背景は，そこで第一義的には重要ではない。子育て負担の公平性を考えるにあたり，安直な自己責任論だけでは不十分なのである（Alstott 2004）。

**応用問題としての家族と教育**　本章で概観したように，家族と教育は，社会と個人，公的関心と私的関心が入り交じる独特な正義の場所である。その規範的考察においては，それが他の場所とは異なるどのような特有の問題設定をかかえているかを丁寧に解きほぐす必要があるだろう。もちろん，家族といってもその形態は多種多様であり，正義論はその多様性に対しても敏感であることが求められる。家族や教育という，社会の成員としても一個人としても，私たちにとってごく身近な領域であるからこそ，正義論の応用問題として今後も考察を深めていく必要があるだろう。

## コラム❻　ケアの倫理

　ケアの倫理は，1980年代に現れた倫理思想である。その背景には，男性優位的な社会や学問のあり方に対するフェミニズムの視点からの批判がある。ローレンス・コールバーグの道徳発達段階の理論が，文脈や人間関係を重視する女性的な思考よりも，抽象的で普遍主義的な男性的な思考を「より段階の高い」ものと位置づけたのに対し，キャロル・ギリガンは，普遍的な道徳原理を重視する「正義の視点」と人々のニーズや人間関係の維持を重視する「ケアの視点」は，道徳に対する別々のアプローチであり優劣をつけられないと考えた（ギリガン 1986，原著 1982）。

　ギリガン以降，ケアの倫理はネル・ノディングズ（1997，原著 1984）をはじめさまざまな論者を通じて理論的洗練がなされている。ここでは，ヴァージニア・ヘルドによるケアの倫理の特徴づけを紹介しよう（Held 2006）。彼女は，ケアの倫理と従来の主要な道徳理論（とくに功利主義やカント的な義務論）には次のような違いがあると言う。

1. ケアの倫理は，私たちが責任を負う特定の他者のニーズに注意を払い，そのニーズを充たすことに高い道徳的重要性をおき，人間が他者依存的であることを所与の前提とする。そのため，自立的・自律的・合理的な人間像を前提として理論構築をする道徳理論は批判的にあつかわれる。
2. ケアの倫理は，道徳的に何をすべきかを認識する過程において感情が果たす役割を重視する。主要な道徳理論が理性の役割を重視するのに対し，理性だけでは十分な道徳認識はできず，共感や感情移入などが必要だとする。
3. ケアの倫理は，特定の他者への責任や関係が，普遍的・抽象的な道徳的規則よりも優先する場合があることを認めるため，どのような領域でもそうした普遍的規則が優先するという道徳理論に批判的である。
4. ケアの倫理は，公と私の伝統的区分に批判的である。主要な道徳理論は公的生活こそが道徳にとって基礎的だと考え，たがいに無関係で平等な個人が契約を結ぶというモデルで道徳を考えるのに対して，ケアの倫理は私的生活こそが道徳にとって基礎的だと考え，依存して不平等で非自発的な家族関係から生じる道徳的結びつきをモデルとして，そこから公的問題を捉え返そうとする。
5. 主要な道徳理論と異なり，ケアの倫理はリベラルな政治・経済理論における自足的で独立した人間像ではなく，関係的で相互依存的な人間像を想定する。そこから，他人を放っておく道徳ではなく，他人に対して責任をとる理論が導かれる。

　こうした対比は，「正義の視点」として十把一からげにあつかわれる道徳理論を戯画化していると思われる節もあるが（功利主義者のヘルガ・クーゼ（2000，原著

1997）によるケア倫理批判を見よ），リベラルな政治哲学の理論と諸前提を共有する従来の道徳理論を批判的に見直すよいきっかけを与えるものと考えられよう。

［児玉　聡］


## 📖 文献案内

田原宏人，2014，「分配論からみた教育の在り方――回顧的展望」『教育社会学研究』94集，91
　　-112頁.

宮寺晃夫，2014，『教育の正義論――平等・公共性・統合』勁草書房.

レイチェルズ，ジェームズ（古牧徳生・次田憲和訳），2011，「道徳，両親，そして子供」『倫
　　理学に答えはあるか――ポスト・ヒューマニズムの視点から』世界思想社，第12章.

［松元　雅和］

# 第10章

# 医療と健康

　健康をある種の財と考えた場合，健康格差とは，社会における一部の人々だけが健康という財を多くもち，他の人々は少なくもつという事態だと言える。このような状態が存在するとしたら，それは正義に反していると言うべきだろうか。また，健康という財は人々に平等に配分されるべきだろうか，あるいはその最低限度が保障されるべきだろうか。これが健康に関する正義の問題である。最初に健康の価値と医療への普遍的アクセスの問題を解説し（1），次に近年問題になっている医療の費用対効果の測定の問題を論じる（2）。最後に，健康格差がもたらす問題について，正義論の観点から検討する（3）。

## 1　健康の価値と医療への普遍的アクセス

**健康の価値**　多くの人にとって，心身が健康であることは重要な意味をもつ。健康はどのような価値をもつのだろうか。健康はお金と同じように，何か欲しいものを手に入れるための道具としての価値をもつのか。あるいは，健康はそれ自体が目的として欲求されるような，内在的な価値をもつのか。はたまた，その両方か。

　アマルティア・センは健康のとりわけ道具的価値の側面を強調している。すなわち，彼の言葉では，健康は「人間のケイパビリティの決定的に重要な構成要素の1つ」である（Sen 2004, 23 ⇨第4章1）。スポーツであれ，芸術活動であれ，個人が人生において何らかの目標を追求するために一定の健康が不可欠だという意味で，健康は道具的価値をもつ。しかし，内在的価値についてはどうだろうか。

　デカルトは『方法序説』のなかで，健康について，「うたがいもなくこの人生の第一の財で，また他のあらゆる財の基礎でもある」と述べている（デカル

ト 1967: 76，原著 1637）。これは，健康は道具的価値だけではなく，それ自体が幸福の構成要素の一部であるという意味で内在的価値をももつと理解できるだろう。すなわち，健康は人生の他の目標と切り離して考えた場合でも，所有していることに価値があるようなものだということである。このように健康は所得のような財とは違って単に手段として価値をもつだけでなくそれ自体としても価値をもつがゆえに，特別な財とみなされることがある（Anand 2004: 17-18）。

　なお，健康に関する分配的正義を考えるうえでは，所得と違って健康そのものはある人から別の人に移転することはできない，という点も重要だろう（ボグナー／ヒロセ 2017: 54，原著 2014）。医療サービスなどを売買したりすることは可能だが，健康そのものを売り買いすることはできない。

## 医療への普遍的アクセス

### ■ケース10-1　医療への普遍的アクセスは正義の問題か？

　日本では医療への普遍的アクセスが達成されており，そのための医療費は国内総生産（GDP）の11.2%（2013年）で維持されている。一方，GDPの17% 近くの医療費を使っている米国は，先進国のなかで唯一，医療への普遍的アクセスをもたない国であり，国民の約 9 %（2810万人）が無保険である。いずれの国が正義にかなっていると言えるだろうか，またその理由は何か。

　後述するように，健康に影響を与える要因は多様であるが，その代表的なものは医療，すなわち病院などの医療機関における検査や治療である。医療へのアクセスを国民全員に認めることを「普遍的アクセス」と言うが，日本では憲法に規定された生存権を保障するという考えから，1961年に国民皆保険が達成された。すなわち，すべての国民が企業の提供する被用者保険か，自治体の提供する国民健康保険に加入することとなった。このため，たとえば生活保護を受けている者であっても，医療機関において医療を受けることができるようになっている。

　近年，日本でも健康保険証を持たない無保険者の存在や，国民健康保険の保険料滞納者の増加が言われており，国民皆保険の持続可能性が問題視されている（児玉 2016）。次節で見るように医療費の効率的な使用も重要な課題であるが，医療を公的に保障するかどうかを考えるにあたっては，健康をどのような

財として見るのかという視点が不可欠である。

　財としての健康が所得のような財と比べて大きな違いがなければ，同じような仕方で配分するのが正しいと考えられる。しかし，もし上述のように，健康がデカルトの言うような人生にとって不可欠な重要性をもつものであるなら，所得よりもずっと平等な仕方で配分する必要があるかもしれない。また，3で見るように，健康は医療へのアクセスの有無のみによって決まるわけではないため，人々の健康を保障するために何が正義の要請として必要とされるかという視点も要求されることになる。

## 2　QALY と功利主義

**医療の費用対効果
分　析　と QALY**　日本の医療費全体に当たる国民医療費は2014年度に40
兆円を超えた（同年度の一般会計の予算総額は約96兆円）。
現在でも政府は社会保障費をまかなうために国債を発行しつづけているが，このままでは日本の経済が破綻する可能性さえある。そこで，毎年数パーセント規模で膨張する国民医療費をおさえるために，医薬品や医療機器に関する医療経済評価（費用対効果分析）を導入しようという動きが日本でも起きている。そのなかで，最も重要な考え方が QALY である。

　QALY（クオリー）は Quality-Adjusted Life Years の略で，質調整生存年や質調整余命と訳されるように，QOL（生活の質）で調整した余命を基準にして治療方針や医療資源の配分を決定しようとする考え方である。基本的な考え方は次のとおりだ。

　まず，完全に健康な状態の QOL を 1，死んだ状態の QOL を 0 とし，1 年の健康な余命を 1 QALY，それ以下の QOL であれば QALY 値は 1 以下とする。たとえば，人工透析が必要な末期腎不全患者の 1 年が完全に健康な人生の半分の価値しかないと考えられる場合（すなわち，透析が必要な 2 年と健康な 1 年を交換してもよいという場合），その患者の 1 年は 0.5QALY とみなされる。このような定義をふまえると，有益な医療活動とは，介入によって正の QALY 値を生み出すものであり，効率的な医療活動とは，1 QALY 当たりのコスト（cost per QALY）ができるだけ低いものであり，優先順位が高い医療活動とは，

1 QALY 当たりのコストが低いものとされる（Williams 1985）。

**ＱＡＬＹの２通りの使用法** QALY は大きく分けて２通りの仕方で医療に適用される。１つは，ある疾患を治療するための新しい治療法と従来の治療法の優劣を比較する場合などに用いられる仕方だ。たとえば，これまでの薬 A では1000万円かかって10QALY が得られるとしよう。それに対して，新しい薬 B は1200万円かかるが，12QALY が得られるとする。その場合に，追加の２QALY を得るために追加でかかる費用は200万円のため，新薬の増分費用効果比（ICER）は100万円／１QALY になる。この増分費用効果比が一定限度内に入るものを保険収載するなどの発想が QALY の１つの用い方である。

このような使用法は日本でも検討されているが，費用対効果が悪いものを保険収載しないことは患者の生存権をうばうことになるのではないかとか，追加で１QALY を得るのに国として何百万円までなら払うかを決めるというのは「命の値段」を設定することにならないかといった反対もある。

もう１つは，さまざまな疾患に対する治療の優先順位を決める場合に用いられる仕方だ。これは，QALY を用いてさまざまな治療の費用対効果を算出し，それによって順位づけを行うことによってなされる。これは，一定額の医療費によって得られる QALY を最大化しようとする考え方につながり，功利主義と親和性が高い発想である。しかし，現実にこの仕方で QALY を用いようとすると，いくつかの大きな問題が生じる可能性がある。

**オレゴン医療計画と救命原則** たとえば米国オレゴン州で1990年代初めに公的資金を用いた医療資源の配分方法が検討されていた際に，QALY を用いた費用対効果によって優先順位を決めた原案では，虫垂炎の治療よりも歯に詰め物をする治療の方が順位が高かった（**表10-1**）。これは，虫垂炎の治療によって得られる QALY の方が歯に詰め物をすることによって得られる QALY よりもずっと高いが，歯の詰め物に比べて虫垂炎の治療の費用がはるかに高額であったため，歯の詰め物の方が費用対効果が高かったからである。

しかし，多くの人々は，いくら歯の詰め物の方が費用対効果がよいとしても，生死にかかわる虫垂炎の治療を優先すべきだという直観をもつだろう。こ

表10-1　オレゴン医療計画の原案

| 医療技術 | 治療により得られる効果* | 利益を見込める期間(年) | 費　用（$） | 費用対効果**（$/QALY） | 優先順位 |
|---|---|---|---|---|---|
| 歯科補填 | 0.08 | 4 | 38.10 | 117.6 | 371 |
| 子宮外妊娠に対する手術 | 0.71 | 48 | 4,015 | 117.8 | 372 |
| 顎関節症に対する装具 | 0.16 | 5 | 98.51 | 122.2 | 376 |
| 虫垂炎に対する手術 | 0.97 | 48 | 5,744 | 122.5 | 377 |

＊　（治療後の健康状態の質）−（治療を受けない時の健康状態の質）として算出
＊＊　費用／｜（治療により得られる効果）×（利益を見込める期間）｜
（出典）　福井 2003: 249

のように，QALYの考え方では命にかかわる疾患の治療（救命的治療）とそうでない疾患の治療の区別がなされないという欠陥があるとされる。

　QALYに対するこの批判の背後には，救命原則の発想がある。救命原則とは，「ある人が避けられうる死に直面しているときに，いかなる費用を払ってでもその人を助けなければならない」という考え方である。つまり，死にかけている人を助けるためには，費用対効果のような発想は無視すべきだというのだ。これは，費用対効果という功利主義的な発想に対する義務論的制約として位置づけられる（Jonsen 1986）。実際に，オレゴン医療計画では，QALYに基づく資源配分は救命原則を無視しているという考えから原案は放棄され，費用は考慮に入れないで救命的治療を優先するプランが最終的に採用された（Hadorn 1991）。

　しかし，このように救命原則を重視する発想を批判して，費用対効果を重視しようとする立場も存在する。たとえば医療倫理学者のトニー・ホープは，目の前で苦しんでいる人々を多くの資金と労力を使って助けることも重要だが，禁煙のキャンペーンや高血圧予防などの予防的な医療活動へ同じだけ投資することによってより多くの人命を助けられるのであれば，そちらに意をそそぐべきだと主張している（ホープ 2007）。また，グレッグ・ボグナーとイワオ・ヒロセも，救命原則を徹底すると困難が生じることを指摘して，たとえば，救命的治療だけを優先するなら，生死にかかわるわけではないがQOLを上げるような治療はすべて後回しになってしまうという問題を挙げている（ボグナー／

ヒロセ 2017: 第5章）。

### QALY と高齢者差別

また，同一の疾患に対する介入でも，若年者と比べて平均余命の短い高齢者の方が介入によって得られるQALY値が低くなるため，QALYは**高齢者差別**につながるという問題点も指摘されている。

たとえば，**表10-1**の虫垂炎の手術を用いて考えてみよう。虫垂炎の手術によって得られるQALYは0.97であり，若者であれば利益を見込める期間は48年と考えることができる。しかし，たとえば平均余命があと10年の高齢者であれば，利益を見込める期間が38年分短くなるため，結果的に若年者と比べると費用対効果が悪くなる。そうすると，かりにこの2人のいずれかしか虫垂炎の手術を受けられないとすると，QALYの考慮からすれば，若者が優先されることになり，高齢者が差別されることになる。

しかし，この批判に対しては，公平なイニング論からの反論がある。**公平なイニング論**によれば，高齢者と若年者を等しくあつかうべきだという考え方がそもそも間違っており，すでに十分な長さの人生を送る機会を享受した高齢者よりも，まだその機会が与えられていない若年者を優先すべきである。たとえば功利主義者のピーター・シンガーらは次のように述べている。

> 社会の観点に立って長い目で見れば，生命維持技術の提供にあたって年齢で区別して対応することは，人種差別や性差別のような他の形態のあるまじき差別とは根本的に異なる。人種差別や性差別は，そこで問題となっていることとは関係のない特徴を根拠とした差別であり，公平で偏りのない立場からは正当化できない。しかしながら，命の長さが問題となっている場合には，これからの人生が長い人，つまり「公平なイニング数」をこなしていない人を優先することは，公平で偏りのない立場から正当化できる（シンガー 2007: 146，原著 2002）。

しかし，公平なイニング論に対しては，どこで「公平なイニング」に達したと言えるのか（通常は70歳だとされる）という閾値の問題や，若年者のなかではどのように優先順位をつけるのか（たとえばお金のかかる新生児の集中治療を一番優先するべきか）という問題など，多くの問題が指摘されている（ボグナー／ヒ

ロセ 2017: 第4章)。

**QALY と障がい者差別**　さらに，よく似た理屈で QALY の発想は障がい者にとっても不利になることが指摘されている（Harris 1987）。たとえば次のような例を考えてみよう。

■ケース10-2　**心臓移植が必要なハリコとシンコ**

ハリコとシンコは心臓移植を必要としている。ハリコは車椅子生活で彼女の QOL は0.5だとする。それに対して，シンコはほぼ健常であり，彼女の QOL は0.95だとする。いずれに心臓を移植した場合でも，余命は40年である。このうちの１人にしか心臓移植ができない場合，どちらに心臓を移植すべきか。

心臓移植をしないとまもなく死ぬと想定すると，心臓移植によって得られる QALY（各人の QOL×40年）は，ハリコは20であり，シンコは38である。したがって，QALY を基準に判断すると，ハリコは障がいがあるゆえに移植のレシピエントに選ばれないことになる。ジョン・ハリスは，障がい者は障がい者であるがゆえに QOL が低く，さらに，QOL が低いがゆえに差別を受けることになるとして，これを**二重の危険**（ダブル・ジャパディ＝同じ罪について二度裁かれること）と呼んだ。

この点について，シンガーらは次のように反論している。たしかに QALY は構造的にこのような障がい者のあつかいを認めるものであり，直観的には不公正である。しかし，ロールズが言うような無知のヴェール（⇨第2章2）の背後で判断するならば，つまり，自分がハリコかシンコのどちらの立場になるかわからないという想定で考えるならば，より利益が得られる患者を助けるという判断を行うだろう。であれば，公平な視点から考えても，上記の例でシンコを助けることは正当化されるはずであり，QALY を用いた配分をすべきことになる（シンガー 2007: 164）。この場合，無知のヴェールの背後での判断は，どのような情報が利用可能かによっても変わりうると考えられるが，いずれにせよ，QALY を単純に適用した場合の障がい者のあつかいが公平性に反するのかどうかについては，論争になりうるものと言える。

**修正 QALY の可能性**　このように，功利主義と親和性の高い QALY を用いて医療資源の配分を行うと，医療を受ける平等な権利

が保障されない可能性がある。もっとも，QALYは必ずしも最大化という形式をとる必要はなく（Dolan 2001），たとえば公正加重や年齢加重といったかたちで高齢者や障がい者のQALYに関して一定の重みづけを行うことで，上述の問題を解決ないし緩和させる提案もなされている（ボグナー／ヒロセ 2017）。

　また，実際の医療資源の配分においては，高齢者と若年者，障がい者と健常者といった特定の2人の患者を直接比較するような事例はまれであり，ほとんどの場合は人口集団レベルで検討が行われ，個々人の特殊性は捨象されるため，ここで論じられたようなことは生じにくいと言える。とはいえ，QALYを現実の医療制度に適用する際には，こうした理論的課題を十分に検討する必要がある。

## 3　健康格差と正義

**健康格差とは何か**　近年，日本の社会格差が拡大していることが指摘され，とくに家計や仕事，教育などに関して活発に議論がなされている。現在では，それらにくわえて「健康」に関する格差も注目されている。これは，世界でも日本でも人々が，いわゆる「健康格差社会」（近藤 2005）で暮らしていることが次第に明らかになってきているためである。そこで，このような健康格差が正義にかかわる問題として注目されている。

　**健康格差**は，社会経済的地位によって健康状態に系統的な差が認められること（松田 2009）と定義されている。つまり，体質や遺伝情報といった生物学的要因以外にも，**社会経済的要因**が健康に影響を及ぼすということである。たとえば，家族や婚姻，所得，学歴，仕事，社会的サポートなどの個人の社会経済的要因と，国の経済，国際関係，コミュニティの状況，社会保障，医療制度などの環境としての社会がもつ要因等，生物学的要因以外のいわゆる「健康の社会的決定要因」が，各人の健康に生涯にわたって影響を及ぼすと考えられている（近藤 2005）。

　また，健康格差という場合に注意が必要なのは，貧困などに苦しむ社会経済的に弱い立場にある人々と，それ以外の人々との健康状態の違いという単純な2項対立ではすまないことである。今日，健康格差に関して大きな問題となる

のは，社会経済的立場の勾配に沿うかたちで生じる，連続性をもった健康の格差である。つまり，社会格差は弱い立場の人々だけでなく，その社会を構成するすべての人に影響するのだ（マーモット 2007, 原著 2004）。

**社会疫学への注目の集まり**　健康の社会的決定要因を実証的に研究する分野を**社会疫学**と言う。貧困と健康の関係については19世紀前半から行われてきたが，現代で注目を浴びた実証研究として，英国の国家公務員を対象にした有名なホワイトホール研究がある。1980年代後半に行われた本研究では，同じ公務員という職種でありながら，職位が異なることによって死亡率や心疾患の罹患率が異なることが示された。同研究で社会階層と健康格差の関係について実証してきたマイケル・マーモットは，人々の健康には自分の人生を自分でコントロールできるという自律性と，社会参加への機会とが重要であると指摘している。

　その後も欧米や日本で社会疫学の研究が進み，また国連の WHO（世界保健機関）のような国際機関が健康格差の縮小をうたった報告書を出すにいたっている。

**相対的所得仮説とは**　健康格差を考えるうえで重要な仮説として，**相対的所得仮説**がある。貧困には，絶対的貧困と相対的貧困の区別があるが（⇨第8章1・3），絶対的貧困が不健康をもたらすことは，よく知られている。たとえば，貧しくて食べ物が十分に得られなかったり，衛生状態が悪かったりすると病気にかかりやすくなる。また，医療アクセスが十分でない国においては，お金がないと病気になった場合に治療を受けられないため，健康を維持することが困難である。この意味で，絶対的所得が低いと不健康になる可能性が高い。これは個人だけでなく，国や地域についても当てはまる。図10-1にあるように，一般的に言えば1人当たり GDP が低い国ほど，その国の平均寿命は低くなる傾向にある。

　それに対して，相対的所得仮説は，絶対的所得だけではなく，相対的所得も，平均寿命などの健康指標によって知られる集団全体の健康と相関関係にある，という仮説である。この仮説が正しいとすると，社会経済的格差が大きくなれば，単に（絶対的な意味で）貧しい人だけではなく，あらゆる社会階層の人々の健康状態も悪化することになる。図10-2は，先進国の平均寿命を比べ

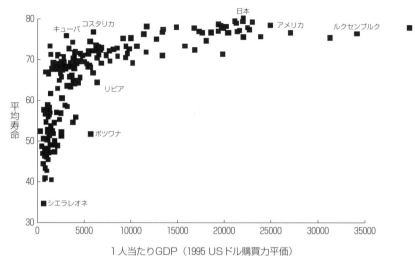

図10-1 各国の平均寿命（1995年）と1人当たりGDP

（出典）ダニエルズ／ケネディ／カワチ 2008，原著 2001

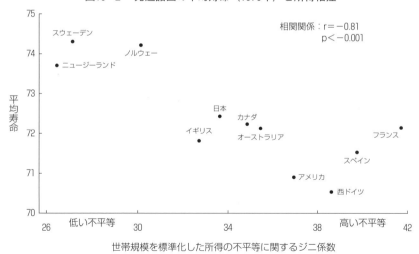

図10-2 先進諸国の平均寿命（1970年）と所得格差

（出典）Wilkinson 1996

たものであるが，所得格差の大きさを表すジニ係数が高い国ほど，平均寿命が低くなるという関係があることを示している。

　もっとも，相対的所得仮説は，社会経済的格差と健康格差のあいだには相関関係が見られるという仮説であり，両者のあいだに因果関係があるとは限らない。たとえば，もしかすると，社会経済的格差と健康格差をもたらす真の原因は，個々人の遺伝的要因なのかもしれない。あるいは，社会格差（相対的貧困）はあくまで見かけ上の原因であり，健康格差の真の原因は絶対的貧困なのかもしれない。社会経済的格差と健康格差のあいだの相関関係を説明するようなメカニズム（因果経路）については，さらなる実証研究が必要だと考えられるが，そのようなメカニズムに関する１つの説明として，ソーシャル・キャピタルを用いた説明が提案されている。

**ソーシャル・キャピタルと健康**　社会疫学でしばしば用いられる概念に，ソーシャル・キャピタル（社会関係資本）がある（カワチ／スブラマニアン／キム 2008, 原著 2007）。ソーシャル・キャピタルは，金融資本や人的資本と対比されて用いられる概念である。これは，人的資本（教育や資格など）のように個人に蓄積されるものではなく，むしろ社会にそなわる性質である。一般に「社会的連帯」とか「地域社会の結束力」と言われているものを，定量化しやすいようにある種の資本として捉えたものと考えてよい。

　具体的には，ある社会のソーシャル・キャピタルの程度は，その社会に属する人々のあいだで信頼関係が成り立っているか，おたがいに親切にするという規範が成り立っているか，クラブやサークルやNPOなどの自発的なアソシエーション（結社）への参加がどの程度行われているかといった尺度によって測定される。「資本」という言葉から連想されるように，ソーシャル・キャピタルは蓄積されたり，減少したりするものである。日本でも，市民社会や地域社会の活性化という文脈で，近年広く注目を集めている概念である。

　イチロー・カワチらは，この概念を利用して，社会経済的格差が健康格差を生み出す因果経路を説明しようとしている。ごく単純化して言えば，「社会経済的格差が大きくなる→ソーシャル・キャピタルが減退する→健康格差が大きくなる」という構図があるというのだ。すなわち，社会経済的格差が大きくなると，人々が交流する機会が減り，社会的連帯や助け合いの文化の衰退という

### コラム❼　ソーシャル・キャピタル

　ソーシャル・キャピタルは，ハーヴァード大学の政治学者ロバート・パットナムによって近年有名になった概念であり，パットナムはイタリアの地方自治の研究等を通して，ソーシャル・キャピタルが民主主義の成否に影響を与えると論じた（パットナム 2001，原著 1994）。

　実際のところ，ソーシャル・キャピタルは，大きく分けて 2 つの理解がある（杉澤・近藤 2015）。1 つは集団レベルのソーシャル・キャピタルと呼ばれるもので，ある社会内で規範が共有されているかや他者への信頼が存在するかといった社会的凝集性の高さを基準とするものだ。「信頼・規範・ネットワークといった社会の仕組みの特徴であり，人々の協調行動を促進することで社会の効率を高めるもの」というパットナムの定義もこの理解に入れられる。

　もう 1 つは個人レベルのソーシャル・キャピタルと呼ばれるもので，これはソーシャル・キャピタルを個人の社会的ネットワークのなかにあるリソースとして理解するものだ。たとえば個人がもつソーシャル・サポートや情報チャンネルの多さなどが測定対象となる。もっとも，このような個人レベルの特性を集積すれば集団レベルの特性とみなすことも可能となるため，後者のアプローチでも集団の特性を把握できると言える。　　　　　　　　　　　　　　　　　　　　　　　　［児玉　聡］

かたちでソーシャル・キャピタルが減少する。それにより，貧困層や老人などの社会的弱者をはじめとして，社会に住む人々の健康に悪い影響が生じるというのだ。日本では，東京のような大都市で独居老人の孤独死が社会問題となっているが，これなどがその一例と言えるかもしれない。近年，ソーシャル・キャピタルが健康に及ぼす影響への注目が高まっており，それにつれて今後研究も増えるものと思われる。

**健康格差の縮小は正義の要請か**　日本でも近年，健康格差の是正が政策課題の 1 つになっている。厚生労働省を中心に実施されている「21世紀における国民健康づくり運動（健康日本21）」は，「生活習慣を改善して健康を増進し，生活習慣病等を予防する」という予防を重視した施策を実施している。具体的には，「健康日本21」は，早世の減少，健康寿命の延伸，生活の質の向上という 3 つの目的を達成するために，たばこ，糖尿病，がんといった 9 分野において数値目標を設定して介入を行うものだ。「健康日本21」におい

ても，生活習慣病を改善するための取り組みには，個人の生活習慣の改善とともに，社会環境の整備が必要であることがうたわれていたが，2013年から始まった健康日本21（第2次）においては，健康寿命（日常生活に制限のない期間の平均）の都道府県格差の縮小が明言されている。

　ここまで，社会的決定要因によって健康格差が生じていることを説明してきたが，これを是正することは正義の問題だろうか。以下では，いくつかの立場にそくして検討する。

**ロールズの正義論の応用**　ロールズは「公正としての正義」と呼ばれる社会正義の構想を提示し，正義の二原理を導出している（⇨第2章3）。残念ながらロールズ自身は健康や健康格差の問題について議論を行っていない。ロールズの高弟の1人であるノーマン・ダニエルズが言うように，「もともと，ロールズの理論では，病気や健康については論じられていない。ロールズは理論構成を単純化するために，契約者は完全に機能的なまま，正常な長さの人生を送る——つまり，誰も病気になったり，早世したりしない——との想定を置いた」（ダニエルズ／ケネディ／カワチ 2008: 19）。

　そこで，ダニエルズらはロールズの議論を敷衍して，2つの仕方で健康格差の是正をロールズ流の正義の要請としている。1つは直接的な議論であり，人々のノーマルな生活機能（normal functioning）を保障することは，公正な機会原理によって要請されるという議論である。すなわち，人々に機会の平等を十分に保障するには，公教育や社会保障・社会福祉を充実させることによって，障がい等によってもたらされる機会の減少をふせぐことが不可欠だというのである。もう1つは，間接的な議論であり，社会経済的格差と健康格差に相関関係が見られるため，ロールズ流の正義の二原理に従って社会経済的格差を縮小したならば，健康格差も縮小されるだろうという議論である。ダニエルズらは，この2つの意味で，健康格差の是正が社会正義の要請だと主張している。

**センの議論**　ロールズが正義の二原理を用いて社会正義の要請を明確化しようとするのに対し，センはケイパビリティ・アプローチを用いて社会正義の実現を達成しようとする（⇨第4章1）。

　ロールズは基礎的諸自由や機会といった基本財を平等に分配することを主張

するが，センに言わせると，ロールズは「資源」の平等な分配にとどまっているため，健康な人々と比べてより多くの資源を必要とする障がい者など一部の人々にとっては，能力発揮に必要な資源が十分に分配されないという問題が生じる。そこでセンは，ケイパビリティ・アプローチを主張する。これは，単に資源を平等に分配するのではなく，各人が自分のケイパビリティを開花させるのに十分なだけの資源を，各人のニーズに応じて分配するものである（Sen 2004: 23）。

ロールズは社会正義を論じるうえで健康な成人を想定していたため，資源の平等ではなくケイパビリティの平等を論じるセンとの距離が大きかったが，「ノーマルな生活機能」が公正な機会の平等の保障に必要だとするダニエルズらの立場は，センのそれとかなり近くなっている（ダニエルズ／ケネディ／カワチ 2008）。両者の立場が理論的・実践的にどう違うのかは，さらなる検討が必要であるが，いずれも社会正義の観点から健康格差の縮小を求めている点では共通していると言える。

**功利主義的な議論**　健康格差の是正ということで，社会正義や平等にばかり目を向けていると，効率という観点が抜け落ちてしまうのではないかという懸念が生じる。たしかに，平等を熱心に追求するあまり全体の水準が下がってしまうという議論はつねに問題となる。総和最大化を旨とする功利主義（⇨第3章1）からすると，健康格差の是正は望ましいとは言えないのではないか。

しかし，健康格差の是正に関しては，必ずしもいわゆる公正と効率の対立が生じるとは限らない。むしろ，相対的所得仮説が示唆するところによれば，所得の不平等を改善する取り組みを行うことにより，健康格差に関して改善されるだけでなく，たとえば平均寿命の延伸というかたちで社会全体の健康の総量も増える可能性がある。さらに，最も豊かな人々も，健康格差の縮小を通じた健康状態改善の恩恵を得るかもしれない（トリクル・アップ効果）。その意味で，健康格差の縮小に向けた取り組みは，功利主義的に見ても支持される可能性がある。

効率と関連してもう1点付け加えると，所得格差の場合には格差を許容することで労働意欲が生み出されるという議論がある。しかし，健康格差に関して

は健康格差を許容することによって何らかのインセンティヴがはたらくとは考えにくいため，所得に比べて格差を正当化する根拠が弱いと考えられる。とはいえ，かりに健康格差を縮小すべきだとしても，健康格差を完全になくすためには，経済効率や自由といった他の価値を犠牲にしなければならないかもしれない。そのようなトレードオフが生じる場合に，健康格差をどこまで縮小すべきかという問題については，理論的な検討が必要であろう。

**コミュニタリアニズムの議論**　ジョン・ロールズやセンや功利主義は諸個人の自由や平等を重視するリベラル陣営に数え入れられるが，近年の政治哲学上の立場として，共同体や共通善の価値を重視するコミュニタリアニズムがある（⇨第2章コラム❶）。

　コミュニタリアンとみなされるマイケル・サンデルやマイケル・ウォルツァーなどは，健康格差の問題を直接に論じていないが，この立場でも，いくつかの仕方で健康格差の縮小が支持されうる。第1に，コミュニタリアニズムは文化相対主義的だという批判を受けることがあるが，健康に関して言えば，人がどのような社会で生きるうえでも必須の基本的な善と考えられるため，その保障はどのような共同体においても正義にかなうという考え方がありうる。

　第2に，先述のソーシャル・キャピタルはしばしばコミュニタリアニズムと親和性の高い概念だとみなされる。ソーシャル・キャピタルの維持・改善は健康格差の縮小につながる可能性がある。たとえば，健康情報へのアクセスが改善されたり，病気の際に友人や周囲の者からのインフォーマルなケアが提供されたり，社会的連帯を通じた医療に関する政治的ロビー活動がさかんになされたり，というような経路がありうる（Rocco and Suhrcke 2012）。こうした間接的な仕方でも，コミュニタリアニズムにおいて健康格差の縮小が支持されるだろう。

**健康という財と正義**　日本国憲法第25条でも「健康で文化的な最低限度の生活」の保障がうたわれているように，人々に一定の健康状態を提供することは正義の問題であるということに異論をとなえる人は少ないだろう。しかし，本章で見たように，健康そのものは直接分配することはできないため，健康の改善に役立つ医療やその他の財を分配することになる。医療資源のように稀少性が問題となる場合にどのような仕方で分配することが

正義にかなうのか，また健康をどこまで平等にすることが，正義の要請として
求められるのか。健康という財の特殊性に配慮しつつ，これらの問いについて
考えることが，今後も重要な正義論の課題の１つだと言えよう。


※　本章の第3節は，以下の文章に加筆修正したものである。
児玉聡・井上まり子，2015，「健康格差」赤林朗・児玉聡編『入門・医療倫理Ⅲ
──公衆衛生倫理』勁草書房，265-285頁


📖 文献案内
カワチ，イチロー／ブルース・P. ケネディ（西信雄・高尾総司・中山健夫監訳），2004，『不
平等が健康を損なう』日本評論社.
マーモット，マイケル（野田浩夫訳者代表），2017，『健康格差』日本評論社.

[児玉　聡]

# 第11章

# 死　　刑

　刑罰はなぜ許されるのか。また，なかでも極刑として知られる死刑は正義にかなった刑罰と言えるのか。本章では，まず日本の死刑制度について概略を述べ（1），つづいて死刑の存続論の議論（2），死刑の廃止論の議論（3）を検討する。本章では，具体的な問題である死刑存廃論に関して個別の論点を検討するが，そのなかで，刑罰の正当化に関する諸理論を概観することになる。これを通じて，刑罰が優れて正義の問題であることを明確にすることが本章の目的である。

## 1　死刑制度に関する事実

　死刑制度については，しばしばその是非が社会的な問題となっている。最近では，日本全国の弁護士が加入している職能団体である日本弁護士連合会（以下，日弁連）が，2016年10月7日に開催された人権擁護大会において，「2020年までに死刑制度の廃止を目指す」との宣言を採択した。その背景には後述する袴田事件の再審開始決定で再燃した冤罪の懸念と，世界的な死刑廃止の潮流がある。

**日本の死刑制度**　まず日本の死刑制度を簡単に確認してみよう。法務省の資料によると，今日の日本では，刑法では殺人罪や強盗致死罪のほか，内乱罪や現住建造物等放火罪などの12の犯罪に関して死刑が規定されている。刑法のほかにも，人質殺害罪や組織的な殺人罪など，7つの特別法でも死刑が規定されている。もっとも，実際に死刑になるのはおもに殺人罪と強盗致死罪である。

　死刑が確定する人数は，90年代は毎年10名に満たなかったが，2000年代に入ってから年によっては10名から20名の死刑確定者が出るようになっている。

表11-1　近年の死刑確定および死刑執行に関するデータ

| | 2005 | '06 | '07 | '08 | '09 | '10 | '11 | '12 | '13 | '14 | '15 | '16 | '17 | '18 |
|---|---|---|---|---|---|---|---|---|---|---|---|---|---|---|
| 執行者数 | 1 | 4 | 9 | 15 | 7 | 2 | 0 | 7 | 8 | 3 | 3 | 3 | 4 | 15 |
| 確定者数 | 11 | 21 | 23 | 10 | 17 | 9 | 23 | 9 | 8 | 6 | 4 | 3 | 3 | 4 |
| 執行前死亡 | 1 | 0 | 0 | 1 | 2 | 4 | 2 | 3 | 0 | 3 | 5 | 1 | 4 | 0 |
| 確定者総数 | 77 | 94 | 107 | 100 | 106 | 111 | 131 | 133 | 130 | 129 | 126 | 129 | 123 | 116 |

（出典）　アムネスティ・インターナショナル

　また，日本においては，死刑囚は死刑が執行されるまで東京や大阪その他の拘置所の独居房で過ごし，法務大臣による死刑執行の命令が出されると，死刑場において絞首刑によって死刑が執行される。

　なお，日本の殺人発生率は2016年には10万人当たり0.28件で，統計のある196カ国中194位とほぼ最下位に近い低水準である点も覚えておくべきであろう。1位は10万人当たり82.84件でエルサルバドル，米国は5.35件で79位，韓国は0.70件で172位となっている（出典：GLOBAL NOTE 世界の殺人発生率 国別ランキングより）。

**国際的潮流はどうか**　ここで国外に目を向けよう。死刑制度を廃止した国は1960年代にはわずか8カ国であった。だが，国連総会で「死刑の廃止を目指す市民的及び政治的権利に関する国際規約・第二選択議定書」，いわゆる死刑廃止条約が採択されて以降，その数は大きく増加した（日本は未締結国）。国際人権団体であるアムネスティ・インターナショナルによると，2018年末現在，死刑を廃止している国は106カ国あり，10年以上死刑執行がなく事実上執行廃止している国と合わせると142カ国になる。つまり，死刑制度を保有している国はすでに少数派だということである。なかでも，死刑廃止をしていないG7諸国の国は米国と日本だけだと言われる。しかし，その米国でも死刑を廃止・執行停止している州が半数近くあるというのが現状である。

　このような国際的潮流を考えた場合，私たちは死刑制度を存続させるべきだろうか，あるいは廃止するべきなのだろうか。これが死刑存廃論の問いである。ここでは，死刑存廃論の論点について死刑制度の賛成論（存続論）と反対論（廃止論）に分けて，以下で詳細に検討しよう。

## 2　死刑存続論の検討

　死刑制度を支持するおもな議論には，以下のものがある。順に検討しよう。

**死刑存続を支持する4つの代表的論拠**

(1)　最高裁の判例上，死刑は合憲とされている（合憲性の議論）。

(2)　人を殺した者は，自らの生命で罪を償うべきだ（死による贖罪論）。

(3)　死刑の威嚇力は犯罪抑止に必要だ（抑止力の議論）。

(4)　被害者や遺族の心情に配慮すれば死刑制度は不可欠だ（遺族の心情論）。

**合憲性の議論**　死刑制度を合憲とした判例はいくつかあるが，代表的なものとして最高裁判所大法廷昭和23（1948）年3月12日の判決がある。当時新たにつくられた日本国憲法第36条が公務員による残虐な刑罰を絶対に禁ずる旨を定めているのを根拠として，死刑の規定は憲法違反だという訴えがなされた。それに対し，最高裁は死刑は「まさに窮極の刑罰であり，また冷厳な刑罰ではあるが，刑罰としての死刑そのものが，一般に直ちに同条いわゆる残虐な刑罰に該当するとは考えられない」と主張した。

**権威に訴える誤謬**　このように，最高裁の判決によれば，死刑は国の最高法規である現行の憲法に違反しないとされる。だが，死刑制度の存続についての哲学的な議論においては，このような権威に訴えることはできない。最高裁の判決は議論をするうえで参考にはなるが，単に「最高裁が認めているから死刑は認められる」と主張するなら，権威に訴える誤謬を犯すことになる。

　たしかに最高裁の判決は現在の法的見解を知るには有用である。しかし，正義を問う議論においては道徳規範だけでなく法規範がどうあるべきかも検討されるため，死刑の倫理性を考えるうえでは決定的な考慮ではない。問題は，このような判例が正しいかどうかであるからだ。

**衆人に訴える誤謬**　また，「一定の極悪非道な犯人には死刑を科すべきだというのが国民の一般的な考え方だ」というような，世論に訴える議論についても同じことが言える。死刑については日本国民の支

持は高いとされ，実際に2014年11月に行われた内閣府の世論調査では，「死刑もやむ得ない」とした回答が8割にのぼっている。すると，この事実をもって，日本では死刑を存続させるべきだと主張することはできるだろうか。

　一般に世論は，政策決定の場面では重要な役割を果たす。だが，死刑制度が正義にかなっているかを検討する際には，世論は重要な根拠にはならない。衆人に訴える誤謬と呼ばれるように，世論が死刑を支持しているからという理由で，死刑制度が正しくなるわけではない。

　同様に，死刑を存置している日本が国際的に少数派になりつつあることはたしかであるが，少数派であることが，その立場が間違っていることの根拠にはならない。何が正義かを多数決で決めることはできない。なぜ世論が支持するのか，その根拠を問う必要がある。

**死による贖罪論**　「もし彼が人を殺害したのであれば，彼は死なねばならない。この際には正義を満足させるに足る（死刑以外の）どんな代替物もない」とイマニュエル・カントは書いている（カント1979: 475，原著 1797）。犯罪を行ったものは罪をつぐなうべきであり，他人の命をうばったのであれば，自分の命でつぐなうべきである。この発想は「目には目を，歯には歯を」という言葉で知られる**タリオの法**と呼ばれ，応報刑の中心にある思想である。この考え方に魅力を感じる人は多いだろう。応報刑とは，カントの議論が典型であるが，刑罰の目的を正義の確保，すなわち犯罪行為によって動揺させられた道徳秩序の回復にあると見る考え方である。

　カントは刑罰を通じた犯罪抑止や犯罪者の矯正といった目的を否定し，刑罰は「つねにただ彼［犯罪者］が罪を犯したがゆえに彼に課せられるといったものでなくてはならない」と言う。なぜなら，人は決して他者の目的のための単なる手段としてあつかわれてはならないからだ。カントの考えでは，たとえ犯罪者であろうと，何か善いことを生み出すという目的の手段としてのみその人をあつかうなら，当人を人格としてではなく物件，つまりモノとしてあつかうことになる。これは人間の尊厳に反する。したがって，刑罰は純粋に，犯罪をなした者は罰せられなければならないという観点のみからなされる必要がある。正義の秤を乱した者はそれゆえに罰せられ，またその秤を乱した程度に応じて罰せられる。これがカントの応報刑の発想である。

## 応報刑の問題

上述のように，カントは「もし彼が人を殺害したのであれば，彼は死なねばならない。この際には正義を満足させるに足る（死刑以外の）どんな代替物もない」とほかに釣り合いのとりようがないと述べている。殺人犯がうばった人命と釣り合う価値のあるものはほかにないという考えである。

しかし，これを厳密に実践することは難しい。たとえば複数の人を殺した犯人を複数回殺すことはできない。また，他人の子どもを殺した犯人については，「目には目を」という考えを延長するなら，私たちは犯人に子どもがいればその子を殺すべきようにも思われる。しかし私たちはそうしない。私たちがカントの口吻をまねて「もし彼が女性を強姦したのであれば，彼は強姦されねばならない」と言わないのであれば，なぜ殺人犯の場合だけ死なねばならないと言えるのだろうか（cf. Bedau 2004: 41）。さらに，一時的な精神錯乱などで人を殺した場合は，通常は減刑などの措置がとられるが，これも応報の発想を貫徹させているとは言えないように考えられる。

このように，まったくの同害報復は無理であるとすると，重要なのは罪と罰の釣り合いをとることであろう（⇨第1章3）。これは，罪の重さと罰の重さのあいだには均衡がなければならないという考え方である。

しかし，実際にはこの均衡をどのように測定するかは大きな問題である。たとえば，被害者がこうむった苦痛と，加害者が刑罰でこうむる苦痛を等しくすべきだろうか。ここには，効用の個人間比較の問題（⇨第3章3）があるだけではない。かりにそのような測定がある程度可能だとしても，被害者以外の人々——たとえば家族や社会一般など——の苦痛を考慮に入れるべきか，という問題もある（cf. Ellis 2012: 44）。

さらに，釣り合いのとり方には懲役の期間を延ばしたり，罰金を重くしたりするなど，いろいろな仕方がありうる。殺人犯についても，死刑にするよりも，無期懲役あるいは終身刑にして，生涯罪をつぐなわせた方が，犯罪と刑罰の釣り合いがとれるという考え方も成り立ちうる。

このように考えると，「人を殺した者は，自らの生命でつぐなうべきだ」というのはそれほど自明ではない。たしかに殺人を行った者は罪をつぐなうべきであり，また犯罪と刑罰に釣り合いが必要だというのも理にかなっていると言

える。しかし，その適切なつぐない方や釣り合いのとり方については，議論の余地がある。「犯人には，被害者・遺族に弁償させ，生涯罪をつぐなわせるべきだ」という死刑反対派の主張もある。したがって，死刑を正当化するには，上記の主張の自明性に依拠することなく，さらなる議論が必要だと言える。

**抑止力の議論**　応報とならんで刑罰のもう1つの主要な目的は，犯罪の抑止である。近代刑罰論の創始者の1人であるチェザーレ・ベッカリーアは，次のように主張した。

> 刑罰の目的は，感覚ある存在である人間を苦しめ苛むことではない。すでになされた犯罪を帳消しにすることでもない。……刑罰の目的は，その犯罪者が仲間の市民たちに対してふたたび害を与えるのを阻止するということ，そして誰か他の者が同じことをしないように図るということ，これ以外ではありえないはずだ（ベッカリーア 2011: 41，原著 1764）。

また，ベッカリーアから大きな影響を受けた功利主義者のジェレミー・ベンサムも，刑罰の一番重要な目的は犯罪者やその他の者の行為に影響を及ぼすことにより，さらなる犯罪を生み出さないようにすることだとして，被害者の報復感情の充足などは二次的なものと捉えていた。

このように，応報の発想が，刑罰は過去の犯罪をつぐなうものだという**過去志向的**であるのに対して，犯罪の抑止という発想は，刑罰はこれから起きうる犯罪を防ぐためのものだとして**将来志向的**だという違いがある。なお，犯罪抑止は，応報思想に基づく刑罰論（応報刑論）と対比して**目的刑論**とも呼ばれる。

あえて単純化した架空の例を出そう（**図11-1**）。毎年10人の殺人犯の死刑が執行されているなかで，400名の殺人事件の犠牲者が出ている社会があるとする（他の犯罪者は無期懲役など，死刑以外の刑罰を科されていると考える）。そこでかりに死刑を廃止した場合に，毎年500名の殺人事件の犠牲者が出るようになるとする。そうすると，この社会では，死刑制度があることで死刑囚を含めて410名の命が失われるが，死刑制度がなくなると，500名の命が失われることになり，好ましくない。これが死刑の抑止力を主張する人の考え方である。ただし，下記で強調するように，このような数字の根拠となる確かなデータはない

図11-1　死刑の抑止力の考え方

|  | 死刑有 | 死刑無<br>（無期懲役のみ） |
|---|---|---|
| 死刑で<br>死ぬ人 | 毎年10人 | － |
| 殺人事件で<br>死ぬ被害者<br>の数 | 毎年400人 | 500人 |
| 死者合計 | 410人 | 500人 |

点に注意しなければならない。

**特殊予防と一般予防**　　正確に言えば，同じ人物による再犯予防が目的の場合は**特殊予防**，他の人が同種の犯罪をすることを予防する目的の場合には**一般予防**と呼ばれる。死刑は，特殊予防としては最も確実であろう。「凶悪な犯罪者による再犯防止を図るためにも死刑は必要だ」と言われるゆえんである。とはいえ，仮釈放のない無期刑を代わりにつくれば，脱獄の可能性が高くないかぎり，同様に再犯を防ぐことはできる。また，教育を通じた更生によっても，ある程度までは再犯防止が可能かもしれない。したがって，再犯防止という観点からのみでは，死刑を唯一の選択肢とすることはできないだろう。

　一方，一般予防の観点から死刑が抑止力をもつかどうかは，実証的な証拠が必要である。厳密に言えば，死刑が抑止力をもつということだけでなく，無期懲役などの代替の刑罰に比べて優れた抑止力をもつということが示されなければならないだろう。

**死刑の抑止力とエビデンス**　　だが，私の知るかぎり，死刑の抑止力についてはこれまで明確な結論は出されていない（cf. 一ノ瀬 2011: 50ff）。したがって，死刑には抑止力があると主張する人は，そのエビデンス

（証拠）を出すための方策を考えなければならない。意思決定に根拠としてエビデンスを求める発想は，近年，政策形成一般についても言われるようになっている。私たちはこのような発想を死刑の抑止力の有無を調べるためにも用いる必要がある。

専門家の意見については，米国では犯罪学者の9割近くが死刑は殺人の抑止にはならないと答えており，同様に9割近くが死刑廃止をしても殺人件数が増えるとは考えていないという調査がある（Radelet and Lacock 2009）。しかし，専門家の意見はエビデンスとしては弱い。同様に，死刑を廃止・執行停止した国や州において，死刑廃止前後の比較をするという研究もあるが，こうした前後比較を行う研究では，他の要因の影響を排除することが難しく，死刑の抑止力に関して決定的な答えが出ないという問題がある。

### 死刑になりたい殺人犯

殺人犯のなかには，「死刑になりたくて人を殺した」と供述する者もいるため，こうした者に対しては死刑は抑止力にならないという意見もある。たとえば，2001年に大阪教育大附属池田小学校の児童8人が殺害された事件では，犯人は「エリート校の子供をたくさん殺せば，確実に死刑になると思った」と動機を供述したとされる。また，2008年に茨城県土浦市の駅などで9人を殺傷した犯人は，「死刑になるため」，「誰でもよかった」と供述していた。2人とも地裁での死刑判決後に控訴を取り下げたため，死刑が確定され，その後死刑が執行されている。

このような「死刑願望」がかりに本当の動機だとした場合，たしかに本気で死にたいと考えている人に対しては，死刑は抑止力をもたないだろう。とはいえ，これは他の刑罰にも当てはまることで，罰金や懲役を何とも思わない人がいれば，こうした刑罰はその人には抑止力にならないだろう。問題は，そのような人がどのぐらいいるかである。私たちのほとんどが自分の生命や自由を大事にしていると考えているからこそ，国家はそれをうばう刑罰を用意している。上記のようないわば「例外的な人物」が非常に多くなり，死刑は大半の者にとって抑止力がないとみなされるようになれば，別の刑罰を科すべきだと思われる。

したがって，この点についても実証的な観点が必要であり，殺人事件のどのぐらいがそのような動機から本当になされているのかを確認する必要がある。

また，かれらは死刑が廃止された場合でも，もしかすると同じように行動するかもしれず，あるいはハイジャックや人質立てこもりなど，別の種類の反社会的行動に出る可能性もないとは言えない。したがって，死刑の廃止することによってそういう人がどういう行動に出るかも考える必要があるだろう。

**抑止力についての常識的な感覚**　死刑の抑止力に関するエビデンスについては，「死刑の抑止力に関して決定的な統計的エビデンスがないかぎり，死刑に抑止力があると主張する根拠はまったくない」という主張に反対する者もいる。たとえば死刑存置論者のルイス・ポジマンは，死刑には多くの者にとっては抑止力があるという常識的な感覚を考慮に入れるべきだと主張している（Pojman 2004: 59-63）。彼は，功利主義者で殺人犯に対する死刑の存置論者だったジョン・ステュアート・ミルの次の発言を好意的に引用している。

> 死刑の欠点と呼ばれているもの［死刑が抑止力をもたないという主張］については，誰がそれを判断できるだろうか？我々は，死刑によって犯罪を思いとどまらなかった人々については多少とも知っている。だが，死刑によって犯罪を思いとどまった人々や，幼少期から殺人の観念と死刑とが連想づけられることがなかったら殺人者になっていたかもしれない人々が死刑の存在によってどれほど多く救われたかを，知っている者がいるだろうか？（Mill 2006: 269）。

つまり，幼少期からの影響のように，統計的エビデンスとして出すことは困難だが，人々が常識的な感覚として知っているところでは，死刑には多くの者にとって抑止力としてはたらいているというのだ。

このように死刑の抑止力に関しては，実証研究によるさらなるエビデンスの収集が必要であると同時に，どのようなエビデンスがあれば十分と言えるのか，という議論が残されていると考えられる。

**遺族の心情論**　2015年に福岡県豊前市で小学5年生の女児が殺害される事件があった。被告はわいせつ目的で女児を車に乗せて誘拐し，豊前市内の民家で性的暴行を加え，首を圧迫して殺害したとされる。その後，遺体をバッグに詰めて自宅に運び，押し入れに遺棄していた。被

> **コラム❽　目的刑論の問題と功利主義**
>
> 　目的刑という発想には，功利主義がもつのと同じ問題があると言われることがある（⇨第3章4）。すなわち，将来の犯罪を防ぐという目的を達成できるならば，犯罪者に対して応報刑で求められる以上の罰を科したり，さらには無実の者を処罰したりすることも正当化されてしまうという問題である（田中 2011: 254-255）。
>
> 　功利主義者がこうした直観に反する事態を回避するには，無実の者を処罰するような制度は社会全体の効用を下げるため「罪を犯した者だけに罰を与える」という規則を採用した方が功利主義的に望ましいと主張することが可能であろう。これは規則功利主義の発想である。しかし，このように理論を修正することは，実質的には応報や正義といった効用とは異質な発想を認めることになるという批判も存在する（田中 2011: 256）。
>
> 　　　　　　　　　　　　　　　　　　　　　　　　　　　　　　　　　［児玉　聡］

告は過去にもわいせつ事件で服役した経験があった。検察側は死刑を求刑し，遺族も次のように述べて極刑を望んでいた。

　　これほど残虐なことをしても，何の反省もせず，自分のことばかり考えている被告人は，社会に戻れば，また繰り返すと思います。娘はとても優しい女の子でした。自分のようなつらい思いを，もう誰にもさせたくないと思っているはずです。私たち遺族が受けたこれ以上ない悲しみと苦しみを，他の誰にも経験させてはなりません。娘のためにも，これからの被害者を出さないためにも被告人には死刑しかないと思います。これが遺族の思いです（朝日新聞2016年9月21日朝刊）。

　しかし，2016年10月の裁判員制度による地裁判決では無期懲役判決が出された。二審の高裁判決でも無期懲役となり，2017年10月に最高裁が被告側の上告を棄却したため，無期懲役が確定した。これを受けて女児の遺族は「被告が上告したこと自体，全く反省していない証拠であり，許せない気持ちに変わりない。なぜ死刑にならなかったのか理解できず，本当に悔しい」とのコメントを出した（産経新聞2017年10月24日）。

　今日，犯罪被害者や家族・遺族の支援や心のケアが重視されている。それだ

けでなく，全国被害者支援ネットワークが1999年に作成した「犯罪被害者の権利宣言」で「犯罪被害者は，刑事司法手続きおよび保護手続きの中で，意見を述べることができる」と述べられているように，刑事制度に関しても犯罪被害者の声を聴くことが重視されるべきだとの考え方が広まってきている。2004年に成立した犯罪被害者等基本法でも，刑事に関する手続きへの参加の機会を拡充するための制度の整備（第18条）や，保護，捜査，公判等の過程における配慮（第19条）などがうたわれている。

### 遺族の心情を根拠に死刑を行ってもよいか

このように，当事者である犯罪被害者や家族・遺族の心情に配慮した制度づくりは重要である。また，そもそも正義とはこうした復讐感情や被害者への共感から成り立つものであり，近代リベラリズムは私的制裁による混乱を避けるために刑罰の執行を国家にゆだねているのだから，復讐感情を尊重するなら死刑は不可欠だという議論もありうる。しかし，かれらの心情に配慮したとしても，死刑制度は不可欠だと言うことはできない。それには少なくとも3つ理由がある。

第1に，被害者や遺族の心情は，死刑制度があるかどうかで変わる可能性がある。人々の心情はある程度までは制度のあり方に依存している。もし死刑が廃止されたなら，殺人事件の遺族は犯罪者を死刑にしたいと望まないかもしれない。終身刑が極刑である社会では，かれらは犯人が終身刑になることを何より強く望むかもしれない。そのため，かれらの心情に配慮すべきだとは言えても，死刑制度が不可欠だとは言えないと考えられる。

第2に，被害者や遺族の心情に配慮するなら，さらなる厳罰化が必要になるかもしれない。たとえば酔っ払い運転による歩行者等の死亡事故，レイプ犯などを考えてみよう。これらの犯罪についてはすでに厳罰化が実施ないし議論されているが，一部の被害者や遺族は，懲役刑では飽き足らず，犯人を殺してやりたいと思うかもしれない。その場合には，かれらの心情に配慮して，犯罪者を死刑にすべきだろうか。

なかにはそう思う人もいるかもしれないが，犯罪抑止の観点からすれば，死刑にすることはできないだろう。かりにレイプ犯が死刑になるのであれば，レイプをした者は「捕まればどうせ死刑になる」と考えてレイプ後に殺人も犯すようになるかもしれない。この意味でも犯罪と刑罰の釣り合いを重視する必要

がある。

　第3に，被害者の遺族によっては，「犯人を殺しても死んだ人はもどってこ
ない」などの理由から，殺人犯の死刑を望まない場合もあるだろう。すると，
こうした遺族の心情に配慮するなら，死刑を行わない方がよいことになる。こ
こには被害者や遺族の意見に従って刑罰の重さを決めることが許されるかとい
う問題があるが，原則論としては，犯罪による被害は被害者や遺族のみにとど
まらず，地域の安寧をおびやかすことなどを通じて社会全体の不利益をもたら
すものであるため，被害者や遺族など当事者のみによって量刑を決めることは
できない。いずれにせよ被害者や遺族の心情のみを根拠にして死刑制度を不可
欠だと言うことはできないだろう。

　ここまで死刑存続論を見てきたが，続いて，死刑廃止論側の論拠を検討しよ
う。

## 3　死刑廃止論

　次に，死刑制度の廃止論の検討に移る。おもな論点として，以下が挙げられ
る。賛成論のときと同様，順に検討しよう。

**死刑廃止を支持する
4つの代表的論拠**

(1)　死刑は野蛮で残酷であり，憲法36条が禁止する「残虐な刑罰」に該当す
　　る（残虐性による議論）。

(2)　死刑は国家による殺人行為であり，許されない（国家による殺人論）。

(3)　死刑は執行すると取り返しがつかないので，誤判がありえる以上は廃止
　　すべきだ（誤判可能性による議論）。

(4)　どんな犯罪者でも更生の可能性はある（更生可能性論）。

**残虐性による議論**　日本において死刑は死刑場において絞首刑によって行
われる。具体的には，死刑囚は頸部に縄をかけられた
状態で高所から落下する。2002年に社民党の大島令子議員（当時）が引用して
いる法医学者の文章によれば，絞首刑を執行された死刑囚は，次のようにな
る。

がくりと首を折り，飛び出した眼球。人によっては鼻血を吹き散らし，口からは舌とともに白いような粘液を吐いてこときれている死刑囚。つい20分足らず前には，自分の足で処刑されるべく歩いていた一個の人間。ひとつの生命体が，こんな無惨な変わり果てた姿になって，だらりと吊るされている（2002年4月3日の第154回国会 法務委員会議事録）。

これはいかにも野蛮で残酷だと感じる人もいるだろう。しかし，一方で，昭和30（1955）年の最高裁判決によれば，「現在各国において採用している死刑執行方法は，絞殺，斬殺，銃殺，電気殺，瓦斯（がす）殺等であるが，これらの比較考量において一長一短の批判があるけれども，現在わが国の採用している絞首方法が他の方法に比して特に人道上残虐であるとする理由は認められない」として，絞首刑という死刑の執行方法は公務員による残虐な刑罰を禁止する憲法36条に違反するとは言えないとしている（最高裁大法廷昭和30年4月6日判決）。しかし，先に述べたように，正義を哲学的に問題にするときには，憲法は参考になるがその権威に依拠して論じることはできない。その点を考慮に入れて，この議論を考察してみよう。

**残虐性による議論の諸前提** さて，「死刑は野蛮で残酷であるから廃止すべきだ」を前提と結論に分けた場合，次のようになるが，この2つの前提はいずれも議論になりうるものである。

> 大前提：野蛮で残酷な刑罰は廃止すべきである。
> 小前提：死刑は野蛮で残酷な刑罰である。
> 結　論：死刑は廃止すべきである。

「死刑は野蛮で残酷であるから廃止すべきだ」という主張には，何が野蛮で残酷かを客観的に決められるという暗黙の前提がある。しかし，しばしば「わいせつ」の基準が主観的だと言われるのと同様，野蛮や残酷という基準も主観的になりがちだ。何が野蛮で残酷だと人々が考えるか（感じるか）は，時代や個人によって変わる可能性が高い。

たとえば，死刑は残虐な刑罰に当たらないとして死刑の合憲性を認めた昭和

23 (1948) 年の最高裁判決では，次のように留保がつけられている。

> ただ死刑といえども，他の刑罰の場合におけると同様に，その執行の方法
> 等がその時代と環境とにおいて人道上の見地から一般に残虐性を有するも
> のと認められる場合には，勿論これを残虐な刑罰といわねばならぬから，
> 将来若し死刑について火あぶり，はりつけ，さらし首，釜ゆでの刑のごと
> き残虐な執行方法を定める法律が制定されたとするならば，その法律こそ
> は，まさに憲法第36条に違反するものというべきである（最高裁大法廷昭和
> 23年3月12日判決）。

すなわち，現在の絞首刑という死刑執行の方法は残虐ではないと結論しつつ
も，何が残虐と考えられるかは「その時代と環境」によって変わると認められ
ている。

**死刑の残虐性を多数決で決めるべきか**　問題はこうである。死刑が野蛮で残酷かどうかについて人々の意見が分かれた場合，多数決で決めるべきだろうか。あるいは，そのような基準は不確かなものとして，そもそも使うべきではないのだろうか。筆者は後者だと考える。多数決で決める十分によい根拠がないし，また，仮釈放のない無期刑についても野蛮で残酷だという議論もありえて，きりがないからだ。

　また，かりに死刑が客観的に野蛮で残酷であると確定できるか，あるいは少なくとも日本国民の全員が死刑は野蛮で残酷だと考えるようになったとしよう。しかし，その場合でも，なぜ野蛮で残酷な刑罰は廃止すべきなのかについて，憲法で禁じられているという以上の答えを用意する必要がある。かりに死刑が野蛮で残酷だと認めたとしても，ほかに殺人を抑止する有効な手段がなければ，死刑を存続させるべきだという議論も可能であろう。

**死刑を執行する刑務官の負担をどう評価するか**　死刑の残虐性という論点と関連して，死刑は死刑を執行する刑務官に過度の負担を強いるから廃止すべきだ，という議論もある。一ノ瀬正樹は「実をいえば，私自身は，あらゆる死刑廃止論のなかで，この執行人の苦悩からする廃止論に最も強い説得力を感じた」と述べている（一ノ瀬 2011: 54）。

　だが，このような「死刑の不正さは，殺さなければならない立場の人の心理

的負担に存する」という議論は妥当だろうか。たしかに，たとえば戦争をしない方がよい理由の1つは，勝つにしろ負けるにしろ，その後トラウマを負う兵士がいることだろう。しかし，トラウマを負う兵士がいるがゆえに，防衛戦争もふくめてあらゆる戦争が行われるべきでない，という主張は支持できない。戦争をしなければ，それよりも大きな被害が出る可能性があるからだ。同様に，死刑執行をする刑務官の苦痛は残念であり，極力その心理的負担を減らすべきである。しかし，かりに死刑にそのほかのメリットがあるならば，刑務官の心理的負担のみをもって死刑を廃止すべきであるとは言えないだろう。

**国家による殺人論**　国家による殺人行為は許されないという議論は，一見するともっともらしいが，なぜそう言えるのかについて根拠が必要である。たとえば侵略のための戦争であれ，自衛のための戦争であれ，国家間の戦争には国家による殺傷行為がふくまれるであろう。あらゆる戦争は正義に反していると言えるだろうか（⇨第12章1）。

　かりに自衛のための戦争を認めるとしよう。すると，国家による殺人行為の一類型については容認したことになる。もし自衛戦争は容認して，死刑というかたちの別類型の国家による殺人行為は容認しないのなら，「国家による殺人行為は許されない」ということ以外の根拠が必要になるだろう。もしそれが「野蛮で残酷だから」という理由であるなら，先の議論が当てはまることになるし，自衛戦争だって野蛮で残酷ではないのか，という論点も出てくることになるだろう。

　また，「私人が殺人をするのが認められないのと同様，国家も殺人をするのは許されない」という主張に対しては，国家は私人による暴力や殺人や仇討ち（あだ）などを禁止する代わりに刑罰を科す権限が与えられており，個人から懲役刑の場合のように自由をうばったり，死刑の場合のように生命をうばったりすることが認められていると応答することができるだろう。

**社会契約説**　「国家による殺人行為は許されない」という議論は，伝統的に社会契約説とも関係の深い主張である。前出のベッカリーアは，啓蒙期にいち早く死刑廃止をとなえた人物であるが，その1つの根拠は，そのような社会契約説に基づくものであった。すなわち，人は自らを殺す（自殺する）権利がないのと同様に，そのような権利を他人に譲渡

することはできないというものである（ベッカリーア 2011: 90）。

　だが，死刑に関する社会契約説論者の意見は一枚岩ではない。ジャン＝ジャック・ルソーは，このベッカリーアの意見を念頭において，次のように論じた。すなわち，人々は自殺する権利はもたないとしても，自分の生命を守るために生命の危険を冒す権利はもっている。そこで，自らが殺人者の犠牲になることのないよう，このような生命の危険を冒す権利を国家に譲渡することにより，国家に安全を守ってもらうと同時に，自分が殺人者になった場合には死刑になることを承諾しているというのだ（ルソー 1954: 54-55，原著 1762）。

　近年でもトマス・スキャンロンの契約説に基づいて死刑は正当化できないとする議論などもあり（Li 2017），十分な検討が必要と考えられるものの，私たちが理性的に考えた場合に死刑制度に同意するかについては必ずしも自明ではなく，契約説の発想だけで問題を解決するのは困難のように思われる。

**誤判可能性による議論**　誤判を根拠にした死刑廃止論は 1 つの大きな論点になっており，日弁連もこれまでに起きた冤罪事件を引き合いに出して，死刑廃止の根拠の 1 つとしている。しかし，第 1 に，誤判の議論は解釈の仕方によっては死刑以外にもいろいろな制度を廃止しなければならなくなるという難点をかかえている。

　たとえば，誤判の議論が次のような三段論法で示せるとしよう。


　　大前提：誤って人が死ぬ可能性のある制度は廃止すべきである。
　　小前提：死刑は誤って人が死ぬ可能性のある制度である。
　　結　論：死刑は廃止すべきである。


私たちは，「誤って人が死ぬ可能性のある制度は廃止すべきである」という主張を受け入れることができるだろうか。もし，誤判論の背後にこのような大前提があるとすると，この前提を受け入れるならば，たとえば毎年数千人の死者が出る自動車交通も廃止すべきことになるだろう。

　また，別の解釈では，次のような大前提があるとも考えられる。


　　大前提：誤ると取り返しのつかない制度は廃止すべきである。

小前提：死刑は誤ると取り返しのつかない制度である。
　　結　論：死刑は廃止すべきである。

　しかし，このような前提を受け入れるとすれば，死刑だけでなく，懲役などの
自由刑もすべて「取り返しがつかない」という理由から廃止すべきことになる
だろう。

**「取り返しがつかない」の意味**　もっとも，懲役刑については，死刑とは異なり「取り返しがつく」と主張されることがある。というのは，一度有罪判決が出て刑務所で長年すごしたとしても，無罪であることが示されたなら釈放され，場合によっては補償も受けることができるからだ。

　この点に関して，たとえば最高裁判事を務めた経験があり，誤判可能性をおもな根拠に死刑廃止をとなえていた刑法学者の団藤重光は次のように述べている。

　　　誤判の問題は何も死刑事件に限りません。（中略）たとえば，懲役刑な
　　どにしても，長いこと刑務所に入って，後で無実だということがわかって
　　出されても，失われた時間，失われた青春は再び戻っては来ないという意
　　味では，これもたしかに取り返しがつかないものです。しかし，そういう
　　利益はいくら重要な利益であろうとも人間が自分の持ち物として持ってい
　　る利益ですが，これに対して，生命は全ての利益の帰属する主体であると
　　ころの人間そのものです。死刑は全ての元にあるその生命そのものを奪う
　　のですから，同じ取り返しがつかないと言っても，本質的にまったく違う
　　のであります。その区別がわからない人は，主体的な人間としてのセンス
　　を持ち合わせていない人だというほかありません（団藤 2000: 160-161）。

　このように述べ，団藤は，「死刑事件以外の場合の誤判と，死刑事件の誤判
とでは，質的な違いがある」と結論づけている。
　だが，冤罪で人生の大半を失うことと，人生そのものを失うこととのあいだ
には，本質的な違いがあるだろうか。たとえば，2016年8月に再審無罪となっ
た大阪府住吉区の事件を考えてみよう。この事件では，当時30歳代の男女が小

学6年生の娘を焼死させたとして，殺人罪などで無期懲役が確定していたが，のちに自白の信憑性が問題となり約20年の歳月を経て無罪となった。この2人については，死刑ではなく懲役刑だったので「取り返しがつく」，と本当に言えるだろうか。

　だが，百歩ゆずって，「取り返しのつかなさ」には質的な違いがあり，死刑の場合にはまったく取り返しがつかないが，上記のような例の場合には「生きているかぎりはある程度は取り返しがつく」と言えるとしよう。そのうえで，次のような2つの架空の冤罪事件を考えてみてほしい。

### ■ ケース11-1　冤罪の死刑と懲役刑
死　刑：ある40歳代の男性サトルは，殺人罪で，死刑を言い渡された。彼は，死刑が確定してから5年後，死刑執行により亡くなった。しかし，彼の死後，新たな証拠が見つかり，彼は真犯人ではないことが明らかになった。
懲役刑：別の40歳代の男性アキルは，殺人罪で，無期懲役を言い渡された。彼は，5年服役後，がんが見つかりまもなく刑務所の病院で亡くなった。しかし，彼の死後，新たな証拠が見つかり，彼は真犯人ではないことが明らかになった。


　前者は死刑廃止論者が懸念しているような誤判の事例である。後者は懲役刑であるが，死刑の場合と同様に，死んだあとに無罪とわかる事例である。これは「生きているかぎりはある程度は取り返しがつく」とは言えず，死刑のあとに冤罪とわかった場合と同様にまったく取り返しのつかない事例だと思われる。たしかに，後者の場合，男性が死んだのは死刑によるものではなく，病気によるものである。しかし，無期懲役中にこのようなことが起きる可能性が少しでもあるとすれば，一部の無期懲役は取り返しのつかないものであることを認めなければならないだろう。

　団藤は，死刑について「死刑事件については，たとい『百人』『千人』に一人であろうとも，いやしくも無実の者の処刑が許されてはならないのではないでしょうか。ということは，とりもなおさず，死刑を廃止する以外にないということだと思うのです」と述べていた（団藤 2000: 184）。つまり，誤判が一例でもあるかぎり，死刑を廃止すべきだということだ。すると，懲役刑についても，上記のような事例が一例でもありうるかぎり，廃止すべきことになる。だ

とすれば，無期刑をふくめ，自由刑はすべて廃止すべきだという議論もできることになるだろう。だがこの結論はばかげている。したがって，誤判可能性に基づく議論は間違っている，と主張することができる。

この議論に対しては，懲役刑を科されて服役中に死んだ囚人に関しては，死刑の場合と違って，裁判官が判決を言い渡した際には囚人を殺すことを意図していなかったため，状況が違うという反論もあるかもしれない。懲役刑の服役中に死んだ場合，男性が死んだのは死刑によるものではなく，病気によるものであるから，同列には語れないということだ。

しかし，死刑は誤判の場合に取り返しがつかないという議論においては，判決において死が意図されていたかどうかは倫理的には重要ではない点に注意してほしい。重要なのは，冤罪とわかった場合に何らかの意味で取り返しがつくかどうかである。上記の懲役刑の場合でも，冤罪で服役していた囚人は無念のまま死んでいき，死んだあとには死刑囚の場合と同様に，まったく取り返しがつかないのだ。

### 誤判に関する功利主義的アプローチ

死刑制度に限らずどのような制度も，デメリットがありうる。たとえば自動車交通は私たちの生活に大きな利便性をもたらしているが，日本では毎年数千名の交通事故の死者が出ている。また，排気ガスによる地球温暖化の影響や大気汚染の問題もある。

こうしたデメリットの1つとして誤判や冤罪の問題を理解するのであれば，死刑のメリットと比較衡量して総合的に判断する必要がある。しかし，その場合は，抑止力の問題と同様，誤判がどのぐらいひんぱんに起こっているのか，また誤判による死刑がどのぐらい起きているのかを調査することが重要になるだろう。これは誤判の問題に関する功利主義的なアプローチと言える。

他方，「過ちを起こすと取り返しがつかないから」という理由のみをもって，そのデメリットの程度を問題にしたり，メリットと比較衡量したりすることなく死刑を廃止しようとする考えは，誤判の問題に関する義務論的なアプローチだと言える。だが，この主張は，ここまで述べてきたように説得力がない。

### 更生可能性論

罪を犯した者には罰が下されなければならないという応報の発想には，人々が理性や自由意志に基づいて犯罪をなすことが前提されているように思われる。しかし，たとえば1960年代末

に連続ピストル射殺事件を起こして1997年に死刑執行がなされた永山則夫のように，悲惨な境遇で育ったり，あるいは十分な教育を受けられなかったりした結果，犯罪に及ぶことも考えられる。そのような場合に，重要なのは応報ではなく，犯罪者の教育を通じた更生であると言う者もあるだろう。犯行当時に10代であった殺人犯が死刑になることは少ないが，これはこうした更生可能性の考慮が大きくはたらいていると考えられる。では，たとえ罪のない人を複数人殺した殺人犯であっても，更生の可能性はあるから，死刑にすべきではない，と言えるだろうか。

　どんな犯罪者でも更生の可能性はあるというのは実証的な主張であり，調査研究が必要である。平成22（2010）年の犯罪白書によれば，同種重大犯罪の再犯率は，殺人0.8%，傷害致死3.9%，強盗8.3%，強姦9.4%，放火7.5%であり，とくに強盗，強姦および放火で再犯の可能性が比較的高いことが指摘されている。殺人犯が再度殺人に及ぶ割合は少ないものの，殺人・傷害致死をふくむ粗暴犯や財産犯の再犯率は高い（それぞれ，5.5%，7.6%）とされる。こうした実態からは，受刑者に対する処遇に改善の余地があるとも言えるが，犯罪者の更生は，少なくとも一部の犯罪者にとっては困難だという証拠にもなるだろう。

　また，犯罪者を更生させることが刑罰の唯一の目的なのかという問題もある。「この殺人犯は反省しており，更生の可能性も十分にあるが，更生可能性があるからといって死刑をまぬがれることはできない。応報または犯罪予防の見地からは，死刑がふさわしい」という判断も可能かもしれない。ここからも，そもそも刑罰は何のためにあるのかについて検討する必要があることが見てとれるだろう。

### 道徳教育としての刑罰と死刑のパラドックス

刑罰そのものが本質的に犯罪者の道徳教育を目的としているという議論がある。この議論によれば，刑罰は応報を通じた正義の実現とか，犯罪者を罰することを通じた一般予防といった目的ではなく，「犯罪者の利益のために」なされるものである。刑罰は犯罪をなした者に対する義務的な道徳教育であり，刑罰を通じて犯罪者に対して道徳的なメッセージが送られることになる。犯罪者は概して説教するだけでは自らのしたことの罪の重さを理解しない。そこで，被害者が受けたのと同じくらいの刑罰を科すことにより，自分の行為の不正さを理解させるというのだ

(Hampton 1984: 131)。

　この議論は死刑に関しては理論的に興味深いパラドックスを生み出す。すなわち，殺人など重大犯罪を行った者に十分に反省させるには死刑を科すしかない可能性があるが，しかし，死刑が科されることで十分に反省した者を死刑にする理由はもはやないと思われるというパラドックスである。

　実際のところ，死刑囚だった永山則夫は数々の文学作品を生み出し，反省や謝罪の意も表明していたが，これは死刑という極刑に追い詰められていたからこそのことだった可能性があるだろう。だが，真摯（しんし）に反省したのであれば，道徳教育としての刑罰の目的は達成されたのであるから，もはや死刑にする必要はないということになる。しかし，もし無期懲役であれば，同じような反省にはいたらなかったかもしれない。道徳教育としての刑罰という観点からは，このパラドックスを解決することは困難であり，刑罰についての別の正当化が必要になるように考えられよう。

### 正義の問題としての死刑存廃論

本章では死刑を廃止すべきかどうかについて決定的な結論を出せたわけではない。また，ここでは検討されなかった重要な論点がほかにある可能性もあるだろう。とはいえ，どのような議論が行われるべきであるのかや，どのような実証的根拠が必要なのかについては一定の方向性を示せたものと考える。死刑については，存続するにせよ，廃止するにせよ，十分に議論をすることが重要である。

#### 📖 文献案内

井田良・太田達也編，2014，『いま死刑制度を考える』慶應義塾大学出版会.

ウルフ，ジョナサン（大澤津・原田健二朗訳），2016，『「正しい政策」がないならどうすべきか──政策のための哲学』勁草書房.

［児玉　聡］

# 第12章

# 戦　　争

　本章では，国際紛争としての戦争にまつわる正義の問題を取り上げる。戦争の正義論はいわゆる「正戦論」として歴史的・理論的に蓄積されてきたが，今世紀以降，従来の伝統主義的議論を刷新しようとする修正主義的議論が活発である（1）。伝統主義と修正主義のあいだの論争は，第1に正義の主体を集団単位で捉えるか個人単位で捉えるか（2），第2に正義の種類として開戦の正義と交戦の正義を独立的に捉えるか依存的に捉えるか（3），という点をめぐって生じている。こうした近年の研究動向は，より広範な方法論争と連動して，正戦論が理論の性質をも変えつつある状況として描くことができよう（4）。

## 1　戦争と正義

**次悪としての戦争**　「戦争の正義」を語ることに抵抗感を覚える人は少なくない。戦争が人間の歴史にほとんど普遍的につきまとってきたことが事実だとしても，それを正義とか不正とかの言葉で語ることは適切なのだろうか。言うまでもなく，戦争は私たちにとって良いもの，望ましいものではなく，考えられるかぎり最悪の経験の1つである。戦争を通じて人は殺し，殺される。人間が行う行為のなかで，これほど大規模な悲劇をともなうものはほとんどない。

　とはいえ，単に戦争を，殺人や拷問と同類の罪悪と名指しして禁止すれば，話がすむわけでもない。なぜなら，同時に戦争は，国際社会の秩序や正義を維持するための（少なくとも歴史的には）不可欠な手段でありつづけてきたからだ。警察活動や刑罰制度（⇨第11章）と同様，暴力手段としての戦争は，善き目的を実現するための必要悪の性質をもつ。だからこそ戦争に直面して，私たちは道徳的葛藤に悩まされるのだ。

この意味で，戦争の正義は，現今社会に存在する不正に対処するための方策を提示する，いわゆる**非理想理論**の一種である（ロールズ 2006: 第13-4節，原著1999⇨第1章2）。それは，現今社会の到達目標となるような，完全に正しい社会の輪郭を描き，またなぜそれが正義にかなっているのかを説明するものではない。古典的にアウグスティヌスがとなえたように，神の国ならぬ地の国に生きる私たち人間は，ときに間違いを犯す不完全な存在である。戦争はこうした間違いを正し，最悪を避けるための次悪として位置づけられる。

**正戦論の伝統**　戦争の正義という主題は，**正戦論**という枠組みのなかで論じられてきた。正戦論とは，戦争においても正不正の道徳判断を行うことができるという前提のもと，現実の戦争をより正しいものとより不正なものとに選り分ける一連の基準を示すことで，戦争そのものの強度と範囲に制約をもうけようとする理論である。もちろん，どのような戦争であっても，自国や他国において深刻な人的・物的被害を引き起こすものである以上，忌むべきものであることは当然である。にもかかわらず正戦論者は，忌むべき戦争のあいだにも，許されるものと許されないものがあると主張する。

正戦論の歴史的出自は，古代ローマ帝国末期のキリスト教にある。そもそもキリスト教の教えは，徹底的な非暴力の精神を特徴としていた。ところが，異民族（ゲルマン民族）の侵入による帝国存亡の危機に直面して，はたしてキリスト教徒が従軍することは許されるのかどうかが，大きな問題となったのだ。この問題に正面から取り組んだのが，教父アウグスティヌスである。それ以来，戦争の全肯定でも全否定でもない中間地点を探そうという理論的努力が，1600年以上に及ぶ正戦論の伝統を形づくっている。

アウグスティヌスの後に正戦論の体系化に重要な役割を果たしたのが，トマス・アクィナス，フランシスコ・デ・ビトリア，フランシスコ・スアレスといった中世の神学者たちである。さらに時代が下ると，「国際法の父」と呼ばれるフーゴー・グロティウスが『戦争と平和の法』（1625年）を著し，神学的基礎から切り離された世俗的自然法の観念に基づいて，正戦の一連の基準を提示する。グロティウスの登場と前後して，正戦論は神学的教義から法学的教義へと次第に転換していった。現在，正戦論の教義は，その多くが国連憲章や各種の

国際人道法といった国際法規のなかに反映されている。

**正義の種類**　戦争の正義は大きく２つの問いに分類される。すなわち，戦争それ自体の正しさを判断するための**開戦の正義**と，戦争が開始されてから生じる個々の戦闘行為の正しさを判断するための**交戦の正義**である。戦争は二重の基準で評価される。たとえ大義名分をかかげた戦争の一環としてであっても，個々の戦闘行為として許される行為と許されない行為がある。私たちは「正しい」戦争を「正しく」戦わなければならない。以上２つの正戦の下位条件は，今日さらに細分化されている（**表12-1**）。

　以上の区別は，戦争の正義の裏返しとしての戦争犯罪の区分にも反映されている。第二次世界大戦後のニュルンベルク裁判や東京裁判では，戦争犯罪の区分としてＡ級戦犯とBC級戦犯の区別が用いられた。Ａ級戦犯とは，侵略戦争を行うなど，平和に対する罪に適用される。Ｂ級戦犯とは，戦時国際法違反など，通例の戦争犯罪に適用される。Ｃ級戦犯とは，虐殺や奴隷化等の非人道的行為など，人道に対する罪に適用される。これらの区分は，罪の重さではなく罪の種類に関する区分であることに注意してほしい。

**２つの正戦論**　現代正戦論は，長年にわたる神学的・法学的蓄積をふまえながら，哲学や倫理学，政治学の一領域に位置づけられている。その現代的古典と言えるのが，政治学者のマイケル・ウォルツァーが著した『正しい戦争と不正な戦争』（1977年）であった。ウォルツァーは，国際法規や国際慣習，軍事倫理，実際の国際紛争，政治家の言動などを歴

表12-1　正戦の基準

| | | |
|---|---|---|
| 開戦の正義 | 正当原因 | 不正に対する自衛や他衛を理由とすること |
| | 正しい意図 | 正当原因が戦闘開始の主目的であること |
| | 適切な権威 | 戦争が公的権威によってなされること |
| | 最終手段 | 戦争の開始以前に平和的選択肢がつきていること |
| | 成功の見込み | 戦争が目的を達成する合理的見込みがあること |
| | マクロ比例性 | 戦争の開始が生み出す利点がその被害を上回ること |
| 交戦の正義 | 区　別 | 無辜の民間人を直接の攻撃対象としないこと |
| | ミクロ比例性 | 戦闘行為が生み出す利点がその被害を上回ること |

史的にひも解きながら，以上の正戦論の内容や構造を明らかにしている。本章では，このように国際社会の現実や国際法の規定と親和的な正戦論の学説を**伝統主義**と呼んでおこう。

しかし他方で，今世紀以降，より若い世代の政治哲学者によって，その根本的見直しが図られるようになる。かれらは，より精緻で抽象的な哲学的論証を駆使して，既存の正戦論の矛盾や問題点を洗い出し，より一貫的で体系的な理論へと組み立てようとしている。ジェフ・マクマハンを代表的論者として，近年の正戦論ではむしろこちらが主流になりつつある。本章では，このように理論的一貫性を重視して現今の慣例を批判的に捉えなおそうとする正戦論の学説を**修正主義**と呼んでおこう。

本章では以下，伝統主義と修正主義のあいだの論争を具体的に取り上げる。論点は多岐にわたるが，そのなかでも重要な問題として，以下2つにしぼろう。第1に正義の主体，すなわち国家と個人の関係について，第2に正義の種類，すなわち開戦の正義と交戦の正義の関係についてである。

## 2　集合主義と還元主義

**集 合 主 義**　　私たちは通常，「アメリカがイラクと戦争をする」といったように，戦争を国家間の行為として認識している。主権国家体制が確立して長らくのあいだ，私たちにとって国際紛争といえば国家間戦争のことを意味していた。個人が正当防衛の権利をもつように国家が自衛の権利をもつという発想も，国際社会は本質的に諸国家からなる社会であるという前提のもとにある。このように，戦争を国家という集合的団体の行為として認識する考え方を**集合主義**と呼んでおこう。伝統主義と修正主義の論争軸の1つは，この集合主義の是非である（Fabre and Lazar 2014）。

伝統主義者は，戦争を国家的行為として捉える集合主義的観点に立っている（ウォルツァー 2008a: 第4章，原著 1977）。国際社会を構成するのは諸国家であり，権利主体としてその主権・領土・独立に対する「国家固有の権利」をもっている。これが意味することは，国家的権利には個々の国民が自然的にもつ個人的権利から独立した価値があるということだ。戦争とは，武力をもってこの

国家的権利を侵害したり，逆に防衛したりすることである。

　集合主義的観点から，開戦の正義上の正当原因の筆頭として挙げられるのが，侵略に対する自衛である。侵略とは，「国家による他の国家の主権，領土保全もしくは政治的独立に対する……武力の行使」(1974年12月14日国連総会決議)であって，それは被侵略国が必要によっては武力をもってでも自衛する行動を正当化する。国連憲章中でも，一般的な武力不行使原則（第2条4）の例外として，集団安全保障や個別的・集団的自衛権を通じた武力行使の余地が認められている（第42条，第51条）。

　ただし，近年の世界では，人道的介入など，こうした枠組みに必ずしもなじまない事例が頻発している。**人道的介入**とは，一国内で大規模な人権侵害が生じており，当事国の政府が侵害の主体であるか，あるいはそれを阻止する意思や能力をもたない場合に，国家や地域機構などの国際社会が主体となって，人権侵害を阻止するための（とくに）軍事的干渉を行うことである（最上 2001）。被介入国は，外国に対して軍事的脅威を与えているわけではない。にもかかわらず外国が軍事的干渉を行うとすれば，まさにこれは被介入国の国家主権を侵害するものではないだろうか。

### 還 元 主 義

修正主義者は伝統主義者の集合主義的前提を否定し，代わりに還元主義をとなえる（Frowe 2017）。**還元主義**とは，国際的な権利義務関係として，国家ではなく個人を基底にすえることである。そこで賭けられているのは，あくまでも個人の生命・自由・財産への権利を保全することであって，戦争の正否は，その侵害あるいは保全という観点から判断される。個人的権利から離れた「国家固有の権利」などというものは存在しない。こうした考えは，既存の開戦の正義の諸条件にさまざまな角度から刷新をせまることになる。

　第1に，還元主義に従えば，自衛戦争が許される余地は狭くなるように思われる。伝統主義者によれば，一国の主権・領土・独立への他国からの攻撃は侵略であり，それだけで武力的自衛を正当化する。しかしたとえば，本土から遠く離れた無人島の占領のように，一国の主権・領土・独立への攻撃が，ただちに同国民の個人的権利を侵害するとは言えないような場合，それでも一国規模の武力行使を正当化しうるだろうか。こうした「無血侵略」の場合にも，修正

主義者が自衛戦争の正当性を示せるかどうかは論点の1つである（Frowe 2015）。

第2に，少なくとも観念的には，正しい侵略戦争がありうるかもしれない。たとえば人道的介入の場合，そこで守ろうとしているのは，国内で生じている人権侵害の被害者の個人的権利であり，それは場合によっては権利保全のための武力行使を正当化する。とはいえ，被介入国は他国に対して積極的に侵略を仕掛けているわけではないのだから，その国の内政に対して他国が干渉することは，国際法上では自衛ではなくむしろ侵略に分類されうる。修正主義は，自衛＝正義 対 侵略＝不正という従来の二分法に対して書き換えをせまるのである（McMahan 2008）。

**正統な権威原理の見直し** 近年，開戦の正義上の正統な権威原理に関しても，新たな洞察が修正主義者から示されている。一方で，現在の国際関係では，自衛権の行使の場合には各主権国家，あるいは集団安全保障の場合には国連等の国際機関が戦争を開始する公式の主体である。これは，集合主義的前提をとる伝統主義者にとっても当然視されている。他方で，もし国際的な権利義務関係として個人を基底にすえるのであれば，公式の戦争主体にそのような限定を課す必然性はない。すなわち，戦争主体の正統性が大きく変更をせまられるのである。

実際，今世紀に入ってから，**非対称戦争**と呼ばれる，資源や能力にめぐまれた大国と，それらにめぐまれない小国や非国家集団が行う戦争が頻発している。アメリカ同時多発テロ事件（2001年）以降の一連の対テロ戦争，チェチェン紛争，対IS（イスラム国）戦争などが，この種の戦争の典型例として捉えられる。内戦や政治腐敗により国家的機能を喪失する，いわゆる破綻国家の出現と相まって，国際的な権利義務関係を国家間に限定する慣習が実態に沿わなくなっている。

こうした国際情勢の変化をふまえれば，修正主義の議論には一理ある。正統な権威は，必ずしも既存の主権国家体制における国家に限定される必要はない。もし限定されれば，内戦，民族解放，分離独立など，非対称戦争がカヴァーする戦争の多くは，そもそも戦争ではなくなってしまうだろう。一部の修正主義者は，戦争を個人的権利の延長線上に捉える立場から，正統な権威原

理そのものを改廃してもよいとさえ示唆している（Fabre 2008）。

■ケース12-1　NATO軍のコソボ紛争介入

　1999年，アメリカとヨーロッパ諸国の軍事同盟である北大西洋条約機構（NATO）軍は，旧ユーゴ地域セルビアのコソボ自治州で生じているアルバニア系住民への人権侵害を阻止するため，国連の承認をへないままセルビアに対して空爆を中心とする軍事攻撃を行った。国連の承認をへなかったのは，安保理常任理事国の中国とロシアが介入に反対していたからである。

　一方の肯定的な立場からすれば，国際世論が分裂しているからといって，人権侵害を座視してよいことにはならない。現行の国際法は完全ではなく瑕疵をふくみうるのだから，人権侵害を阻止するようなまっとうな理由があれば，その法文に固執する必要は必ずしもない。こうして，NATO軍のコソボ紛争介入は，介入国が国際法にとらわれず，自分自身の良心に従って軍事行動をとることの前例になったのだ。

　他方の否定的な立場からすれば，国連に代わるより上位の権威がないなかで，介入国の良心の正しさと真正さを誰が判定できるかという問題が残る。基本的に人道的介入に共感的だった当時のアナン国連事務総長も，国連の承認をへずに介入が断行されたことについては，「明確な基準がないまま介入するという危険な先例になりはしないか」と懸念を表明している（朝日新聞1999年9月21日朝刊）。正戦の諸条件に照らして，NATO軍のコソボ紛争介入の正否はどのように評価できるだろうか。

# 3　独立説と依存説

**論争の背景**　　ケース12-1が示すように，正戦論内部の論争は，ポスト冷戦期の国際関係における新たな論点の浮上と軌を一にしている。近代の主権国家体制のもとでは，一定の空間的領域に対して排他的権限をもつ主権国家がアクターとなり，国際紛争もまた，その主権・領土・独立をめぐる国家間戦争のかたちをとってきた。私たちが近年目撃している人道的介入や非対称戦争のような新たな事態は，こうした伝統からの逸脱を示している。私たちが戦争の正義を語るときに頼りとする正戦論もまた，決して固定的な教義ではなく，現実の変化を反映して刷新されうるのである。

　次に，開戦の正義と交戦の正義の関係について考えよう。伝統主義者によれば，戦争の是非を論じるにあたり，両者は別個の役割をになっている（ウォル

ツァー 2008a: 第2章-第3章)。正しい戦争を不正に戦うこともありうるし，不正な戦争を正しく戦うこともありうる。戦争の正義はつねに二度評価されるのだ。開戦の正義の正否は，交戦の正義の正否に直接影響しない。こうした考え方を本章では**独立説**と呼んでおこう。この議論に対して修正主義者は，交戦の正義は開戦の正義に依存すると考える**依存説**をかかげ，両派相まみえる論争に発展している（Rodin and Shue 2008）。

| 独 立 説 |

戦争それ自体の正しさを判断する開戦の正義の諸条件は，アウグスティヌスに始まる古典古代から中世の神学に起源をもっている。キリスト教が本来暴力行使を禁じる教義である以上，戦争をそもそも正当化できるのかどうかが，正戦論の問いの出発点にあるからだ。ただし，ウェストファリア平和条約（1648年）以降に普及した主権国家体制のもとでは，各国の政治的決定を外部から判定しうるより上位の権威が否定され，開戦の正義の判定基準が相対化していくことになった。

代わりに発達したのは，戦争の発生を避けがたい前提として，戦場で交戦国の双方に一定の自制を求める交戦の正義であった。こうして，ジュネーヴ条約（1864年），ハーグ陸戦条約（1899年）といった武力紛争法・国際人道法が19世紀に整備されることになる。20世紀になると，2つの世界大戦，「戦争の違法化」の取り組みをへて，はじめは不戦条約（1928年）に対する米国政府公文のなかで，次いで国連憲章（1945年）のなかで，開戦の正義がふたたび限定的に認知される。開戦の正義と交戦の正義は歴史上の別々の時点，別々の契機に根をもっているのだ。

交戦の正義のなかでもとくに重要なのが，戦場において敵味方問わずどのような民間人も意図的な攻撃の対象にされるべきでないという条件，すなわち戦闘員と非戦闘員の区別原理である。たとえば，ジュネーヴ条約第一追加議定書によれば，「文民たる住民それ自体及び個々の文民は，攻撃の対象としてはならない」（第51条）とされ，この規定は「武力紛争の性質若しくは原因又は紛争当事者が掲げ若しくは紛争当事者に帰せられる理由に基づく不利な差別をすることなく」（ルビ，筆者）適用される（前文）。

ある国が別の国を侵略したとしよう。交戦の正義上正しい戦闘行為とは戦闘員同士の戦いのことであって，敵味方を問わずそこに民間人を巻き込んではな

表12-2　独立説の主張

| | 開戦の正義上の道徳的地位 | 交戦の正義上の道徳的地位 |
|---|---|---|
| 自衛国戦闘員と侵略国戦闘員 | 等しくない | 等しい |
| 自衛国民間人と侵略国民間人 | 等しくない | 等しい |

らない。逆に言えば，開戦の正義上正しい側であるにもかかわらず，交戦の正義は自衛国戦闘員が攻撃される事態を禁止していない。自衛国戦闘員と侵略国戦闘員は，開戦の正義上は道徳的に等しくないが，交戦の正義上は等しい（ウォルツァー 2008a: 第3章）。これは，戦争それ自体を個人ではなく国家という集合的団体の行為として認識する集合主義の見方とも相性がよい（表12-2）。

**依存説**　独立説もまた，修正主義者からの厳しい批判の的になっている。なぜ不正な戦争に加担している侵略国戦闘員と，祖国防衛という大義のために戦っている自衛国戦闘員を同等視しなければならないのか。それはまるで，銀行に押し入った強盗犯が警備する警察官を攻撃するのも正当だと言っているようなものではないか。戦時だからといって，平時に許されない行為が許されるわけではない。このように，修正主義者は依存説の立場から，伝統主義者が当然視してきた開戦の正義と交戦の正義の切り分けに再考をせまっている。

　修正主義者によれば，人間が攻撃されない権利を喪失するのは，平時の場合も戦時の場合も，本人の選択や行為の責任がその本人に帰せられるからである（McMahan 2009: Ch. 1）。したがって私たちは，個々の戦闘行為においても戦争責任を追及しなければならない。侵略国戦闘員は自国の不正な戦争に加担しているかどで有罪であり，したがって攻撃されても仕方がない。それに対して，自衛国戦闘員はこの点で何の罪も負っていない。それゆえ，戦場で前者が後者を攻撃することは殺人と同様の道徳的不正である（表12-3）。

　個々の戦闘行為の正否は戦争それ自体の正否に依存する。これが意味することは，戦闘員個人にも，自分が戦う戦争の正否について道徳的責任が問われうるということだ。自国が不正であると薄々わかっていながら戦争に参加するなら，戦闘員個人は不正をはたらいていることになる。たしかに，実際に戦争それ自体の正否について個々の戦闘員が認識できるか，あるいは軍隊の位階制の

表12-3　依存説の主張

|  | 開戦の正義上の道徳的地位 | 交戦の正義上の道徳的地位 |
|---|---|---|
| 自衛国戦闘員と侵略国戦闘員 | 等しくない | 等しくない |
| 自衛国民間人と侵略国民間人 | 等しくない | 等しくない |

なかで自分自身の判断を優先できるかを実践的に考慮する余地はある。しかし原理的に，それらの事情が不正な戦争を戦うことの不正さを帳消しにするわけではない（McMahan 2009: Ch. 3）。

**区別原理の見直し**　修正主義がかかげる依存説は，私たちの常識をくつがえすような驚くべき結論を含意する（McMahan 2009: Ch. 5）。依存説に従い，不正な戦争を戦う侵略国戦闘員が，その戦争に関して責任を負っており，そのことを理由として攻撃されない権利を喪失するのだとしよう。さて，自国の不正な戦争に関して有罪なのは侵略国戦闘員に限られるだろうか。もちろん異なる。政治・軍部指導者は言わずもがな，不正な政府とその政策を支持し，多かれ少なかれ不正な戦争に貢献した侵略国民間人もまた，その戦争に対して部分的な責任を負っているだろう。

　そこで，本人の選択や行為の責任を負っていることが攻撃されない権利をうばうのだとすれば，侵略国民間人もまたその権利を喪失することになるだろう。すなわち，自衛国戦闘員が侵略国民間人を攻撃対象にふくめることもまた，原理的には可能となってしまう。修正主義の議論を敷衍すれば，侵略国民間人は区別原理のかやの外におかれる。有責性の観点からは，自衛国民間人と自衛国戦闘員がともに攻撃されない権利を喪失しない一方，侵略国戦闘員と侵略国民間人はともにその権利を喪失するのである。

　修正主義者はこの問題にどう答えるだろうか。第1に，個々の民間人が自国の戦争に貢献する因果的度合いはわずかなものであるとか，戦争の正否に関して十分な知識をもっているわけではないとかいった別の観点から，侵略国民間人がなお攻撃の対象になるべきではないと論じるかもしれない（Fabre 2009）。第2に，修正主義者は自身の立場を固守して，新たな正戦論のもとでは，侵略国民間人への攻撃が許されるのだと応答するかもしれない（Frowe 2014: Ch. 6）。いずれにしても，こうした問題設定自体，既存の国際法規に対して大

きな変更をせまることになる。

### ■ケース12-2　チャーチルの都市爆撃命令

　1939年，ナチス・ドイツのポーランド侵攻を機に，ヨーロッパで第二次世界大戦が始まった。ドイツは西部戦線で電撃戦を展開し，またたく間にベルギー，オランダ，フランスを占領し，海をへだてたイギリス本土への軍事侵攻もさしせまった将来となっていた。イギリスの首相ウィンストン・チャーチルは，国家存亡の危機に直面して，ドイツ一般市民の士気をくじき，厭戦感情を高めるため，ドイツ諸都市の市街と居住区を意図的目標とするような爆撃命令を発した。

　正戦論は，敵味方を問わず，戦闘員と民間人を区別し，後者を意図的攻撃から絶対的に保護する区別原理をかかげる。しかしこの場合，侵略国ドイツの軍事的勝利は間近であり，その一方で自衛国イギリスは切迫した危機にさらされている。打てる手は何でも打たないかぎり，自らの大義を手放すほかない。ウォルツァーはこの事態を「最高度緊急事態」と名づける。すなわちこれは，開戦の正義に従うことと交戦の正義に従うことが矛盾をきたす「戦争のジレンマ」状況の極例である（ウォルツァー 2008a: 第16章）。

　独立説をとるウォルツァーは，とまどいながらもチャーチルの爆撃命令を肯定する。ときにこうしたジレンマに直面し，手をよごす必要にせまられることが，私たちの政治生活の特質である。「最高度緊急事態において，われわれの価値判断は重複化する。われわれはイエスかつノー，正しくかつ間違っていると言う。……戦争の世界は完全に理解できるような場ではなく，まして道徳的に納得できる場所ではない」（ウォルツァー 2008a: 584）。ところで，依存説をとる修正主義者であれば，この同じ事態をどのように評価するだろうか。

## 4　正戦論はどこに向かうのか

正戦論の現在　　以上のように，正戦論は正義論全般のなかでも，今日急速的かつかなり包括的に見直しが進められている一分野である。たとえば，そもそも侵略とは何なのか。自衛戦争は自衛国の何を守っているのか。戦場における戦闘員の正しい行動とは何か。私たち一人ひとりは，自国の戦争に対してどのような責任をどれだけ負っているのか。もちろん，修正主義の方がより新しい立場であるからといって，より優れていると無条件に考える理由もない。私たちは，その論争の行く末を，まずは正確にたどる必要があるだろう。

振り返ると，ここ十数年来の論争を通じて，今日の正戦論にはいくつかの性質の変化が生じているように思われる。第1に，哲学的抽象化である。『正しい戦争と不正な戦争』全体をいろどっていた歴史的現実の参照・観察は鳴りをひそめ，トロッコ問題に代表される**思考実験**（⇨第1章2）が論証の鍵をにぎるようになっている。身近な直観と厳密な論理を駆使して規範的諸問題に答えを出そうという傾向は，たとえば個人の正当防衛と国家の自衛戦争を同一の理論的平面上に位置づける修正主義の議論にいちじるしい（Frowe 2014）。

　第2に，理論的体系化である。還元主義のような明快な出発点から議論を進め，既存の正戦の諸基準を次々に整序していく手腕の一端は，本章でも紹介したとおりである。また，近年の正戦論の特徴として，正戦論の対極に位置づけられることも多い平和主義的主張を，その議論に組み込む例も見られる（May 2015）。正戦論はその周囲を巻き込んで統一理論への志向を強めており，正確には正戦論というよりも「戦争倫理学」という包括的な研究領域として位置づけた方がよいだろう（Lazar and Frowe 2018）。

| 正 戦 論 の 試 練 |

　ただし，こうした理論的展開について，その功罪を問うてみる必要もあるだろう。今日の国際法規は，おおむね伝統主義に従っている。もし修正主義に従ってそれらを変更するならば，私たちの現実は大変革をともなうだろう。もちろん，変革がつねに不可能であるわけではないし，つねに不必要であるわけでもない。精緻な哲学的議論が実際に世の中を変えてきたという事実は，政治思想史のなかでしばしば見られる。ただし，論理的に最後まで理屈をつめることと，それを現実問題に適用することは，じつは敏感かつ慎重を要する関係にある。

　たしかに修正主義者も，自身の哲学的議論がそのまま法的慣例に取って代わるべきだとは考えていない（McMahan 2010）。現今の国際法規とは別に，道徳的正当性の問題を突き詰めることが正義論の役割なのだとする考えにもたしかに一理ある。すると，伝統主義と修正主義のあいだの関係は，対立関係よりも一種の役割分業関係だと捉えた方がよいかもしれない。これは，正義に関する原理的思考が現実世界でどのような意味をもつかという近年の方法論争とも相通じる話題だろう（Lazar and Valentini 2017; Pattison 2018 ⇨コラム❾）。

　伝統主義者のウォルツァーは，「戦争の世界は完全に理解できるような場で

はなく，まして道徳的に納得できる場所ではない」と言っていた。戦争の正義を哲学的に精緻化し，理論的に体系化しようとする営みは，この世界を何とかして「道徳的に納得」しようとする理性のなせる業である。しかし考えてみれば戦争は，はじめからこうした理性の領域のまさに対極にある現象なのではないか。戦争に直面してなおかつ理性的営為をやめないこと，これが正戦論に課せられたじつは最大の試練なのだと思われる。

---

**コラム❾　ユートピア恐怖症とその是非**

　デイヴィッド・エストランドは，正義論一般の方法論的姿勢として，「ユートピア恐怖症」とその弊害について論じている（Estlund 2014）。ユートピア恐怖症とは，正義論が不可能なことや過度の理想主義におちいることに対する批判的・忌避的態度のことを言う。代わりに，正義論は現実世界における心理的・実践的・制度的実行可能性をふまえなければならない。たとえば，アマルティア・センのロールズ批判はユートピア恐怖症の一例として理解できるだろう（セン 2011，原著2009）。

　なぜユートピア恐怖症には弊害があるのか。それが正義の本来の射程を切り詰め，過度に現状肯定的になってしまうからである。もっとも現実にそくした変革とは，何も変革しないことであるが，そもそもそれは規範理論としての役割を放棄しているに等しい。達成不可能な正義は，たとえ非現実的であっても長期的指針を示し，世界を変革するための導きの糸になる。現実との妥協はときに必要かもしれないが，そもそも妥協的正義は非妥協的正義を前提にし，それを必要としているのである。

　逆に現実主義者は，次のように言ってユートピア主義者を批判するだろう。現実世界で実行に移すことが不可能な正義原理を案出することは，せいぜい無益であるか，悪い場合には有害でさえある。それは現実に苦しんでいる人々の状況の改善には役立たないし，理想世界において最適な選択肢（に最も近似する選択肢）が，現実世界においても最適なままであるとも限らない。双方の立場の是非は，正義論がどうあるべきかに関する方法論争として近年注目を集めている（Weber and Vallier 2017）。　　　　　　　　　　　　　　　　　　　　　　　　　　　[松元　雅和]

## 📖 文献案内

眞嶋俊造, 2016, 『正しい戦争はあるのか?——戦争倫理学入門』大隅書店.
松元雅和, 2013, 『平和主義とは何か——政治哲学で考える戦争と平和』中公新書.
山内進編, 2006, 『「正しい戦争」という思想』勁草書房.

[松元　雅和]

# 第13章

# 人　口

◇

　本章では，現在も増加の一途をたどる世界人口を背景とした，人口をめぐる正義論を取り上げる。人口問題が世界的に叫ばれ出した1970年前後，ハーディンは共有地の悲劇および救命艇の倫理という挑発的論題を提起した（1）。それと並行して，人口抑制の道徳的是非が学問的にも実践的にも活発に問われるようになる（2）。しかし，1980年代半ばにパーフィットが人口問題にまつわる一連の哲学的議論を提起すると，その後の論争状況は一変する。すなわち，非同一性問題（3）やいとわしい結論（4）と呼ばれる論点が，今日の人口論の主題となっている。

## 1　共有地の悲劇と救命艇の倫理

**人口という問題**　世界人口が「問題」として叫ばれるようになったのは1970年前後にさかのぼる。生態学者のポール・エーリックが『人口爆弾』（1968年）を出版して世界的ベストセラーになると，ローマ・クラブの報告書『成長の限界』（1972年）では，地球環境が近未来中に限界を迎えることがショッキングに示された。こうした問題意識の背景には，オゾン層破壊問題，酸性雨問題など地球環境問題への関心の高まりがある。こうして，過剰人口に直面する人間の未来に対して次第に深刻な懸念が投げかけられるようになったのだ。

　世界人口が爆発しているということは周知の事実である。国連統計によれば，1807年にはじめて10億人を突破した世界人口は，1927年に20億人，1959年に30億人と，増加のスピードを速めながら着実に増大し，2011年に70億人を突破した。今後，2025年に80億人，2043年に90億人，2083年に100億人に達すると見込まれている。本章では，これまで経済学や環境学で取り上げられることが多かった人口問題を，改めて正義の問題として取り上げよう。人口爆発の事

実は，私たちのどのような規範的関心を呼びさますだろうか。

**共有地の悲劇**　生物学者のギャレット・ハーディンは，論文「共有地の悲劇」(1968年) を皮切りに，人口論に論争的な蓄積を残した。**共有地の悲劇**とは，人間に自由を認めることが，自己利益の最大化と相まって，限られた共有資源の浪費や汚染という誰にとっても不合理な帰結をまねいてしまうという現象のことである。現代の人口爆発は，共有地としての地球で生じている悲劇の一種であり，相互強制により人々の生殖の自由を制限することによってしか克服することはできない (ハーディン 1975a)。

　ハーディンが共有地の悲劇を提起した際の問題意識は，過剰人口の原因は何であり，それにどのように対処するかという限定的な文脈であった。しかしその後，共有地の悲劇の問題は，囚人のジレンマの問題などと同様，個人にとっての合理的選択が社会にとっては非合理的選択に転化してしまう，いわゆる社会的ジレンマの一例として，経済学や心理学，ゲーム理論の領域において受容されていった。またそれは，財政規律や資源管理の困難性など，実践的な政策課題を考える際にも応用されている。

**救命艇の倫理**　ハーディンの次の論文「救命艇上に生きる」(1974年) は，1960年代，バックミンスター・フラーやケネス・ボールディングによって提唱された「宇宙船地球号」の比喩を標的としている (フラー 2000，原著 1969)。この比喩に従えば，閉鎖的で有限なシステムである地球で，乗組員である人類が生き残るためには，資源浪費や環境汚染から脱却し，限りある資源を賢明に使用すべきである。しかしながら，ハーディンに言わせれば，宇宙船地球号の比喩は私たちが直面する状況を正しく反映していない。むしろより適切な比喩は，海のただなかに浮かぶ救命艇である (ハーディン 1975b)。

　各国はそれぞれ収容能力が異なる救命艇のごとく自国民を乗せている。その収容能力が異なるため，貧しい国の救命艇からは人が絶えず海に転び落ち，海面に浮かびながら助けを待っている。他の救命艇は救いの手を差し伸べるべきだろうか。ハーディンの答えは否である。なぜなら，救命すればそれだけ，新たな人口が増え，救命艇はますます手狭になるからである。海面に浮かぶ全員を助けるなら，結局救命艇が転覆してそこに乗る全員が犠牲になる。共存共栄

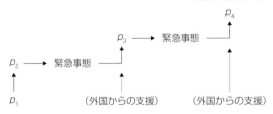

図13-1　人口過剰危機の永続

をモットーとする「宇宙船地球号」は，共有地の悲劇を世界大に拡大するにすぎない。

　それでは，こうした危機的状況における**救命艇の倫理**とは何だろうか。ハーディンの主張は，豊かな国が貧しい国の過剰人口を見殺しにすることである。対外援助や移民受け入れは，地球を共有地化することにつながり，人口増大に対する責任の欠如とさらなる危機の拡大をまねくだけである（図13-1）。そこで，飢餓や貧困に苦しむ途上国に対しては，あくまでも自助努力を通じて問題を解決してもらうしかない。表面的な利他主義は，問題を解決するよりも，むしろかえって深刻化させるだけなのである（ハーディン 1983，原著 1977）。

　これは現代版のマルサス主義である。かつてトマス・ロバート・マルサスは，『人口原理』（初版1798年）において，人口は幾何級数的（1，2，4，8，…）に増加するのに対して，食糧は算術級数的（1，2，3，4，…）にしか増加しないため，必然的に人口過剰が生じると考えた。この問題に対するマルサスの答えは，（第2版以降では変化があるが）問題をそのまま放っておくことである。人間の歴史が示しているごとく，戦争が，次に疫病が，最後に飢饉が，増えゆく人口を絶えず食糧と同水準にもどすだろう。人口はこうした自然の摂理を通じた調整弁によって維持されるのである（マルサス 1962）。

**ハーディンへの批判**　以上の議論に対しては，数々の批判が向けられている（シュレーダー＝フレチェット 1993: 49-100）。まず道徳的問題として，収容能力の乏しい途上国の現状をすべて途上国の責任に押しつけるわけにはいかない。その窮状の一部あるいは大半は，植民地主義のような歴史的不正義あるいは世界貿易における搾取構造によって生み出されている。一

体全体，現在の救命艇の所有権はいつどこで発生したのだろうか。ハーディンの議論には，現在のグローバルな分配パターンをそもそも公正とみなせるかどうかについての考察が欠けている（⇨第8章3）。

　また，実際的な議論としても，ハーディンの議論には穴がある。はたして途上国の飢餓や貧困を放置すれば，人口爆発はやむのだろうか。むしろ実態は逆であり，より多くの子どもをつくる誘因になるのではないか。くわえて，途上国で生じる人口爆発に起因する環境破壊はいずれ先進国にも波及する。孤立して海に浮かぶ救命艇というイメージとは裏腹に，地球環境問題に国境はない（⇨第14章1）。各国家を救命艇に例える比喩自体が，問題の的を逸しているのである。

## 2　人口抑制の道徳的是非

　人 口 抑 制　ハーディンの問題提起ののち，1970年代以降，いわゆる応用倫理学の一環として，人口問題，世代間正義，自然・動物の権利，環境と経済，エネルギー問題などの実践的論点に取り組む，環境倫理学という独自の学問領域が成立している。とりわけ，この時期に実践的関心を引いたのが，世界的人口爆発の現状を背景にした人口抑制策である（Bayles 1976: Pt. 1 ; 1980: Ch. 4）。本節では，当時から現在にいたる人口抑制策の道徳的是非について取り上げよう。

　人口抑制策は，戦後にインドやシンガポールなど，複数の国で試みられてきた。とりわけよく知られた政策事例は，中国で1979年に導入され，2015年に改廃されたいわゆる「一人っ子政策」である。世界人口会議（1974年）や国際人口会議（1984年）でも，「人口増加率の抑制」をふくむ世界規模の行動計画が採択されている。現在は少子高齢化に頭を悩ませている日本でも，じつは，オイルショック後の人口・資源問題に対する危機感から，人口抑制を奨励していた時期がある。

　生 殖 の 自 由　問題は，人口抑制策というマクロな課題が，家族計画というミクロな課題と衝突をきたしかねないことだ。個人，とりわけ女性が自己決定の一環として家族計画に関する生殖の自由への

権利（リプロダクティブ・ライツ）を有することは，国際文書のなかでもたびたび確認されてきた。たとえば，国際人口開発会議（1994年）で採択された行動計画には，「すべてのカップルと個人が自分たちの子どもの数，出産間隔，ならびに出産する時を責任を持って自由に決定でき，そのための情報と手段を得ることができるという基本的権利」が確認されている（カイロ国際人口・開発会議 1996: 35）。

　もちろん，権利も絶対ではない。それは他人を害する場合には認められないし，他の価値との比較衡量においても制限されうる。たとえばダニエル・キャラハンは，人口問題について自由，正義，安全・生存という3つの価値がときに矛盾することを指摘した。ともあれ，生殖の自由への権利が基本的人権の一種であるなら，議論の出発点はそれを保障することである。そこで，自由の制限をとなえる側には，制限に値するだけの正義や安全・生存の犠牲が生じうることや，他の選択肢が存在しないことなどの挙証責任が課せられる（キャラハン 1993，原著 1972）。

**自由か抑制か**

　ただし，事態をこのようにトレードオフの関係として描くのは拙速かもしれない。マルサスと同時代のニコラ・ド・コンドルセは，まったく別の事態を考えていた。啓蒙思想にいろどられた当時，科学技術の進歩がますます人間生活を豊かにすることは自明のことと信じられてきた。しかし，こうした発展は人口の増大とともにいつか限界を迎え，幸福が不幸に転じる瞬間が必ず訪れるのではないか。この懸念に対しコンドルセは，科学技術の進歩と並行して進む理性の進歩が，こうした事態を自発的に避けるよう人類を導くだろうと予測していた（コンドルセ 1951: 267-269，原著 1795）。

　経済学者のアマルティア・センは，現代世界の実例にそくしながら，マルサスではなくコンドルセの説に賛同する。女性教育の向上や女性の労働参加が，人々の選好の変容をもたらし，出生率を引き下げるという明確な統計的証拠がある。たとえば，基礎教育や医療分野で中国の平均を上回るインドのケララ州では，強制的な人口抑制策を採用する中国よりも出生率が低かった。人口問題は，より少ない自由ではなく，より多くの自由を通じてこそ解決されるというのだ（セン 2000: 第9章，原著 1999）。

### 生殖の義務？

ところで，各国が直面する人口問題には人口減少という側面もある。世界的人口爆発の一方で，先進諸国は共通して少子化に悩まされている。人口転換理論によると，病気や飢餓のために高出生率と高死亡率が均衡する第1段階，栄養状態や医療・公衆衛生が改善する結果，高出生率と低死亡率のズレが生じ，人口が増大する第2段階，都市化や工業化により，低出生率と低死亡率の新たな均衡が生じる第3段階があるという。第3段階で生じる少子高齢化の進展をふまえ，子育て負担の社会的公平化もふくめた，生殖の権利ではなく義務を問う規範的議論も一部にある（Smilansky 1995; Gheaus 2015）。

　倫理学者のハンス・ヨナスは，人類の生存がもつ存在論的価値から，私たちは未来に対して責任を負っていると主張する。その責任とは，いかにして存在するかという仮言命法に先行して成立する，「人類をあらしめよ」という定言命法である。これは現在世代に，（必ずしも個々人にではないが）将来世代を産出する義務を命じるだろう。ちなみにヨナスは，未来の見通しが不確実であることから，科学技術のあり方について，好ましい予測よりも好ましくない予測を優先しなければならないという一種の予防原則をとなえている（ヨナス 2010: 第2章，原著 1979）。

### 人類絶滅論

ヨナスの議論を裏返せば，そもそも人類が絶滅するという事態を規範的にどう評価するかという問題に突き当たる。たとえば，現在世代が自由を謳歌した結果，100年後の世界が人間の生活に適さない環境になることがわかっているとき，現在世代はその生き方を変えるべきだろうか。環境倫理学ではしばしば，人類絶滅を避けることが前提になって議論が進められるが，もし誰も苦しまないゆるやかな絶滅という選択肢がありうるなら，その前提も問いなおされることになるかもしれない（小林 1999; 佐野 2006; 森岡・吉本 2009）。

　これと関連して，デイヴィッド・ベネターは，**反出生主義**と呼ばれるいっそう挑戦的な議論を提起している。ベネターによれば，苦痛の観点では主体は存在するよりも存在しない方が善いのに対して，快楽の観点では主体は存在する方が善いとも，存在しない方が悪いとも言えない。それゆえ，必ずや快苦を経験する主体は，存在するよりも存在しない方が善いのである。人間の出生，人

類の存続には無条件で価値があるという常識的意見に反して，この議論を敷衍
すれば，人々は子孫を産むよりも産まない方が望ましく，人類はすみやかに
（ただし苦痛の少ない方法で）絶滅する方が望ましいという驚くべき結論が導かれ
る（ベネター 2017: 第6章，原著 2006）。

## 3　非同一性問題

**人口問題の哲学的深淵**　前節で概観したように，1970年代以降，現実の実践的
課題と相まって，人口抑制の道徳的是非を問うことが
人口論の重点的トピックになった。ところで，デレク・パーフィット，ヤン・
ナーヴソン，ピーター・シンガーといった哲学者は，こうした実践的議論の背
後で，人口問題と**功利主義**のあいだの興味深い結びつきに早くから気づいてい
た（Bayles 1976: Pt. 2）。その後，パーフィットが『理由と人格』（1984年）で一
連の強烈な問題提起を行い，人口問題をめぐる論争状況を一変させる。その1
つが，以下で見る**非同一性問題**である。

　私たちは日常的に，ある政策を実施することの効果を，実施しなかった場合
と比較することで測ろうとする。しかしはたして，こうした手法がどれほど妥
当だろうか。たとえば，現在世代が天然資源を無計画に浪費することと節約す
ることを比べてみよう。現在世代が資源を浪費することは節約することよりも，将来世代にとって悪いことだろうか。一見すると，浪費によって環境は汚
染され，資源は減少するのだから，悪いことは自明であるように思われる。し
かしこの直観にメスを入れることから，パーフィットの洞察が始まるのだ。

**非同一性問題とは何か**　資源の浪費と資源の節約は，それぞれ現在世代の生活
環境や生活パターンを変え，それは現在世代から生ま
れる将来世代に影響を与えるだろう。もし2世紀前の産業革命が歴史的にな
かったとしたら，もし鉄道も自動車も飛行機も発明されなかったとしたら，そ
の世界の「私」はいまの「私」のままでありえただろうか。このように，異な
る政策は別の世界，別の人々をつくり出す。現在世代が資源を浪費する選択を
したとしよう。その結果生まれる将来世代は，もし現在世代が資源を浪費しな
ければ決して生まれなかっただろう（パーフィット 1998: 第119節，原著 1984）。

さて，現在世代が資源を浪費することは，将来世代にとって悪いことだろうか。将来世代は，その水準はともかく，何らかの生きるに値する生を営むだろうとする。もし現在世代が資源を浪費しなければ，その将来世代は決して生まれなかったのだから，資源の浪費はかれらにとって利益を与えることはあっても，いっそう悪いことはありえない。要するに，いかなる政策を選んでも，その政策はその将来世代にとって悪いことにはならないのである（パーフィット 1998: 第123節）。

パーフィットの問題提起は，いくつかの段階に分けられる（パーフィット 1998: 第120節）。第1に，現在世代の政策は別個の将来世代を生み出す。これは，「異なる人々の選択」を私たちに迫ることになる。ここでは単純化のため，異なる人々は人数において同一であると仮定しておこう。第2に，現在世代の政策は将来世代の人口規模にも影響を与える。これは，「異なる人数の選択」を私たちにせまることになる。本節では第1の問題を，次節では第2の問題を取り上げる。

**人格影響説**　パーフィットの非同一性問題には前史がある。それは，功利主義がとなえる「最大多数の最大幸福」（⇨第3章）を人口問題の文脈でどのように理解するかという問題である。もし「最大多数の最大幸福」を文字どおり捉えるなら，悲惨でない人間をより多く産むことで幸福の最大量は増えるのだから，功利主義はできるだけ多くの人間を産む義務を生じさせてしまうのではないかという批判が考えられてきた（Sidgwick 1981: 415-416）。この批判に対して，功利主義者はどのように答えられるだろうか。

ナーヴソンはこの批判に対して，重要なのは現存する人格の幸福の最大化であり，幸福そのものの最大化ではないと考えた（Narveson 1967: 1973）。人が新しく生まれることは，世界を善くも悪くもしない。私たちは，人を幸福にすることについては賛成するが，幸福な人を産むことについては中立的なのである。もしそうだとすれば，人口が増えた場合と増えない場合を比較して，できるだけ多くの人間を産む義務は生じないことになる。これは**人格影響説**，あるいはシンガーの表現では**存在先行説**と呼ばれる（シンガー 1999: 431-432，原著 1993）。

**無相違説** 先述したパーフィットの非同一性問題は，人格影響説に対する批判となっている。人格影響説に基づき，もし重要なのは人格の幸福であり幸福そのものではないとした場合，私たちはいかなる政策を選んでも，それは別々の人格を生み出すのだから，その政策はその結果生まれる人格にとって悪くないという結論におちいってしまう。要するに，人格影響説は非同一性問題にとらわれてしまうため，問題を回避するためには別の説をとる必要があるということだ（パーフィット 1998: 第125節）。

　人格影響説に対して，パーフィットは**無相違説**と呼ばれる別の説を採用する。すなわち，事態の善し悪しの評価においては幸福そのものが重要であり，人格の違いそれ自体は道徳上の相違をもたらさないということだ。人格影響説をとるか無相違説をとるかは，「異なる人々の選択」にあたって大きな分岐点となる。すなわち，人格の幸福に基礎をおく前者は異なる人々を比較できないが，幸福そのものに基礎をおく後者は異なる人々を比較できる。こうして無相違説は，非同一性問題を回避することができるのだ。

## 4　いとわしい結論

**総量功利主義と平均功利主義** 前節で見たように，無相違説は「異なる人々の選択」にあたり，人格影響説よりも魅力的な立場である。しかしながら，これが万能薬になるわけではない。なぜなら，現在世代の政策は，同時に将来世代の人口規模にも影響を与えるからである。ある政策を選ぶことで，将来世代の人口は増加したり減少したりする。これは，「異なる人数の選択」を私たちにせまる。そして，とりわけ人口問題に関連しては，この問題の深刻さこそ，パーフィットが行った問題提起の本丸である。出発点として，功利主義と人口問題の接点について確認しておこう。

　「異なる人数の選択」に取り組むにあたり，はじめに区別すべきは2種類の功利主義である。功利主義がとなえる「最大多数の最大幸福」は，少なくとも2種類に解釈できる。すなわちそれは，関係者全員の幸福を単純集計した総効用を最大化する**総量功利主義**の意味にもとれるし，関係者全員の幸福を平均した平均効用を最大化する**平均功利主義**の意味にもとれる。これら2つの功利主

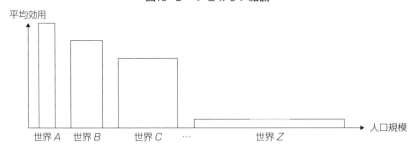

図13-2　いとわしい結論

義は，人口が一定であることを想定する場合，同一の結論を導くが，人口が可変的であることを想定する場合，別々の結論を導きうる。

　以下のような事態を考えよう（図13-2）。現在世界を$A$とする。底辺は人口規模を，高さは平均効用を表している。それゆえ，底辺×高さが総効用である。人口政策によって将来世界を$A$から$B$にすることができるとしよう。$B$は$A$よりも人口が増えるが，平均効用が下がる。総効用は$A$よりも$B$の方が多いとしよう。さて，この人口政策を採用すべきだろうか。総効用の水準を重視する総量功利主義の観点では，この政策は望ましいが，平均効用の水準を重視する平均功利主義の観点では，この政策は望ましくない。

**いとわしい結論とは何か**　問題はここからである。同様に，人口政策によって将来世界を$B$から$C$にすることができるとしよう。総量功利主義の観点では，総効用が増加するかぎり，この政策もまた望ましい。このような政策をくりかえし続けていったらどうなるだろうか。人口規模（底辺）はきわめて大きいが，平均効用（高さ）はきわめて低い将来世界$Z$が出来上がるだろう。総量功利主義は，こうした世界が出現することもまた是としなければならない。これが，パーフィットが言うところのいとわしい結論である（パーフィット 1998: 第131節）。

　平均効用の水準を重視する平均功利主義を採用すれば，この結論は避けられるのではないか。そうかもしれないが，平均功利主義には別の問題がある。現在世界を$B$とし，人口政策によって将来世界を$B$から$A$にすることができるとしよう。たとえば，平均効用よりも暮らし向きの悪い人々をこの世から淘汰

することで，人口規模は減るが平均効用は上がる世界を生み出すことができる。この政策をくりかえせば，最も暮らし向きのよいただ1人を除いて，ほかの全員を淘汰することが最も望ましいということになってしまう（パーフィット 1998: 第143節）。

**非対称性問題**　それでは，人格影響説に立ちもどってはどうか。人格影響説によれば，人が新しく生まれることは，世界を善くも悪くもしない。その変化は単純に無視できるのである。すると，総量功利主義を採用したとしても，人口政策によって世界が A から B に変化することは，既存の人々の平均効用を下げると同時に総効用も下げることになり，望ましくない。いとわしい結論を避けられるのである。さらに，既存の人々をこの世から淘汰することは，たとえ平均効用を上げるとしても総効用を下げるので望ましくない。平均功利主義がおちいった結論も回避できるだろう。

ただし，先述した非同一性問題に加えて，この方針は**非対称性問題**と呼ばれる別の派生的問題を生み出す。先述したように，私たちが，人を幸福にすることについては賛成するが，幸福な人を産むことについては中立的であるとしよう。ところで，同じことが不幸についても言えるだろうか。一見すると私たちは，そうなるとわかっていながら不幸な人を産むことについては，中立的であるどころか反対するだろう。ここでは，幸福と不幸に関する2つの直観がたがいに整合していないように思われる（パーフィット 1998: 第132節 ; McMahan 1981: 99-109）。

これら2つの直観を同時に説明するのは困難である。1つの筋道は非対称性を修正してみることだ。たとえばジョン・ブルームは，極端な幸福や極端な不幸を除いて，一定の幅のあいだで誕生する人の幸福に対しても不幸に対しても中立的である可能性を探り，結局それを棄却せざるをえないと論じる（Broome 2005）。あるいは，非対称性を受け入れてその論理を推し進めてみることだ。先に言及したベネターの反出生主義は，じつはこの幸福と不幸に関する2つの直観の非対称性に依拠して組み立てられている（ベネター 2017: 第2章）。

本章で紹介した論点のほかにも，人口問題は突き詰めるとさまざまなパラドックスを生み出す大変厄介な哲学的領域である。パーフィットによれば，こうした問題を解くためには，いまだに発見されていない理論 X が必要であ

る。理論 X は『理由と人格』の時点ではまだ提示されておらず，次の著書『何が問題かについて』（Parfit 2011）で体系的に考察されている。パーフィットが生涯をかけて取り組んだ人口問題は，その解決可能性もふくめて，いまなお未完の主要課題として残されているのである。

### ■ケース13-1　2つの世界の望ましさの比較
　パーフィットの問題提起を先取りするかのように，ハーディンはある著作で次のような問いを投げかけていた。

> 「地球はさらに多くの人口を支えることができる」と主張する人はつねに正しい。というのは，絶対的な壁にぶつかるまでは，生活水準をもう一段階引き下げて，より多くの人口を支えることがつねに可能だからである。問題はわれわれがどちらを欲するかということである。最低の生活水準の下で最大限に多くの人間を養うか，それとも快適な，あるいは優雅でさえあるような生活水準の下でより少ない人間を養うか（ハーディン 1983: 81）。

一見すると，後者の豊かな少数者の世界を欲するのが当然のように思われるし，ハーディン自身に代表される人口抑制をとなえる思想は，その結論を暗に前提にしてさえいる。しかし問題は，もしそうなった場合，前者の貧しい多数者の世界の住人の非常に多くが，豊かな少数者の世界では存在する余地がないということである。ともすれば，豊かな少数者の世界は，人口抑制策により生まれることを許されなかった，無数の潜在的住人の犠牲のうえに成り立っているようにも見える。以上をふまえて，同じ問いを少し違った角度からくりかえそう。はたして純粋な価値の問題として評価すると，貧しい多数者の世界と豊かな少数者の世界のどちらが望ましいだろうか。

人口と正義

以上本章で見てきたように，人口問題の性質を真剣に受け止め，哲学的に突き詰めていくと，どこまでも底の見えない難問が横たわっている。従来の人口論では，人口抑制策がありうる当然の選択肢として扱われていた（⇨本章2）。しかし，こうした選択肢自体，じつは特定の哲学的立場を前提としており，しかもその正当性は決して自明ではない。ケース13-1で紹介した，貧しい多数者の世界と豊かな少数者の世界のどちらが望ましいかという問題は，いまだに解決ずみではないのである。くわえて，人口の増減は時間軸をともなうため，現在存在する価値と将来存在する価値をどのように比較衡量するかといった問題も残されている（⇨コラム❿）。

パーフィットを嚆矢とする人口倫理学は，私たちが価値を付与するものの内実や性質について議論する，「価値論」と呼ばれる哲学分野の一テーマに位置づけられ，独自の領域を切り開いている（松元・井上 2019: 第1部）。その一方で，人口問題は，人口爆発の側面であれ人口減少の側面であれ，私たちが日常的に直面する実践的な政策課題でもありつづけている。人口と正義の問題群は，国境はおろか世代をも超えて展開されるスケールの大きな理論であり，これからもますます多くの論者を惹きつけて発展を遂げていくはずである。

---

**コラム❿　社会的割引率**

　社会的割引率とは，将来価値を現在価値に換算するときに使う利率のことである。私たちには，将来よりも現在を優先する心理や態度がある。たとえば，今日貰う1万円と10年後に貰う1万円の心理的価値は同じではない。そこで，現在価値と将来価値を同一平面上で比較する場合に，割引率が使用される。かりに，割引率を年10％に設定した場合，1年後の1万円の現在価値は9091円に，2年後のそれは8264円に割り引かれる。これは，現在価値を将来価値に換算するときに使う利率（期待収益率）と対の概念だと考えるとわかりやすい。

　社会的割引率は，公共事業などの中長期的な公共投資における損益計算で用いられる。正義論と関連しては，地球環境問題としての地球温暖化対策の是非のなかで，割引率を何％に設定するかをめぐって，経済学者のあいだで論争が交わされた。ニコラス・スターンは，割引率を低めに設定したうえで，いますぐ温室効果ガス削減の取り組みを始める必要があると主張したのに対して，ウィリアム・ノードハウスは，割引率を高めに設定したうえで，将来予測される便益は現在の負担を正当化するほど大きくないと結論した（ブルーム 2008，原著 2008）。

　そもそも社会的割引率を使用すべきかどうかという点について，哲学者のあいだでは論争がある。ただ時間が経過するだけで，将来世代が得るだろう福利の価値が現在世代のそれよりも目減りすると考えるのは，根拠が不十分である（パーフィット 1998: 補論F）。あるいは，たとえ金銭的価値が目減りすることを認めたとしても，同様に人々が経験する福利の価値まで目減りすると考えることはできない（Broome 1994）。とりわけ，本章であつかった人口問題は，仮想的にはきわめて長期的な時間軸をも想定しつつ議論を進めることができるため，社会的割引率のあつかいについても議論を深めることが必要である。　　　　　　　　　　　　［松元　雅和］

## 文献案内

日本人口学会編，2002，『人口大事典』培風館，第 7 章-第 8 章.
松元雅和・井上彰編，2019，『人口問題の正義論』世界思想社.
南亮三郎，1963，『人口思想史』千倉書房.

［松元　雅和］

# 第14章

# 地球環境

◇

　地球環境問題のなかでも気候変動は，人類が今日直面している最大の問題の1つである。本章ではまず，気候変動と地球温暖化の違いをおさえたうえで，気候変動のさまざまな影響を見てゆく（1）。次に，気候変動の自然的原因と人為的原因を区別し，現在の気候変動が人為起源だと考えられることを説明する（2）。さらに，国際社会で進められてきた緩和策と適応策を概観する（3）。これらをふまえて，気候正義という新しい研究テーマに焦点をあわせ，3つのおもな論点を取り上げる。1つ目は温室効果ガス排出権のグローバルな分配であり，3つの主要理論を順に検討する（4）。2つ目の論点は現在世代の将来世代への義務で，3つ目は過去の排出に対する現在の先進国市民の責任である（5）。

## 1　気候変動という脅威

**激変しつつある地球**　　私たちが住む地球は温まりつつある。地球の平均気温は，産業革命前（1850〜1900年の平均値）からすでに1.2℃（摂氏1.2度）上昇している。とくに，1980年代以来の各10年間の平均気温は，1850年以降のどの10年間よりも高い。21世紀末までには，最大4.8℃上がる可能性が高いという予測もある。

　地球表面の平均気温が5度くらい上昇すると，何が起こるだろうか。過去の氷期の様子が参考になる。約2万1000年前の最終氷期には，平均気温が現在よりも5度ほど低かった。気温が低下すると，大量の水が氷河や氷床として陸上にたくわえられるから，海水の総量が減って，海面水位が下がる。その結果，最終氷期には，シベリアとアラスカが陸続きで，またシベリアから北海道を経て九州まですべて陸続きだった。

　平均気温が今後上がれば，氷期とは反対に，海面が大きく上昇すると予想さ

れる。まず，干潟や砂浜が消滅するだろう。だが，それだけではない。国土の70％が山地・丘陵地であり，大都市が海沿いに集中している日本では，内陸への大規模な移動をせまられるか，あるいは巨額の費用をかけて堤防を築かなければならなくなる。私たちは，いままで経験したことのない巨大で急速な変化の可能性に直面しているのだ。

### 地球温暖化と気候変動

地球表面の平均気温が上がる**地球温暖化**は，じつは私たちがいま経験しつつある多面的な変化の一部にすぎない。この変化の全体は，**気候変動**と呼ばれている。温暖化とは別の気候変動の部分としては，海水の酸性化がある。現在の大気中の二酸化炭素（$CO_2$）濃度は，歴史的に見てきわめて高く，そして$CO_2$が水に溶けるほど，水はより酸性になるから，海水の酸性化が急速に進んでいる。日本では一般的に，地球温暖化だけが注目されているのに対して，国際的には，気候変動が語られている。本章では，地球温暖化をふくむ気候変動について考えてゆこう。

気候変動はもともと，人類の出現よりもはるか昔からくりかえし生じてきた変化である。現生人類による東アフリカのジャングルから平原への進出，世界各地への移動，農耕や牧畜の開始などは，何よりもまず，気候変動による食糧不足を克服して生き残るための適応行動だった。だが，20世紀後半以降の気候変動は，後に説明するように，それ以前のものと大きく異なっている。

### 気候変動の影響

いま進行している気候変動は，すでにさまざまな影響をもたらしている。かつて寒冷な気候のために米作が難しかった北海道は，近年には都道府県で最大の生産高をほこっている。海外に目を移すと，ツバルやキリバスなどの島嶼諸国では，海面上昇によって台風被害や農業での塩害が深刻化しつつあり，他国への集団移住プログラムがすでに始まっている。モーリタニアやセネガルといった西アフリカ沿岸諸国では，毎年平均30cmもの海岸浸食が生じている。

気候変動が今後進むと，ますます多くの悪影響が生じると予想されている。海面上昇や海岸浸食に加えて，暑熱の激化，台風の大型化，洪水の頻発，乾燥地での砂漠化，熱帯性伝染病の拡大などである。また，海への影響も見逃せない。地球温暖化によって発生する大気中の追加的な熱の大半は，海水に吸収されるから，海水温度が上がり，魚介類の個体数が激減したりサンゴが死滅した

りする。先ほど触れた海水の酸性化も，これに似た効果をもつ。

　もっとも，好影響も期待されている。冷帯・亜寒帯での耕作不可能地でも耕作を行えるようになり，また北極海で航行可能な期間が長くなって，貿易の海上輸送費用が低下するだろう。しかし，地球全体では，悪影響が好影響をはるかに上回ることがわかっている。

**途上国への深刻な悪影響**　気候変動の悪影響は，北側諸国（先進国）よりも南側諸国（途上国）ではるかに深刻である。第1に，多くの途上国が位置する熱帯・亜熱帯では，もともと気温が高いから，いっそうの気温上昇は人々の健康・安全に重大な影響を与えかねない。第2に，台風・洪水などの災害がもたらす被害の規模は，災害自体の大きさだけでなく，河岸工事の有無，排水設備の有無や処理能力，建物の堅固さ，公衆衛生の水準など，各社会がもつ災害への強靭さにも大きく左右される。多くの途上国は災害に対して脆弱であるため，大きな被害が生じてしまう。第3に，第2の点ともかかわるが，突発的な災害から復旧・復興したり，継続的な海面上昇に対処したりするには，中央政府・地方政府の予算，関連した技術と装置，専門家をふくむ多様な人材が必要となる。これらはどれも，途上国ではしばしば不足している。

　わが国では一時期，地球温暖化の影響として，野生のホッキョクグマの絶滅が喧伝された。たしかに，ホッキョクグマの絶滅は残念なことだが，問題はそれよりもはるかに深刻である。とくに南側諸国においては，またより小さな程度では北側諸国でも，気候変動によって，おびただしい数の人命が失われ，あるいは人々の暮らしがおびやかされるだろう。気候変動は，多数の人間の生死や生活を左右する問題なのである。

# 2　さまざまな原因

**長期的な自然的原因**　世界中の気候科学や他のさまざまな分野における研究者の見解を集約して作成されているのが，国連気候変動に関する政府間パネル（IPCC）の評価報告書である。その最新版によれば，20世紀半ば以降に観測された温暖化の原因は，95％以上の確率で，人間による影響だった（IPCC 2017，原著 2014）。他方，地球温暖化の原因は人為起源で

なく自然的だと主張する人たちもいる。どちらが正しいのだろうか。

これまでに生じてきた気候変動の原因は，2つに大別される。1つは自然的原因である。最も長期にわたる自然現象として，大陸移動がある。南米大陸とオーストラリア大陸から一部が分離し，極域に移動して南極大陸になると，巨大な氷床ができた。これは強力な冷却装置である。また，大陸移動などによる深層海流の変化も，気候に重大な影響を与える。南極大陸の周辺海域で冷やされて沈みこんだ大量の海水が，海流によって他の海域に運ばれると，地球全体が冷やされる。

それよりも短い周期の原因として，地球の公転にかかわるいくつかの変化がある。それらの変化は，おおよそ数万年から十万年である。

**短期的・突発的な自然的原因**　いっそう短期的な気候変動の原因として，太陽活動の変化がある。11年・22年の周期が確実に存在するほか，約90年・約210年の周期も報告されている。太陽活動が活発になるときには，日射量は増え，活動が停滞すれば，日射量は減る。

突発的な原因としては，大規模な火山活動がある。火山が噴火すると，一方では，温室効果をもった水蒸気や$CO_2$などが大量に放出されるが，他方では，噴出された火山灰が広がって日射をさえぎる日傘効果をもつ。大規模火山の場合には，日傘効果が温室効果を大きく上回るため，2，3年間は地球の平均気温が下がる。

**温室効果とは何か**　では，温室効果とは何だろうか。物体は，もっている熱に応じて電磁波をはなつ。物体が高温であるほど，電磁波の波長は短く，反対に低温であるほど，波長は長い。他方，水蒸気や$CO_2$などには，波長の長い電磁波を吸収するはたらきがある。太陽から地球にやってくる可視光線は，温度が比較的高いから，波長が短いので，水蒸気や$CO_2$にあまり吸収されずに地表面にとどく。熱をうけとった地表面は，今度は赤外線を放射するが，その温度はより低いために，波長が長く，水蒸気や$CO_2$などに吸収されやすい。その結果，地表面からの熱が大気のなかに閉じ込められ，地表面が温室のように温められる。これが温室効果である。

**温室効果ガス**　温室効果ガス（GHG）のうち，大気中の割合が最も大きいのは，水蒸気である。だが，水蒸気の大半は海水

が蒸発したものだから，人間が直接に制御することはできない。

人間が経済活動にともなって排出する GHG のうち，大気中濃度が最も高いのは，$CO_2$ である。$CO_2$ は，石炭・石油・天然ガスなどの化石燃料を燃焼させるときや，セメントを生産するときに発生する。大気中の $CO_2$ は，海水に溶けこむほか，光合成を通じて植物にとりこまれる。海洋と植物は二大吸収源であるため，シンク（流し）と呼ばれる。この気体がもつ重要な特徴は，長期残留性である。大気中の $CO_2$ の一部分は数年以内に吸収されるが，ほかの部分は数十年，さらに別の部分は数百年も残存するのである。

次いで大気中濃度が高いメタンは，$CO_2$ の25倍もの温室効果をもつ。人間の経済活動にともなうおもな排出源としては，牛・羊などの家畜の腸内発酵や，水田，天然ガスの漏出がある。その他，大気中濃度は低いものの，温室効果がいっそう高いガスとして，亜酸化窒素やハイドロフルオロカーボン（フロン類）などがある。$CO_2$ 以外の GHG については，測定のとき，$CO_2$ 換算という単位が用いられる。

| 人為起源の気候変動 | 20世紀の気候変動は，どのような原因によって引き起こされているのだろうか。まず，大陸移動，深層海流の変化，地球の公転にかかわる変化などの超長期的な自然的要因は，現在の短期的気候変動には明らかに関係がない。より短い周期の太陽活動の変化は，原因の候補となりうるが，しかし平均気温の上昇とは符合しない。

他方，大気中の $CO_2$ 濃度は，18世紀後半のイギリスをはじめ先進各国で順次起こった産業革命以降，加速度的に上昇してゆき，とくに20世紀後半からいちじるしく増加してきている。実際，2016年には，$CO_2$ 濃度が過去80万年で最高を記録した。これは，人為的な $CO_2$ 排出量がシンクの吸収力を大きく上回っているためである。そこで，現在の気温上昇のおもな原因は，人類が排出してきた $CO_2$ などの GHG の急増にあると考えざるをえない。また，森林伐採などの土地利用の変化も，陸上のシンクの吸収力を低下させるから，気候変動を促進する。このように，いまの気候変動はほぼ確実に人為起源原因によって引き起こされているというのが，世界中の気候科学者らの広範なコンセンサスである。人為起源原因による現在の気候変動は，**人為起源の気候変動**と呼ばれる。

| 正帰還と不確実性 | 人為起源の気候変動を考えるとき，2つの点に注意し
てほしい。第1は正帰還である。人間がGHGを大量
に排出すると，大気だけでなく，その熱を吸収した海水も温められて，水蒸気
が発生しやすくなり，気温上昇がいっそう進む。また，気温上昇によって，極
地の氷床が部分的に解けて土壌が現れると，メタンが発生する。加えて，土壌
は，氷ほどには可視光線を反射せず，むしろ吸収するから，温度が高まり，氷
床がいっそう溶ける。このように，人為起源原因が気候変動を促進することに
よって，自然的作用が強化され，その結果として気候変動がいっそう進行す
る。これらは正帰還の例である。

第2の留意点は将来の不確実性である。20世紀後半から現在までの気候変動
が，人為起源原因によって説明されるからといって，自然的要因が今後現れな
いという保証は，まったくない。たとえば，大規模火山の噴火が起こるなら
ば，地球表面の平均気温は一時的に下がるだろう。将来はあくまでも不確実な
のである。

# 3 国際社会の取り組みと日本での懐疑

| 国際的気候変動政策 | 気候変動は，冷戦が終結する1990年前後に，国際社会
で新たな討議事項となった。国際連合人間環境会議
（ストックホルム会議，1972年）の20年後に開かれた環境と開発に関する国際連合
会議（リオ・サミット，1992年）では，気候変動に関する国際連合枠組条約（気
候変動枠組条約）が採択され，1994年に発効した。そのなかで，共通だが差異
ある責任および各々の能力という原理が確立された。**共通だが差異ある責任お
よび各々の能力**とは，気候変動が，すべての締約国が取り組むべき共通の課題
である一方で，過去および現在の排出について有責であり，対処能力も大きい
先進国と，これらが当てはまらない途上国では，求められる負担が異なるとい
う原理である。

気候変動枠組条約のもと，1997年には，気候変動に関する国際連合枠組条約
の京都議定書（京都議定書）が締結された。附属書Ⅰ国（先進国）全体でのGHG
の排出を，第1約束期間（2008～2011年）に1990年比で5％削減することが合

意され，各国の削減目標が定まった。だが，第2約束期間については，アメリカが離脱したほか，日本やカナダは削減目標をもうけなかった。京都議定書の後継の枠組みとして，2015年にパリ協定が締結され，先進国かどうかを問わず，各国が排出削減目標を自ら定めることになった。だが，アメリカは2017年にパリ協定離脱を決めてしまった。

**緩　和　策**　　現在の気候変動が人為起源原因によるとすれば（⇨本章2），人類は社会のあり方を変えることによって，気候変動のさらなる進行をある程度は食い止められると考えることができる。こうした考え方に基づいて，**緩和策**は，気候変動の程度または進行度を抑制することをめざす。京都議定書やパリ協定に見られるとおり，従来の気候変動対策では緩和策に重点がおかれてきた。

　緩和策を早急に講じて，気候変動を抑制する場合には，気候変動が進行してしまった段階に対処する場合と比べて，費用がはるかに小さくなる（たとえば，スターン 2007，原著 2006（スターン報告））。国際社会全体では，自然科学的知見に基づいて，産業革命以前の気温（1850〜1900年の平均気温）から2℃以内に上昇をおさえるという目標が語られてきた。パリ協定では，1.5℃以内という，より野心的な目標もかかげられている。

　緩和策の代表例は，GHG の排出削減である。政府の公共政策としては，化石燃料の炭素含有量に応じて課される炭素税，火力発電の効率化，太陽光・風力・バイオマスなどの再生可能エネルギーの促進，電気自動車の普及などがある。また，企業などが特定の種類の GHG を一定の期間内に排出する権利を自由に売買できる排出量取引市場が，欧州連合（EU）やアメリカ・カナダの一部の州などでもうけられている。

**企業の取り組みと
ジオエンジニアリング**　　温室効果ガスのおもな排出源は企業だから，緩和策を効果的に進めるためには，企業の行動変化が不可欠である。こうした認識を背景として，近時には企業による取り組みが国際的に広がっている。2014年，企業版2℃目標（科学に基づく目標，SBT）という取り組みが開始された。地球の平均気温は世界全体の GHG の累積排出量に左右されるという科学的知見に基づいて，2℃目標を達成するために必要な削減量に照らして，各社が自らの取り組みを評価し公表するのである。また，再生可能エ

ネルギーだけを使って企業運営をする再生可能エネルギー100％（RE100）とい
う取り組みもあり，日本企業をふくむ先進諸国の大企業が加盟している。

　GHG排出削減を中心とした政府や企業の取り組みとは異なって，気候シス
テムへの大規模な介入を行うジオエンジニアリングの開発も進んでいる。**ジオ
エンジニアリング**は，$CO_2$除去と太陽放射管理に分かれる。$CO_2$除去として
は，硫酸鉄を海洋にまいて海藻の成長をうながし，光合成で吸収される$CO_2$
の量を増やす案などがある。太陽放射管理としては，大気の成層圏にエアロゾ
ル粒子を散布して，巨大火山の噴火時と同じように太陽光をさえぎる案があ
る。しかし，これらは短期的な対症療法にすぎないうえ，自然環境に重大な不
測の悪影響を引き起こすことが心配されている。

### 適応策

　緩和策が功を奏して，GHGの大気中濃度が安定化し
たとしても，気候変動の悪影響を避けることは難し
い。最も重要な人為起源のGHGである$CO_2$は，すでに歴史的な高濃度に達し
ており，しかも長期にわたって残留するからだ。そこで，緩和策だけでなく適
応策も行わなければならない。**適応策**とは，社会がもつ気候変動への脆弱性を
低下させることによって，悪影響を軽減しようとする対策である。

　たとえば，高潮などから港湾・海岸をまもる防波堤・防潮堤や，海岸浸食を
ふせぐ離岸堤を建設すること，気候変化にあわせて，栽培する農作物の種類を
変えたり品種改良を行ったりすること，暑熱の激化をやわらげるために都市で
緑地化を進めることなどが挙げられる。また，社会階層に着目すると，社会生
活上のさまざまな面で不利となる貧困層は（⇨第8章2），気候変動の悪影響に
対しても脆弱であるため，貧困削減は適応策の観点からも重要である。国家単
位では，途上国は一般に先進国よりも脆弱だから（⇨本章1），適応策は途上国
でいっそう重要となる。

### 気候変動否定論

　現在の気候変動の存否や原因をめぐっては，気候変動
否定論と呼ばれる主張がかねてから出されてきた。**気
候変動否定論**には，地球温暖化をふくむ気候変動が進行しているという事実自
体を否定する立場と，気候変動の事実を認めるものの，それは自然的原因によ
ると主張する立場がある。かつては，気候変動懐疑論と呼ばれることもあった
が，気候変動の存在やその人為起源原因は疑わしいと述べる懐疑論から区別さ

れて，最近では否定論と呼ばれている。

　たとえば，アメリカでは，一部の企業家，政治的保守層，その支持を受けた保守的政治家，保守的シンクタンクなどのあいだに，気候変動否定論が見られる。その背景としては，石油業界・石炭業界など，緩和策が推進されると企業の利潤が大きく減少する業界の利害や，そうした業界から保守的政治家への投票・献金，保守的シンクタンクへの多額の寄付が指摘されている。また，『旧約聖書』の「創世記」の記述を歴史的事実とみなして，自然科学的知識を全面的に拒否するキリスト教保守派の存在も知られている。

　日本では，政界・経済界には気候変動否定論があまり見られない。だが，否定論は，いく人かの研究者・評論家によって一般書でくりかえし説かれ，一部の読者から支持をえてきた。同種の言説はインターネット上にも散見される。合衆国での否定論に関する上記の説明は，日本での否定には当てはまらないから，この国でなぜ否定論が根強いのかは，1つの謎である。

## 4　グローバルな分配的正義

**気候変動の倫理と公正**　1990年代初め以来，気候変動に関する政治哲学的・倫理学的研究がめざましく発展してきた。この研究テーマは，今日では**気候正義**と呼ばれる。

　初期の研究としては，まずデイル・ジェイミソン（Jamieson 1992）が，気候変動に対する経済学的・管理的なアプローチを批判したうえで，倫理学の重要性を強調した。また，ヘンリー・シューの先駆的論文（2019，原著 1993）は，①地球温暖化の防止費用の公正配分，②対処費用の公正配分，③これらの配分をめぐる国際交渉が公正となるための富の背景的配分，④ GHG 排出量の公正配分という4つの論点を区別した。そのうえで，生計用排出量と奢侈的排出量の二分法をとなえた。生計用排出量とは，途上国で最低限の品位ある生存のために必要な GHG 排出量であり，それを超える先進国での排出量が，奢侈的排出量である。シューは，生計用排出量への権利を万人に保障しつつ，奢侈的排出量を温暖化防止の観点から限界づけることを提案した。

　より最近には，スティーヴン・ガーディナー（Gardiner 2006）が，3つの大

第14章　地球環境

245

しけがあわさった嵐に漁師たちが出くわした実話をえがく小説・映画の『ひどい嵐』にちなんで，気候変動は道徳上のひどい嵐だと述べている。気候変動では，地球規模の問題群，世代間の問題群，理論的な問題群の３つが複合しているという。そして，この問題への対処に表れる道徳的堕落に対して，警告を発している。

**温室効果ガス排出権の分配**　気候正義での一大論点は，GHG 排出権のグローバルな分配的正義である。これは，シューが区別した④の論点に当たり，ガーディナーが言う地球規模の問題群にふくまれる。

　GHG 排出権のグローバルな分配的正義という論点は，次のような考えから生成してきた。現在の気候変動が人為起源であり，その最大の原因が GHG の大量排出であるならば，地球全体の総排出量を一定限度内におさえなければならない。そうすると，地球全体で許容可能な総排出量を，世界中のすべての個人でどのように分配するのが正しいかを考える必要がある。言い換えれば，シンクを利用する権利を地球上の全個人でどう分配すると正義にかなうのかが問われる。

　GHG 排出権の分配的正義を考えるとき，多くの理論家は，過去や現在の排出量が北側諸国と南側諸国で大きく異なることに注目してきた。しかも，気候変動の悪影響は，南側諸国でとりわけ深刻となる（⇨本章１）。そこで，許容可能な総排出量の上限設定とならんで，南北間の公正も，研究の動機となってきた。

**基準としての過去の排出量分布**　GHG 排出権のグローバルな分配的正義をめぐっては，過去準拠説・平等排出説・基底的ニーズ説が対立している。過去準拠説は，比較的近い過去の一時点における各国の１人当たり排出量分布を基準として，各国の人々に将来の排出権を分配するべきだと考える。たとえば，基準時の2000年に，A 国の１人当たり排出量と，B 国の１人当たり排出量の比が，３：２だとすると，2020年に，A 国の各人の排出権と B 国の排出権は，３：２になるというのである。

　現行の国際的な気候変動政策は，過去準拠説と似た考え方に基づいている。京都議定書では，附属書Ⅰ国は1990年時点の排出量を基準として，削減義務を負っていた。それに代わるパリ協定では，各国が自らの排出削減目標を設定するが，その多くは特定時点の排出量からの削減である。このように，現行の気

候変動政策と過去準拠説は，国単位の排出量か個人単位の排出量か，また排出量を削減する義務か一定量まで排出する権利かという違いはあるものの，近い過去の時点の排出量を基準とするという共通の特徴をもっている。

**途上国への不公正** 過去準拠説はいくつかの批判をまねいてきた。ある批判によれば，過去の基準時点で，途上国や新興国の人々には，大量の GHG 排出を行うための投資資金も科学技術もなかった。他方，これらの国の人々は，今後は貧困削減や経済発展のために，排出量を増やす必要がある。ところが，過去準拠説は，基準時点で排出量の比率が小さかった国の人々には，それに相当する排出権しか認めないから，途上国や新興国の人々に対して不公正である。

別の批判は，汚染者負担原則に着目する。**汚染者負担原則**（PPP）とは，自然環境を悪化させた個人・組織が，環境の回復に必要な費用を負担するべきだという原則である。これは環境法の主要原則であり，たとえば炭素税をふくむ環境税に具体化されている。過去準拠説は汚染者負担原則に反すると指摘されている。

**1人当たり排出量の平等** ピーター・シンガー（2005: 55-62，原著第2版 2004）をはじめ多くの論者（たとえば，ザックス／ザンタリウス 2013: 176-178，241-245，原著 2007）は，過去準拠説を批判し，平等排出説をとなえてきた。平等排出説とは，地球上のあらゆる個人が，住んでいる国を問わず，等しい GHG 排出量への権利をもつという立場である。平等排出説は，人々がより等しい福利をもつほど望ましいという平等主義を（⇨第6章1），GHG 排出量の分配問題に転用したものだと言える。この立場の背後には，現在ある排出量の巨大な南北間格差は不正義だという認識がある。

**コモンズ論と運平等主義** 平等排出説のおもな正当化論は2つある。一方はコモンズ論である（Vanderheiden 2008）。コモンズ論とは，大気はグローバル・コモンズだから，その利用権を平等に分割するべきだという議論である。

運平等主義の観点から，平等排出説を擁護しつつ修正する論者もいる（Gosseries 2007）。運平等主義とは，状況から生じた不平等は社会的に是正されるべきだが，選択からの不平等は是正されなくてよいという立場である（⇨第

5章)。この立場から，次のように論じることができるだろう。ある人がGHG
をどのくらい排出するかは，その人がどの国に生まれ育ち，いま住んでいるか
に大きく左右される。どの国に生まれ育ったかは，選択でなく状況にふくまれ
る。そのため，誰も，ある国に生まれ育ったという理由によって，他国の人と
のあいだでGHG排出量の格差を負わされるべきでない。したがって，あらゆ
る個人は，生まれ育ち住む国を問わず，等しい排出量への権利をもつ。

**きびしい自然環境の人々**　平等排出説に対しては，次のような批判がある。ある
地域では別の地域と比べて，きびしい自然的条件のた
め，より多くのGHGを排出せざるをえない。しかし，平等排出説は，どちら
の地域の各人にも均一な排出量しか認めないから，きびしい条件下で住む人々
に対して不公正だというのである。たとえば，フィンランド人はフィリピン人
と比べて，長く厳しい冬の暖房のために，より多くの$CO_2$を排出せざるをえ
ない。だが，平等排出説は，フィンランド人にフィリピン人と等しい排出量し
か認めない。

　この批判に対して，シンガー（2005: 59-60）は，排出権取引を行えばよいと
応答している。排出権取引市場があれば，追加的排出権を必要とするフィンラ
ンド人は，フィリピン人から買い取れるはずである。しかし，シンガーの応答
は，きびしい自然的生活条件の人々のうち，とくに不利な集団に配慮していな
いという指摘がある。フィンランドには低所得の先住民サーミ人が住んでいる
が，サーミ人にとって，追加的排出権をフィリピン人から買い取ることは難し
いだろう。

**基底的ニーズによる排出**　いく人かの論者は基底的ニーズ説に立つ。基底的ニー
ズ説とは，地球上のあらゆる個人が，基底的ニーズを
充たすために必要なGHG排出量への権利をもつという立場である。その先駆
は，シューによる生存的排出と奢侈的排出の区別である。最近では，サイモ
ン・ケイニー（Caney 2011: 97-101）が，国内的には燃料面での貧困層の基底的
ニーズを充たし，国際的には危険な温暖化をまねかない仕方で貧困層の発展を
可能とするという構想をかかげている。そして，世界で最も不利な人々に対し
てより多くの排出量を割り当てる政策案や，排出権の競売からの収益を不利な
人々に提供する政策案を支持している。基底的ニーズ説は，万人にニーズの充

足線までの GHG 排出権を認めるから，十分主義とやや似ている (⇨第 6 章 4)。

　基底的ニーズとは何だろうか。一般的に，最も狭い範囲では，食料・衣料・シェルターなどだと考えられている。シェルターとは，戸建て住宅やアパートでなくても，少なくとも雨風を避けられ，安全・清潔に住める空間をいう。より広くは，公衆衛生・医療・教育をふくむとされる。いっそう広い範囲では，見苦しくない暮らしができる収入のある職業機会や，余暇の時間にも及ぶ。

**不利な人々への公正**　基底的ニーズ説は，途上国や新興国の人々に対しても，基底的ニーズの充足線までの GHG 排出権を保障する。そこで，過去準拠説と異なって，途上国や新興国の人々に対して不公正だという批判をまぬがれている。また，この充足線は各社会での自然的条件によって異なりうる。屋内で極端な寒さに悩まされないという基底的ニーズを充たすため，フィンランド人は，暖房用の追加の排出権を認められるだろう。こうした排出権の地域差を認める基底的ニーズ説は，平等排出説と異なって，きびしい自然的条件の人々に不公正だという批判を受けない。

　他方，基底的ニーズの充足線をどのように引くかは，大きな課題である。人間の多様なニーズのうち基底的ニーズにふくめるものを選んだうえで，それぞれをどこまで充足するかも適切に決める必要がある。

## 5　将来世代への義務と過去の排出への責任

**世代間正義**　最も重要な人為起源の GHG である $CO_2$ が，大気中に長期間とどまりつづけるという事実は (⇨本章 2)，2 つの意味をもつ。第 1 に，私たちがいま排出している $CO_2$ は，数十年後，数百年後の人々に悪影響を与える。しかも，正帰還によって，世代が下るにつれて悪影響はいっそう増大するだろう。では，現在世代は，将来世代を配慮する義務を負うか。負うとすれば，その義務は具体的に何を求めるか。将来世代への義務が，現在世代の内部で私たちがおたがいに負っている義務と衝突するならば，どうしたらよいか。

　これらの論点は，わが国の環境倫理学では世代間倫理と呼ばれている。だが，政治哲学や応用倫理学の国際学界では，**世代間正義**という呼び名が一般的

である。世代間正義の研究は，環境問題一般について長年研究されてきたが，きわめて長期的な影響がある気候変動については，とくに重要となる。

**非同一性問題** 現在世代の将来世代配慮義務を考えるうえで避けて通れないのが，非同一性問題である（⇨第13章3）。ある個人の特定の行為が原因の1つとなって，別の個人が悪い状態で存在するにいたったとしよう。このとき，前者の個人は，後者の個人に対して危害を加えているように思われる。ところが，**非同一性問題**によれば，前者がかりに当該の行為をなさなければ，後者はそもそも生まれなかったから，危害を加えたことにならない。この逆説的な結論は，1970年代にデレク・パーフィット（1998: 第16章，原著1984）らによって発見され，多くの研究者によって分析されてきた。

**将来世代と非同一性問題** 非同一性問題は気候変動に関連しても生じる。具体例で考えよう。アメリカは，世界第2位のGHG排出国であり，1人当たり排出量もきわめて大きい。いま，連邦政府もどの州政府も，すべての緩和策を突然中止してしまったと仮定しよう。すると，2200年頃のフロリダ州では，大型化したハリケーンで多くの人が家や財産を失うだろうと予想される。現在の政府は，将来のフロリダ州民に対して危害を加えているように思われる。

ところが，他国の排出量が一定だと仮定したうえで，アメリカの政府がかりに緩和策を推し進めるならば，人々は，緩和策が中止された場合とは大きく異なった行動をとるはずだ。すると，異なった男女が出合い，異なった子どもたちが生まれてくるだろう。その結果，緩和策が推進された場合に2200年の時点でフロリダ州に住むだろうどの個人も，緩和策が中止された場合の個人とは別人である。2200年にフロリダに住む人にとって，たとえ深刻なハリケーン被害に遭うとしても，この世に生まれてこなかったよりも望ましい。あるいは，生まれてこなければ福利をもてないから，そもそも2つの場合で福利を比較できないとも考えられる。結局，いまの連邦政府も州政府も，緩和策の中止によって将来のフロリダ州民に危害を加えていないことになる。

**将来世代の視点から** 非同一性問題を将来世代の立場から見ると，どうなるだろうか。ケース14-1について考えてみよう。

### ■ ケース14-1　20世紀博物館

　いまは21XX年。大学生のあなたは，一度行ってみたかった20世紀博物館を初めて訪れた。最も衝撃を受けたのは，「失われた日本の自然」コーナーだ。「ビーチ」といえば，プールの一角の斜面に砂がまいてあり，人工の波がくる所だとばかり思っていたが，何と20世紀には天然のビーチが日本各地にあったという。きれいな夕日が3D映像で再現され，海水浴を楽しむ人たちの古ぼけた写真もたくさん展示されている。解説文には，「20世紀以降の大量の温室効果ガス排出によって，地球温暖化が進行して海面が上昇し，美しい砂浜はすべて消滅しました」とある。あなたの隣で展示を見ていた若いカップルの女性が，思わず「くやしい！」と声を上げた。すると，連れの男性は，「でもさ，昨日受けたネット授業で言ってたけど，20世紀に非同一性問題というのが発見されたらしいよ」と言い，非同一性問題の説明を始めた。説明を聞き終わった女性は，「でも，結論がヘンだから，やっぱり理屈がどっか間違ってるんじゃないの」と，納得できない様子だ。あなたは，非同一性問題に納得できるか，あるいはこの女性に賛成するか。それはなぜか。

**将来世代の権利**　現在世代が将来世代に配慮して，緩和策を強力に推進するべきだとすれば，その理由は何か。多くの哲学者・倫理学者がとなえてきた学説の1つは，**将来世代の権利**を根拠とする。将来世代は，現在世代に対して自分たちの利益を保護するよう現時点で請求する権利をもつというのである。

　ところが，将来世代の権利は，非同一性問題のゆえに成り立たないと思われる。2200年のフロリダ州民の例にもどろう。この未来の人々は，現在の連邦政府や各州政府に対して，緩和策を推進するように求める権利をもつように見える。だが，政府がいま緩和策を推進する場合には，緩和策を中止する場合の2200年のフロリダ州民は，そもそも生まれてこない。自分自身が生まれないような行為を求める権利というものは，不合理だろう。

**正義にかなった貯蓄原理の転用**　ジョン・ロールズは，世代間の資本蓄積について，正義にかなった貯蓄原理をとなえた（⇨第2章3）。この原理を，気候変動をふくむ環境問題の文脈に転用すれば，将来世代への配慮を正当化できるように見える。そこで，いく人かの論者は，正義にかなった貯蓄原理の転用を主張してきた。

　ロールズ自身は，原初状態での諸個人は各世代を代表していると想定してい

た。それとは異なって，さまざまな世代からの代表者が原初状態に一堂に会すると考える論者たちもいる。ところが，このように考えると，非同一性問題がまたも現れてしまう。

　原初状態における無知のヴェールのもと，正義にかなった貯蓄原理の精神で緩和策を推進するか，あるいは緩和策を放棄するかという決定がなされると仮定しよう。緩和策の推進の場合に将来生まれるだろう個人は，緩和策が放棄された場合には生まれてこない。逆に，緩和策の放棄の場合に生まれるだろう個人は，推進の場合には生まれてこない。そこで，立憲段階，立法段階，遵守段階と進んで無知のヴェールがはがれてくると，原初状態で緩和策についてどちらの決定が行われた場合にも，決定に参加したはずの諸個人の一部は，そもそも存在しなかったということが判明してしまうのだ。

**過去の排出への責任**　　$CO_2$の長期残留性がもつ第2の意味は，各先進国で産業化以降に排出してきた$CO_2$が，現在や将来の人々に気候変動の悪影響を及ぼすということである。実際，大気中の$CO_2$濃度は，イギリス産業革命以降に加速度的に高まってきた。他方，気候変動の悪影響は，すでに見たように，北側諸国よりも南側諸国でいっそう深刻となる。そこで，自分の先祖たちが$CO_2$を大量に排出し，そのおかげで便利・快適な生活を送っている現在の先進国市民は，過去の排出について**歴史的責任**を負っているという考えが，次第に広まってきた。

　PPPによれば，汚染者である先進国の過去のGHG排出者は，気候変動の悪影響について有責である。この有責性を，現在の先進国市民は共有または継承しているという。こうした歴史的責任は2つに大別される。第1に，GHG排出権のグローバルな分配で，何らかの理論に基づいて1人当たり排出権が定まった後，先進国市民は，過去の排出を理由に排出権を減らされるべきだと言われる。第2に，気候変動の悪影響がより深刻であり，それゆえ適応策がいっそう必要とされる途上国に対して，先進国は，適応策の費用を支援するべきだとも言われる。この2つは選択的でなく両立可能であることに注意しよう。

**無知性の議論と非同一性問題**　　先進国市民の歴史的責任という主張は，2つの理論的問題に直面すると考えられている。第1は，過去世代の知識の欠如である。**無知性の議論**によれば，個人は，自らの行為が他者に悪

影響を与えると知らず，また知らないことがやむをえないならば，その行為について有責ではない。温室効果が実験によって証明されたのは19世紀半ばで，気候変動を引き起こすだろうと指摘されたのは19世紀末である。人為起源の気候変動が世界中で広く知られるようになったのは，IPCCの第1次評価報告書が公表された1990年である。過去の排出者は，排出行為の帰結について無知であり，また無知である他はなかったから，有責でないことになる。

第2に，非同一性問題がまたも現れる。先進国で産業化がかりに生じなかったならば，その影響が途上国に及ぶこともなく，北側でも南側でも人々は現実の歴史とは大きく異なった行動をとったはずである。異なった男女が出合い，異なった子どもたちが生まれてきたはずだから，現在世代も将来世代も異なった諸個人によって構成されるだろう。したがって，先進国の過去の人々は，先進国・途上国の現在や将来の人々に危害を加えていないことになる。

**気候変動という難題**　地球環境問題のなかでも気候変動は，人類が直面している最大の難題の1つである。本章ではまず，気候変動が人類にどのような悪影響を与えつつあるかを見た。次に，いくつかの自然的原因に触れた後，温室効果ガスの大量排出などによる人為起源の気候変動について解説した。さらに，国際社会で進められてきた緩和策・適応策の取り組みを概観した。これらをふまえて，気候正義という新たな研究主題を紹介した。おもな論点の1つは，GHG排出権のグローバルな分配であり，過去準拠説・平等排出説・基底的ニーズ説を順に検討した。別の論点として，現在世代の将来世代に対する義務と，先進国市民の過去の排出に対する責任がある。どちらの論点でも，非同一性問題が大きな理論的障壁となることを説明した。非同一性問題を避けつつ世代間正義と歴史的責任を説得的な仕方であつかう新たな理論が，気候変動に直面している私たちにはぜひ必要である。

### 📖 文献案内

宇佐美誠編著，2019，『気候正義——地球温暖化に立ち向かう規範理論』勁草書房.
ウォレス・ウェルズ，デイビッド（藤井留美訳），2020，『地球に住めなくなる日——「気候崩壊」の避けられない真実』NHK出版.

[宇佐美　誠]

# 引用・参照文献

> ・各章の「＊＊＊」以降は二次文献をさす。
> ・コラムの参照文献は、文献の末尾に【コラム】とする。
> ・本文とコラムの両方の参照文献は【本文・コラム】とする。

## 第1章

アリストテレス（神崎繁訳），2014，「ニコマコス倫理学」『アリストテレス全集15』岩波書店.

ケルゼン，ハンス（宮崎繁樹訳），2010，「正義とは何か」『ハンス・ケルゼン著作集3　自然法論と法実証主義』慈学社出版.

セン，アマルティア（池本幸生訳），2011，『正義のアイデア』明石書店.

ドゥウォーキン，ロナルド（小林公訳），1995，『法の帝国』未來社.

―――（小林公・大江洋・高橋秀治・高橋文彦訳），2002，『平等とは何か』木鐸社.

ファインバーグ，ジョエル（野崎亜紀子訳），2018，「無比較的正義」嶋津格・飯田亘之編集・監訳『倫理学と法学の架橋――ファインバーグ論文選』東信堂，147-190頁.

プラトン（藤沢令夫訳），1976，「国家」『プラトン全集11』岩波書店.

ホッブズ，トマス（永井道雄・上田邦義訳），2009，『リヴァイアサンⅠ・Ⅱ』中央公論新社.

ミル，J. S.（川名雄一郎・山本圭一郎訳），2010，「功利主義」『功利主義論集』京都大学学術出版会，255-354頁.

ロールズ，ジョン（川本隆史・福間聡・神島裕子訳），2010，『正義論　改訂版』紀伊國屋書店.

＊＊＊

井上彰・田村哲樹編著，2014，『政治理論とは何か』風行社，第1章（井上彰）・第6章（河野勝）.

井上達夫，1986，『共生の作法――会話としての正義』創文社.

宇佐美誠，1993，『公共的決定としての法――法実践の解釈の試み』木鐸社，第1章.

―――，2013，「古代正義思想における継承と転換――ソクラテス・プラトン・アリストテレス」竹下賢・宇佐美誠編『法思想史の新たな水脈――私法の源流へ』昭和堂，第7章.

ジョンストン，デイヴィッド（押村高・谷澤正嗣・近藤和貴・宮崎文典訳），2015，『正義はどう論じられてきたか――相互性の歴史的展開』みすず書房.

寺崎峻輔・塚崎智・塩出彰編著，1989，『正義論の諸相』法律文化社.

土場学・盛山和夫編著，2006，『正義の論理――公共的価値の規範的社会理論』勁草書房.

バウチャー，デイヴィッド／ポール・ケリー編著（飯島昇蔵・佐藤正志訳者代表），2002，『社会正義論の系譜――ヒュームからウォルツァーまで』ナカニシヤ出版.

長谷川晃，2001，『公正の法哲学』信山社.

平井亮輔編著，2004，『正義――現代社会の公共哲学を求めて』嵯峨野書院.

松元雅和，2015，『応用政治哲学――方法論の探究』風行社.

レオポルド，デイヴィッド／マーク・スティアーズ編著（山岡龍一・松元雅和監訳），『政治理論入門――方法とアプローチ』慶応義塾大学出版会，第3章（アダムス・スウィフト／チュアート・ホワイト）.

## 第 2 章

カント，イマニュエル（平田俊博訳），2000a，「人倫の形而上学の基礎づけ」『カント全集 7』岩波書店，1 -116頁．

―――（坂部恵・伊古田理訳），2000b，「実践理性批判」『カント全集 7』岩波書店，117-357頁．

ハート，H. L. A.（中谷実訳），1990，「自由とその優先性についてのロールズの考え方」矢崎光圀・松浦好治訳者代表『法学・哲学論集』みすず書房，255-282頁．

ロールズ，ジョン（田中成明・亀本洋・平井亮輔訳），2004，『公正としての正義 再説』岩波書店．

―――（中山竜一訳），2006，『万民の法』岩波書店．

―――（川本隆史・福間聡・神島裕子訳），2010，『正義論 改訂版』紀伊國屋書店．

Harsanyi, John, 1975, "Can the Maximin Principle Serve as a Basis of Morality? A Critique of John Rawls's Theory," *American Political Science Review* 69: 594-606.

Rawls, John, 1999[1985], "Justice as Fairness: Political Not Metaphysical," in John Rawls, *Collected Papers,* ed. by Samuel Freeman, Cambridge: Harvard University Press, pp. 388-414.

―――, 1999[1987], "The Idea of Overlapping Consensus," in John Rawls, *Collected Papers,* ed. by Samuel Freeman, Cambridge: Harvard University Press, pp. 421-448.

―――, 2005[1993], *Political Liberalism,* expanded ed., New York: Columbia University Press.

＊＊＊

飯島昇藏，2001，『社会契約』東京大学出版会．

伊藤恭彦，2002，『多元的世界の政治哲学――ジョン・ロールズと政治哲学の現代的復権』有斐閣．

井上彰編著，2018，『ロールズを読む』ナカニシヤ出版．

井上達夫，1999，『他者への自由――公共性の哲学としてのリベラリズム』創文社，第 1 章・第 3 章．

ウォルツァー，マイケル（山口晃訳），1999，『正義の領分――多元性と平等の擁護』而立書房．【コラム】

オーキン，スーザン・M.（山根純佳・内藤準・久保田裕之訳），2013，『正義・ジェンダー・家族』岩波書店，第 1 章・第 2 章・第 5 章．

大瀧雅之・宇野重規・加藤晋編著，2015，『社会科学における善と正義――ロールズ『正義論』を超えて』東京大学出版会，第 1 章（宇野重規）・第 2 章（井上彰）・第 4 章（児玉聡）．

亀本洋，2012，『格差原理』成文堂．

クカサス，チャンドラン／フィリップ・ペティット（山田八千子・嶋津格訳），1996，『ロールズ――『正義論』とその批判者たち』勁草書房．

後藤玲子，2002，『正義の経済哲学――ロールズとセン』東洋経済新報社．

サンデル，M. J.（菊池理夫訳），2009，『リベラリズムと正義の限界』勁草書房．【本文・コラム】

盛山和夫，2006，『リベラリズムとは何か――ロールズと正義の論理』勁草書房，第 1 章-第 4 章．

田中将人，2017，『ロールズの政治哲学――差異の神義論＝正義論』風行社．

福間聡, 2007, 『ロールズのカント的構成主義——理由の倫理学』勁草書房.

堀巌雄, 2007, 『ロールズ 誤解された政治哲学——公共の理性をめざして』春風社.

ムルホール, スティーブン／アダム・スウィフト編（谷澤正嗣・飯島昇藏訳者代表）, 2007, 『リベラル・コミュニタリアン論争』勁草書房.【コラム】

渡辺幹雄, 2012a, 『ロールズ正義論再説——その問題と変遷の各論的考察』新装版, 春秋社.

————, 2012b, 『ロールズ正義論の行方——その全体系の批判的考察』新装版・増補版, 春秋社.

Freeman, Samuel ed., 2003, *The Cambridge Companion to Rawls,* Cambridge: Cambridge University Press.

Mandel, John and David A. Reidy eds., 2014, *A Companion to Rawls,* Chichester: John Wiley & Sons.

———— eds., 2015, *The Cambridge Rawls Lexicon,* Cambridge: Cambridge University Press.

Satz, Debra, 2010, *Why Some Things Should Not Be for Sale: The Moral Limits of Markets,* New York: Oxford University Press.【コラム】

## 第3章

ウィリアムズ, バナード（森際康友・下川潔訳）, 1993, 『生き方について哲学は何が言えるか』産業図書.

ウルフ, スーザン（佐々木拓訳）, 2015, 「道徳的聖者」加藤尚武・児玉聡編／監訳『徳倫理学基本論文集』, 勁草書房, 73-103頁.

エルスター, ヤン（玉手慎太郎訳）, 2018, 『酸っぱい葡萄——合理性の転覆について』勁草書房.

佐伯胖, 1980, 『「きめ方」の論理——社会的決定理論への招待』東京大学出版会.

シンガー, ピーター（井保和也訳）, 2018, 「飢えと豊かさと道徳」児玉聡監訳『飢えと豊かさと道徳』勁草書房, 1-30頁.

セイラー, リチャード／キャス・サンスティーン（遠藤真美訳）, 2009, 『実践行動経済学——健康, 富, 幸福への聡明な選択』日経BP社.

ノージック, ロバート（嶋津格訳）, 1994, 『アナーキー・国家・ユートピア——国家の正当性とその限界』木鐸社.

パーフィット, デレク（森村進訳）, 1998, 『理由と人格——非人格性の倫理へ』勁草書房.

ヘア, R. M.（内井惣七・山内友三郎監訳）, 1994, 『道徳的に考えること——レベル・方法・要点』勁草書房.

ベンサム, J.（山下重一訳）, 1979, 「道徳および立法の諸原理序説」関嘉彦責任編集『世界の名著49 ベンサム／J. S. ミル』中央公論社.

ミル, J. S.（早坂忠訳）, 1979, 「自由論」関嘉彦責任編集『世界の名著49 ベンサム／J. S. ミル』中央公論社.

————（川名雄一郎・山本圭一郎訳）, 2010, 「功利主義」『功利主義論集』京都大学学術出版会.

ロールズ, ジョン（川本隆史・福間聡・神島裕子訳）, 2010, 『正義論 改訂版』紀伊國屋書店.

Brandt, R., 1963, "Toward a Credible Form of Utilitarianism," in M.D. Bayles ed., *Contemporary Utilitarianism,* Gloucester: Peter Smith, 1978, pp. 143-186.

Goodin, R., 1995, *Utilitarianism as a Public Philosophy*, Cambridge: Cambridge University Press.

McCloskey, H. J., 1968[1957], "An Examination of Restricted Utilitarianism," in Michael D. Bayles ed., *Contemporary Utilitarianism*, Gloucester: Peter Smith, pp. 117-141.

Slote, Michael, 1984, "Satisficing Consequentialism," *Proceedings of Aristotelian Society*, suppl. 58: 139-164.

Sumner, L. W., 1996, *Welfare, Happiness, and Ethics,* Oxford: Clarendon Press.

Williams, B., 1973, "A Critique of Utilitarianism," in *Utilitarianism For and Against*, J. J. C. Smart & Bernard Williams eds., Cambridge: Cambridge University Press, pp. 75-150.

### 第4章

アーネソン，リチャード（米村幸太郎訳），2018，「平等と厚生機会の平等」広瀬巌編・監訳『平等主義基本論文集』勁草書房，39-64頁．

アンダーソン，エリザベス（森悠一郎訳），2018，「平等の要点とは何か」（抄訳）広瀬巌編・監訳『平等主義基本論文集』勁草書房，65-129頁．

セン，アマルティア（大庭健・川本隆史訳），1989，『合理的な愚か者──経済学＝倫理学的探究』勁草書房．

──────（池本幸生・野上裕生・佐藤仁訳），1999，『不平等の再検討──潜在能力と自由』岩波書店．

ドゥウォーキン，ロナルド（小林公・大江洋・高橋秀治・高橋文彦訳），2002，『平等とは何か』木鐸社．

ヌスバウム，マーサ・C.（池本幸生・田口さつき・坪井ひろみ訳），2005，『女性と人間開発──潜在能力アプローチ』岩波書店．

──────（神島裕子訳），2012，『正義のフロンティア──障碍者・外国人・動物という境界を越えて』法政大学出版局．

ロールズ，ジョン（川本隆史・福間聡・神島裕子訳），2010，『正義論　改訂版』紀伊國屋書店．

Anderson, Elizabeth S., 2010, "Justifying the Capability Approach to Justice," in Harry Brighouse and Ingrid Robeyns eds., *Measuring Justice: Primary Goods and Capabilities*, Cambridge: Cambridge University Press, pp. 81-100.

Pogge, Thomas, 2010, "A Critique of the Capability Approach," in Harry Brighouse and Ingrid Robeyns eds., *Measuring Justice: Primary Goods and Capabilities*, Cambridge: Cambridge University Press, pp. 17-60.

Sen, Amartya, 1985, "Well-being, Agency and Freedom: The Dewey Lectures 1984," *Journal of Philosophy* 82(4): 169-221.

──────, 1987, "The Standard of Living: Lecture I, Concepts and Critiques," Geoffrey Hawthorn ed., *The Standard of Living*, Cambridge: Cambridge University Press, pp. 1-19.

Wolff, Jonathan, 1998, "Fairness, Respect, and the Egalitarian Ethos," *Philosophy and Public Affairs* 27(2): 97-122.

### ＊＊＊

神島裕子，2013，『マーサ・ヌスバウム──人間性涵養の哲学』中公選書．

後藤玲子，2017，『潜在能力アプローチ──倫理と経済』岩波書店．

鈴村興太郎・後藤玲子, 2001, 『アマルティア・セン──経済学と倫理学』実教出版.
長谷川晃, 2004, 「仮想的保険と倫理的リベラリズム──R・ドゥオーキンの平等論の一断面」
　　ホセ・ヨンパルト／三島淑臣／長谷川晃編『法の理論23』成文堂, 13-63頁.
森悠一郎, 2019, 『関係の対等性と平等』弘文堂.
藪下史郎監, 須賀晃一・若田部昌澄編著, 2006, 『再分配とデモクラシーの政治経済学』東洋
　　経済新報社, 第Ⅲ部.

## 第5章

アンダーゾン, エリザベス（森悠一郎訳）, 2018, 「平等の要点とは何か」（抄訳）広瀬巌編・
　　監訳『平等主義基本論文集』勁草書房, 65-129頁.
ドゥウォーキン, ロナルド（小林公・大江洋・高橋秀治・高橋文彦訳）, 2002, 『平等とは何か』
　　木鐸社.
Barry, Nicholas, 2006, "Defending Luck Egalitarianism," *Journal of Applied Philosophy* 23(1):
　　89-107.
Brown, Alexamnder, 2009, *Personal Responsibility: What It Matters,* London: Continuum.
Cohen, G. A., 1989, "On the Currency of Egalitarian Justice," *Ethics* 99(4): 906-944.
Fleurbaey, Marc, 2005, "Freedom with Forgiveness," *Politics, Philosophy and Economics* 4
　　(1): 29-47.
─────, 2008, *Fairness, Responsibility, and Welfare,* Oxford: Oxford University Press.
Hurley, S. L., 2003, *Justice, Luck, and Knowledge,* Cambridge, Mass.: Harvard University
　　Press.
Inoue, Akira, 2016, "Can Luck Egalitarianism Serve as a Basis for Distributive Justice? A
　　Critique of Kok-Chor Tan's Institutional Luck Egalitarianism," *Law and Philosophy* 35(4):
　　391-414.
Knight, Carl, 2009, *Luck Egalitarianism: Equality, Responsibility, and Justice,* Edinburgh:
　　Edinburgh University Press.
Lang, Gerald, 2006, "Luck Egalitarianism and the See-Saw Objection," *American Philosophical
　　Quarterly* 47(1): 43-56.
Lippert-Rasmussen, Kasper, 1999, "Arneson on Equality of Opportunity for Welfare," *Journal
　　of Political Philosophy* 7(4): 478-487.
─────, 2001, "Egalitarianism, Option Luck, and Responsibility," *Ethics* 111(3): 548-579.
Nagel, Thomas, 1991, *Equality and Partiality,* New York: Oxford University Press.
Price, Terry L., 1999, "Egalitarian Justice, Luck, and the Costs of Chosen Ends," *American
　　Philosophical Quarterly* 36(4): 267-278.
Scheffler, Samuel, 2010, *Equality and Tradition: Questions of Value in Moral and Political
　　Theory,* New York: Oxford University Press.
Schemmel, Christian, 2012, "Luck Egalitarianism as Democratic Reciprocity? A Response to
　　Tan," *Journal of Philosophy* 109(7): 435-448.
Segall, Shlomi, 2010, *Health, Luck, and Justice,* Princeton: Princeton University Press.
Tan, Kok-Chor, 2012, *Justice, Institutions, and Luck: The Site, Ground, and Scope of
　　Equality,* New York: Oxford University Press.

Temkin, Larry S., 2000, "Equality, Priority, and the Levelling Down Objection," in Matthew Clayton and Andrew Williams eds., *The Ideal of Equality*, New York: St. Martin's Press, pp. 126-161.

Vallentyne, Peter, 2002, "Brute Luck, Option Luck, and Equality of Initial Opportunities," *Ethics* 112(3): 529-557.

―――, 2008, "Brute Luck and Responsibility," *Politics, Philosophy and Economics* 7(1): 57-80.

Voigt, Kristin, 2007, "The Harshness Objection: Is Luck Egalitarianism Too Harsh on the Victims of Option Luck?" *Ethical Theory and Moral Practice* 10(4): 389-407.

Wolff, Jonathan, 1998, "Fairness, Respect, and the Egalitarian Ethos," *Philosophy and Public Affairs* 27(2): 97-122.

＊＊＊

阿部崇史, 2018, 「運の平等主義・過酷性批判・仮想保険――選択と併存する不運にいかに対処すべきか」『政治思想研究』18号291-318頁.

飯田文雄, 2006, 「運命と平等――現代規範的平等論の一断面」『年報政治学2006-I　平等と政治』11-40頁.

木部尚志, 2015, 『平等の政治理論――〈品位ある平等〉にむけて』風行社.

栗村亜寿香, 2016, 「ロールズ『正義論』における「偶然性」概念の考察」『社会システム研究』19号47-67頁.

ファインバーグ, ジョエル（嶋津格訳）, 2018, 「正義と人のデザート（報いに値すること）」嶋津格・飯田亘之編集・監訳『倫理学と法学の架橋』東信堂, 第5章.【コラム】

宮本雅也, 2015, 「分配的正義における功績概念の位置づけ――ロールズにおける功績の限定戦略の擁護」『政治思想研究』15号335-365頁.

森悠一郎, 2019, 『関係の対等性と平等』弘文堂.

Feldman, Fred, 2016, *Distributive Justice: Getting What We Deserve from Our Country*, Oxford: Oxford University Press.【コラム】

Miller, David, 1999, *Principles of Social Justice*, Cambridge, Mass.: Harvard University Press. 【コラム】

Usami Makoto, 2015, "Justice after Catastrophe: Responsibility and Security," *Ritsumeikan Studies in Language and Culture* 26(4): 215-230.


## 第6章

キムリッカ, W.（千葉眞・岡崎晴輝訳者代表）, 2005, 『新版 現代政治理論』日本経済評論社.

クリスプ, ロジャー（保田幸子訳）, 2018, 「平等・優先性・同情」広瀬巌編・監訳『平等主義基本論文集』勁草書房, 207-238頁.

ドゥウォーキン, ロナルド（木下毅・小林公・野坂泰司訳）, 2003, 『権利論』増補版, 木鐸社.

パーフィット, デレク（堀田義太郎訳）, 2018, 「平等か優先か」広瀬巌編・監訳『平等主義基本論文集』勁草書房, 131-205頁.

バーリン, アイザィア（生松敬三訳）, 2018, 「二つの自由概念」小川晃一・小池銈・福田歓一・生松敬三訳『自由論』新装版, みすず書房, 295-390頁.

フランクファート, ハリー・G.（山形浩生訳）, 2016, 「道徳的理想としての経済的平等」『不

平等論──格差は悪なのか？』筑摩書房，11-63頁.

Benbaji, Yitzhak, 2005, "The Doctrine of Sufficiency: A Defence," *Utilitas* 17(3): 310-332.

Huseby, Robert, 2010, "Sufficiency: Restated and Defended," *Journal of Political Philosophy* 18 (2): 178-197.

Mason, Andrew, 2001, "Egalitarianism and the Levelling Down Objection," *Analysis* 61: 246-254.

Otsuka, Michael and Alex Voorhoeve, 2009, "Why It Matters that Some Are Worse Off Than Others: An Argument Against the Priority View," *Philosophy and Public Affairs* 37(2): 171-199.

Parfit, Derek, 2012, "Another Defence of the Priority View," *Utilitas* 24(3): 399-440.

Scanlon, T. M., 2000, "The Diversity of Objections to Inequality," in Matthew Clayton and Andrew Williams eds., *The Ideal of Equality*, Basingstoke: Palgrave Macmillan, pp. 41-59.

Temkin, Larry, 2000, "Equality, Priority, and the Levelling Down Objection," in Matthew Clayton and Andrew Williams eds., *The Ideal of Equality*, Basingstoke: Palgrave Macmillan, pp. 126-161.

＊＊＊

宇佐美誠，2019，「優先主義の解剖学」酒匂一郎・新谷眞人・福永清貴編著『市民法学の新たな地平』成文堂，23-34頁.

橋本祐子，2008，『リバタリアニズムと最小福祉国家──制度的ミニマリズムをめざして』勁草書房，第4章.

藤岡大助，2018，「平等主義者からの十分主義への批判」『亜細亜法学』52巻2号175-210頁.

保田幸子，2014，「十分性説における閾値──分配的正義論における平等主義への疑念」『年報政治学』65巻2号253-270頁.

若松良樹編著，2017，『功利主義の逆襲』ナカニシヤ出版，第3章（井上彰）.

Holtug, Nils, 2010, *Persons, Interests, and Justice*, Oxford: Oxford University Press, Ch. 8.


# 第7章

コーエン，G. A.（松井暁・中村宗之訳），2005，『自己所有権・自由・平等』青木書店.

スタイナー，ヒレル（浅野幸治訳），2016，『権利論──レフト・リバタリアニズム宣言』新教出版社.

田中真晴，1986，「解説」ハイエク，F. A.（田中真晴・田中秀夫編訳）『市場・知識・自由──自由主義の経済思想』ミネルヴァ書房，256-290頁.

太子堂正称，2011，「ハイエクの福祉国家批判と理想的制度論──自由な市場経済の前提条件」小峯敦編著『経済思想のなかの貧困・福祉──近現代の日英による「経世済民」論』ミネルヴァ書房，193-230頁.

鳥澤円，2014，「公共選択論と立法」井上達夫編『立法学のフロンティア 第I巻 立法学の哲学的再編』ナカニシヤ出版，192-215頁.

ノージック，ロバート（嶋津格訳），1994，『アナーキー・国家・ユートピア──国家の正当性とその限界』木鐸社.

ハイエク，F. A.（田中真晴），1986，「真の個人主義と偽の個人主義」田中真晴・田中秀夫編訳『市場・知識・自由──自由主義の経済思想』ミネルヴァ書房，1-51頁.

―――（篠塚慎吾訳），1987，『法と立法と自由Ⅱ――社会正義の幻想』春秋社.

―――（渡部茂訳），1988，『法と立法と自由Ⅲ――自由人の政治的秩序』春秋社.

―――（西山千明訳），1992，『隷属への道』春秋社.

―――（嶋津格監訳），2010，『哲学論集』春秋社.

ブキャナン，ジェームズ・M．／G．タロック（宇田川璋仁監訳），1979，『公共選択の理論――合意の経済論理』東洋経済新報社.

フリードマン，ミルトン（村井章子訳），2008，『資本主義と自由』日経 BP 社.

ロック，ジョン（加藤節訳），2010，『統治二論 完訳』岩波文庫.

Buchanan, James M. and Viktor J. Vanberg, 1991, "The Market as a Creative Process," *Economics and Philosophy* 7(2): 167-186.

Buchanan, James M. and Roger D. Congleton, 1998, *Politics by Principles, Not Interest: Towards Nondiscriminatory Democracy*, Cambridge: Cambridge University Press.

Gamble, Andrew, 2006, "Hayek on Knowledge, Economics, and Society," in Edward Feser ed., *The Cambridge Companion to Hayek*, New York: Cambridge University Press.

Olsaretti, Serena, 2004, *Liberty, Desert and the Market*, Cambridge: Cambridge University Press.

Otsuka, Michael, 2003, *Libertarianism without Inequality*, Oxford: Clarendon Press.

Paul, Jeffrey ed., 1981, *Reading Nozick: Essays on Anarchy, State, and Utopia*, Totowa: Rowman and Littlefield.

Vallentyne, Peter, 2007, "Libertarianism and the State," *Social Philosophy and Policy* 24(1): 187-205.

Vallentyne, Peter, Hillel Steiner, and Michael Otsuka, 2005, "Why Left-Libertarianism Is Not Incoherent, Indeterminate, or Irrelevant," *Philosophy and Public Affairs* 33(2): 201-215.

＊＊＊

桂木隆夫編，2014，『ハイエクを読む』ナカニシヤ出版.

嶋津格，1985，『自生的秩序―― F. A. ハイエクの法理論とその基礎』木鐸社.

土井崇弘，2019，『ハイエクの伝統論の再構成―日本文化の中での自由社会の擁護』成文堂.

橋本祐子，2008，『リバタリアニズムと最小福祉国家――制度的ミニマリズムをめざして』勁草書房.

森村進，2013，『リバタリアンはこう考える』信山社.

森村進編著，2005，『リバタリアニズム読本』勁草書房.

山中優，2007，『ハイエクの政治思想――市場秩序にひそむ人間の苦境』勁草書房.

吉野裕介，2014，『ハイエクの経済思想――自由な社会の未来像』勁草書房.

渡辺幹雄，2006，『ハイエクと現代リベラリズム――「アンチ合理主義リベラリズム」の諸相』春秋社.

## 第 8 章

シンガー，ピーター（児玉聡・石川涼子訳），2014，『あなたが救える命――世界の貧困を終わらせるために今すぐできること』勁草書房.

―――（井保和也訳），2018，「飢えと豊かさと道徳」児玉聡監訳『飢えと豊かさと道徳』勁草書房，1-30頁.

スタイナー，ヒレル（浅野幸治訳），2016，『権利論——レフト・リバタリアニズム宣言』新教出版社.

ベイツ，C.（進藤榮一訳），1989，『国際秩序と正義』岩波書店.

ポッゲ，トマス（立岩真也監訳），2010，『なぜ遠くの貧しい人への義務があるのか——世界的貧困と人権』生活書院.

ミラー，デイヴィッド（富沢克・伊藤恭彦・長谷川一年・施光恒・竹島博之訳），2011，『国際正義とは何か——グローバル化とネーションとしての責任』風行社.

ロールズ，ジョン（中山竜一訳），2006，『万民の法』岩波書店.

Nagel, Thomas, 2005, "The Problem of Global Justice," *Philosophy and Public Affairs* 33(2): 113-147.

Shue, Henry, 1996 [1980], *Basic Rights: Subsistence, Affluence, and U.S. Foreign Policy,* 2nd ed., Princeton: Princeton University Press.

＊＊＊

伊藤恭彦，2010，『貧困の放置は罪なのか——グローバルな正義とコスモポリタニズム』人文書院.

井上達夫，2012，『世界正義論』筑摩書房，第4章.

上原賢司，2017，『グローバルな正義——国境を越えた分配的正義』風行社.

宇佐美誠編著，2014，『グローバルな正義』勁草書房.

オニール，オノラ（神島裕子訳），2016，『正義の境界』みすず書房，第7章.

神島裕子，2015，『ポスト・ロールズの正義論——ポッゲ・セン・ヌスバウム』ミネルヴァ書房.

カレンズ，ジョセフ（横濱竜也訳），2017，『不法移民はいつ〈不法〉でなくなるのか——滞在時間から滞在権へ』白水社.【コラム】

古賀敬太，2014，『コスモポリタニズムの挑戦——その思想史的考察』風行社.

シャプコット，リチャード（松井康浩・白川俊介・千知岩正継訳），2012，『国際倫理学』岩波書店，第1章-第3章・第7章.

セン，アマルティア（黒崎卓・山崎幸治訳），2000，『貧困と飢饉』岩波書店.

樽本英樹編著，2018，『排外主義の国際比較——先進諸国における外国人移民の実態』ミネルヴァ書房.【コラム】

ドゥリュ＝ベラ，マリー（林昌宏訳），2017，『世界正義の時代——格差削減をあきらめない』吉田書店.

内藤正典・岡野八代編著，2013，『グローバル・ジャスティス——新たな正義論への招待』ミネルヴァ書房，第5章（ピエール・サネ）・第6章（伊藤恭彦）.

ヌスバウム，マーサ・C.（神島裕子訳），2012，『正義のフロンティア——障碍者・外国人・動物という境界を越えて』法政大学出版局，第4章・第5章.

ブルーベイカー，ロジャース（佐藤成基・髙橋誠一・岩城邦義・吉田公記編訳），2016，『グローバル化する世界と「帰属の政治」——移民・シティズンシップ・国民国家』明石書店.【コラム】

ヤング，アイリス・マリオン（岡野八代・池田直子訳），2014，『正義への責任』岩波書店，第5章.

ラヴァリオン，マーティン（柳原透監訳），2018，『貧困の経済学　上・下』日本評論社.

## 第9章

有賀美和子，2011，『フェミニズム正義論──ケアの絆をつむぐために』勁草書房.

オーキン，スーザン・M.（山根純佳・内藤準・久保田裕之訳），2013，『正義・ジェンダー・家族』岩波書店.

ガットマン，エイミー（神山正弘訳），2004，『民主教育論──民主主義社会における教育と政治』同時代社.

苅谷剛彦，2001，『階層化日本と教育危機──不平等再生産から意欲格差社会へ』有信堂高文社.

──────，2008，『学力と階層──教育の綻びをどう修正するか』朝日新聞出版.

瀧川裕英，2017，『国家の哲学──政治的責務から地球共和国へ』東京大学出版会.

野崎綾子，2003，『正義・家族・法の構造変換──リベラル・フェミニズムの再定位』勁草書房.

ファインバーグ，ジョエル（久保田顕二訳），2018，「開かれた未来に対する子供の権利」嶋津格・飯田亘之編集・監訳『倫理学と法学の架橋──ファインバーグ論文選』東信堂，359-391頁.

松元雅和，2009，「現代自由主義社会における寛容──少数派文化権の是非をめぐる一考察」『法学研究』82巻8号49-76頁.

──────，2015，『応用政治哲学──方法論の探究』風行社.

ロールズ，ジョン（田中成明・亀本洋・平井亮輔訳），2004，『公正としての正義──再説』岩波書店.

──────（川本隆史・福間聡・神島裕子訳），2010，『正義論　改訂版』紀伊國屋書店.

Agar, Nicholas, 2004, *Liberal Eugenics: In Defence of Human Enhancement*, Malden: Blackwell.

Alstott, Anne, 2004, *No Exit: What Parents Owe Their Children and What Society Owes Parents*, New York: Oxford University Press.

Anderson, Elizabeth, 2007, "Fair Opportunity in Education: A Democratic Equality Perspective," *Ethics* 117(4): 595-622.

Blustein, Jeffrey, 1982, *Parents and Children: The Ethics of the Family*, New York: Oxford University Press.

Brighouse, Harry, 2000, *School Choice and Social Justice*, Oxford: Oxford University Press.

Brighouse, Harry and Adam Swift, 2006, "Parents' Rights and the Value of the Family," *Ethics* 117(1): 80-108.

──────, 2009, "Legitimate Parental Partiality," *Philosophy and Public Affairs* 37(1): 43-80.

──────, 2014, *Family Values: The Ethics of Parent-Child Relationships*, Princeton: Princeton University Press.

Buchanan, Allen, Dan W. Brock, Norman Daniels and Daniel Wikler, 2000, *From Chance to Choice: Genetics and Justice*, New York: Cambridge University Press.

Clayton, Matthew, 2006, *Justice and Legitimacy in Upbringing*, Oxford: Oxford University Press.

Galston, William, 2002, *Liberal Pluralism: The Implications of Value Pluralism for Political Theory and Practice*, Cambridge: Cambridge University Press.

Segall, Shlomi, 2013, *Equality and Opportunity*, Oxford: Oxford University Press.

Swift, Adam, 2003, *How Not to Be a Hypocrite: School Choice for the Morally Perplexed Parent*, London: Routledge.

＊＊＊

ギリガン，キャロル（岩男寿美子監訳），1986，『もうひとつの声――男女の道徳観のちがいと女性のアイデンティティ』川島書店.【コラム】

クーゼ，ヘルガ（竹内徹・村上弥生監訳），2000，『ケアリング――看護婦・女性・倫理』メディカ出版.【コラム】

桜井徹，2007，『リベラル優生主義と正義』ナカニシヤ出版.【コラム】

ノディングズ，ネル（立山善康・林泰成・清水重樹・宮﨑宏志・新茂之訳），1997，『ケアリング――倫理と道徳の教育　女性の観点から』晃洋書房.【コラム】

ハウ，ケネス（大桃敏行・中村雅子・後藤武俊訳），2004，『教育の平等と正義』東信堂.

平井悠介，2017，『エイミー・ガットマンの教育理論――現代アメリカ教育哲学における平等論の変容』世織書房.

宮寺晃夫，2000，『リベラリズムの教育哲学――多様性と選択』勁草書房.

――――，2006，『教育の分配論――公正な能力開発とは何か』勁草書房.

Brighouse, Harry, 2005, *On Education*, London: Routledge.

Held, Virginia, 2006, *The Ethics of Care: Personal, Political, and Global*, Oxford: Oxford University Press.【コラム】

LaFollette, Hugh ed., 2003, *The Oxford Handbook of Practical Ethics*, Oxford: Oxford University Press, Chs. 3-4.

Noddings, Nel, 2010, *The Maternal Factor: Two Paths to Morality*, Berkeley: University of California Press.【コラム】

Slote, Michael, 2001, *Morals from Motives*, New York: Oxford University Press.【コラム】


## 第10章

カワチ，イチロー／S. V. スブラマニアン／ダニエル・キム編（藤澤由和・高尾総司・濱野強監訳），2008，『ソーシャル・キャピタルと健康』日本評論社.

児玉聡，2016，「貧富の格差が進む日本で，医療および医療制度のあり方はどう変わるのだろうか？」浅井篤・大北全俊編『少子超高齢社会の「幸福」と「正義」―― 倫理的に考える「医療の論点」』日本看護協会出版会，124-134頁.

近藤克則，2005，『健康格差社会――何が心と健康を蝕むのか』医学書院.

シンガー，ピーター（浅井篤・村上弥生・山内友三郎訳），2007，『人命の脱神聖化』晃洋書房.

杉澤秀博・近藤尚己，2015，「社会関係と健康」川上憲人・橋本英樹・近藤尚己編『社会と健康――健康格差社会に向けた総合科学的アプローチ』東京大学出版会，209-232頁.【コラム】

ダニエルズ，ノーマン／ブルース・ケネディ／イチロー・カワチ（児玉聡監訳），2008，『健康格差と正義――公衆衛生に挑むロールズ哲学』勁草書房.

デカルト，ルネ（落合太郎訳），1967，『方法序説』岩波文庫.

パットナム，ロバート・D.（河田潤一訳），2001，『哲学する民主主義――伝統と改革の市民的構造』NTT出版.【コラム】

ホープ，トニー，2007，『医療倫理（〈1冊でわかる〉シリーズ）』岩波書店.

福井次矢・浅井篤・大西基喜編，2003，『臨床倫理学入門』医学書院.

ボグナー，グレッグ／イワオ・ヒロセ（児玉聡監訳），2017，『誰の健康が優先されるのか——医療資源の倫理学』岩波書店．

マーモット，マイケル（鏡森定信・橋本英樹訳），2007，『ステータス症候群——社会格差という病』日本評論社．

松田亮三編著，2009，『健康と医療の公平に挑む——国際的展開と英米の比較政策分析』勁草書房．

Anand, Sudhir, 2004, "The Concern for Equity in Health", in Sudhir Anand, Fabienne Peter, and Amartya Sen eds., *Public Health, Ethics, and Equity,* Oxford: Oxford University Press, pp. 15-20.

Dolan, Paul, 2001, "Utilitarianism and the Measurement and Aggregation of Quality-Adjusted Life Years," *Health Care Analysis* 9 : 65-76.

Hadorn, D. C., 1991, "Setting Health Care Priorities in Oregon: Cost-effectiveness Meets the Rule of Rescue," *JAMA: The Journal of the American Medical Association.*

Harris, John, 1987, "QALYfying the value of life," *Journal of Medical Ethics* 1987; 3 : 117-123.

Jonsen, A., 1986, "Bentham in a Box: Technology Assessment and Health Care Allocation," *Law, Medicine & Health Care* 14: 172-174.

Rocco L., Suhrcke M., 2012, *Is Social Capital Good for Health? A European Perspective,* Copenhagen: WHO Regional Office for Europe.

Sen, Amartya, 2004, "Why Health Equity," in Sudhir Anand, Fabienne Peter, and Amartya Sen eds., *Public Health, Ethics, and Equity,* Oxford: Oxford University Press, pp. 21-33.

Wilkinson, R. G., 1996, *Unhealthy Societies: The Afflictions of Inequality,* London: Routledge.

Williams, A., 1985, "The Value of QALYs," *Health and Social Service Journal,* 1985: 3-5 .


第11章

一ノ瀬正樹，2011，『死の所有——死刑・殺人・動物利用に向きあう哲学』東京大学出版会．【本文・コラム】

カント（加藤新平・三島淑臣訳），1979，「人倫の形而上学」野田又夫責任編集『世界の名著39 カント』中央公論社．

団藤重光，2000，『死刑廃止論』第6版，有斐閣．

ベッカリーア，チェーザレ（小谷眞男訳），2011，『犯罪と刑罰』東京大学出版会．

ルソー（桑原武夫・前川貞次郎訳），1954，『社会契約論』岩波文庫．

Bedau, Hugo, 2004, "An Abolitionist's Survey of the Death Penalty in America Today," in Hugo Bedau and Paul Cassell eds., *Debating the Death Penalty,* New York: Oxford University Press.

Ellis, A., 2012, *The Philosophy of Punishment,* Exeter: Imprint Academic.

Li, Hon-Lam, 2017, "Contractualism and the Death Penalty," *Criminal Justice Ethics* 36(2): 152-182.

Mill, J. S., 2006, *The Collected Works of John Stuart Mill, Volume XXVIII-Public and Parliamentary Speeches Part I November 1850-November 1868,* Toronto: University of Toronto Press.

Pojman, Louis P., 2004, "Why Death Penalty Is Morally Permissible," in Hugo Bedau and Paul

Cassell eds., *Debating the Death Penalty*, New York: Oxford University Press, pp. 51-75.

Radelet, M. and T. Lacock, 2009, "Do Executions Lower Homicide Rates? The Views of Lading Criminologists," *Journal of Criminal Law and Criminology* 99: 489-508.

＊＊＊

田中成明，2011，『現代法理学』有斐閣．

Honderich, T., 2006, *Punishment: The Supposed Justifications Revisited*, London: Pluto Press.


第12章

ウォルツァー，マイケル（萩原能久監訳），2008a，『正しい戦争と不正な戦争』風行社．

最上敏樹，2001，『人道的介入──正義の武力行使はあるか』岩波新書．

ロールズ，ジョン（中山竜一訳），2006，『万民の法』岩波書店．

Fabre, Cécile, 2008, "Cosmopolitanism, Just War Theory and Legitimate Authority," *International Affairs* 84(5): 963-976.

————, 2009, "Guns, Food, and Liability to Attack in War," *Ethics* 120(1): 36-63.

Fabre, Cécile and Seth Lazar eds., 2014, *The Morality of Defensive War*, Oxford: Oxford University Press.

Frowe, Helen, 2014, *Defensive Killing*, Oxford: Oxford University Press.

————, 2015, "Can Reductive Individualists Allow Defence Against Political Aggression?" in Peter Vallentyne, David Sobel and Steven Wall eds., *Oxford Studies in Political Philosophy, Vol. 1*, Oxford: Oxford University Press, pp. 173-193.

————, 2017, "Collectivism and Reductivism in the Ethics of War," in Kasper Lippert-Rasmussen, Kimberley Brownlee and David Coady eds., *A Companion to Applied Philosophy*, Malden: Wiley-Blackwell, pp. 342-355.

Lazar, Seth and Laura Valentini, 2017, "Proxy Battles in Just War Theory: Jus in Bello, the Site of Justice, and Feasibility Constraints," in David Sobel, Peter Vallentyne and Steven Wall eds., *Oxford Studies in Political Philosophy, Vol. 3*, Oxford: Oxford University Press, pp. 166-193.

Lazar, Seth and Helen Frowe eds., 2018, *The Oxford Handbook of Ethics of War*, New York: Oxford University Press.

May, Larry, 2015, *Contingent Pacifism: Revisiting Just War Theory*, Cambridge: Cambridge University Press.

McMahan, Jeff, 2008, "Aggression and Punishment," in Larry May ed., *War: Essays in Political Philosophy*, Cambridge: Cambridge University Press, pp. 67-84.

————, 2009, *Killing in War*, Oxford: Clarendon Press.

————, 2010, "Laws of War," in Samantha Besson and John Tasioulas eds., *The Philosophy of International Law*, Oxford: Oxford University Press, pp. 493-509.

Pattison, James, 2018, "The Case for the Nonideal Morality of War: Beyond Revisionism versus Traditionalism in Just War Theory," *Political Theory* 46(2): 242-268.

Rodin, David and Henry Shue eds., 2008, *Just and Unjust Warriors: The Moral and Legal Status of Soldiers*, Oxford: Oxford University Press.

＊＊＊

ウォルツァー，マイケル（駒村圭吾・鈴木正彦・松元雅和訳），2008b，『戦争を論ずる――正戦のモラル・リアリティ』風行社.

セン，アマルティア（池本幸生訳），2011，『正義のアイデア』明石書店.【コラム】

眞嶋俊造，2019，『平和のために戦争を考える――「剥き出しの非対称性」から』丸善出版.

Estlund, David, 2014, "Utopophobia," *Philosophy and Public Affairs* 42(2): 113-134.【コラム】

Frowe, Helen, 2016, *The Ethics of War and Peace: An Introduction*, 2 nd ed., Abingdon: Routledge.

Lee, Steven P., 2012, *Ethics and War: An Introduction,* Cambridge: Cambridge University Press.

May, Larry ed., 2016, *The Cambridge Handbook of the Just War*, Cambridge: Cambridge University Press.

Weber, Michael and Kevin Vallier eds., 2017, *Political Utopias: Contemporary Debates,* New York: Oxford University Press.【コラム】


### 第13章

カイロ国際人口・開発会議編（外務省監訳），1996，『国際人口・開発会議「行動計画」――カイロ国際人口・開発会議採択文書』世界の動き社.

キャラハン，ダニエル（平石隆敏訳），1993，「倫理と人口制限」K. S. シュレーダー＝フレチェット編（京都生命倫理研究会訳）『環境の倫理 下』晃洋書房，471-502頁.

小林和之，1999，「未来は値するか――減亡へのストラテジー」井上達夫・嶋津格・松浦好治編『法の臨界 3 法実践への提言』東京大学出版会，3-22頁.

コンドルセ（渡辺誠訳），1951，『人間精神進歩史 1』岩波文庫.

佐野亘，2006，「人類絶滅を許容・肯定する議論について」『人間環境論集』5 号35-53頁.

シュレーダー＝フレチェット，K. S.（京都生命倫理研究会訳），1993，『環境の倫理 上』晃洋書房.

シンガー，ピーター（山内友三郎・塚崎智監訳），1999，『実践の倫理』新版，昭和堂.

セン，アマルティア（石塚雅彦訳），2000，『自由と経済開発』日本経済新聞社.

ハーディン，ガレット（松井巻之助訳），1975a，「共有地の悲劇」『地球に生きる倫理――宇宙船ビーグル号の旅から』佑学社，247-263頁.

―――（松井巻之助訳），1975b，「救命艇上に生きる」『地球に生きる倫理――宇宙船ビーグル号の旅から』佑学社，264-284頁.

パーフィット，デレク（森村進訳），1998，『理由と人格――非人格性の倫理へ』勁草書房.

―――（竹内靖雄訳），1983，『サバイバル・ストラテジー』思索社.

フラー，バックミンスター（芹沢高志訳），2000，『宇宙船地球号操縦マニュアル』ちくま学芸文庫.

ベネター，デイヴィッド（小島和男・田村宜義訳），2017，『生まれてこないほうが良かった――存在してしまうことの害悪』すずさわ書店.

松元雅和・井上彰編，2019，『人口問題の正義論』世界思想社.

マルサス，ロバート（高野岩三郎・大内兵衛訳），1962，『初版 人口の原理』岩波文庫.

森岡正博・吉本陵，2009，「将来世代を産出する義務はあるか？――生命の哲学の構築に向け

て（2）」『人間科学』4号57-106頁.

ヨナス，ハンス（加藤尚武監訳），2010,『責任という原理──科学技術文明のための倫理学の試み』新装版，東信堂.

Bayles, Michael D. ed., 1976, *Ethics and Population,* Cambridge, Mass.: Schenkman.

────, 1980, *Morality and Population Policy,* Tuscaloosa: University of Alabama Press.

Broome, John, 2005, "Should We Value Population?" *Journal of Political Philosophy* 13(4): 399-413.

Gheaus, Anca, 2015, "Could There Ever Be a Duty to Have Children?" in Sarah Hannan, Samantha Brennan and Richard Vernon eds., *Permissible Progeny? The Morality of Procreation and Parenting,* New York: Oxford University Press, pp. 87-106.

McMahan, Jeff, 1981, "Problems of Population Theory," *Ethics* 92(1): 96-127.

Narveson, Jan, 1967, "Utilitarianism and New Generations," *Mind* 76(301): 62-72.

────, 1973, "Moral Problems of Population," *Monist* 57(1): 62-86.

Parfit, Derek, 2011, *On What Matters, 2 vols.,* Oxford: Oxford University Press.

Sidgwick, Henry, 1981 [1907], *The Methods of Ethics,* 7th ed., Indianapolis: Hackett.

Smilansky, Saul, 1995, "Is There a Moral Obligation to Have Children?" *Journal of Applied Philosophy* 12(1): 41-53.

\*\*\*

小林直樹，1993-94,「人口問題の法哲学──個人・国家・人類公共性の問題 1～5」『法律時報』65巻10号6-12頁，65巻11号6-14頁，65巻12号23-32頁，66巻1号13-23頁，66巻2号14-22頁.

デ・ジャルダン，ジョゼフ・R.（新田功・生方卓・藏本忍・大森正之訳），2005,『環境倫理学──環境哲学入門』出版研，第4章.

ブルーム，ジョン（日経サイエンス編集部訳），2008,「今をとるか，未来をとるか──温暖化対策の倫理」『日経サイエンス』38巻11号70-78頁.【コラム】

Broome, John, 1994, "Discounting the Future," *Philosophy and Public Affairs* 23(2): 128-156.【コラム】

Fishkin, James S. and Robert E. Goodin eds., 2010, *Population and Political Theory,* Malden: Wiley Blackwell.

Hirose, Iwao and Jonas Olson eds., 2015, *The Oxford Handbook of Value Theory,* New York: Oxford University Press, Chs. 21-22.

### 第14章

気候変動に関する政府間パネル（IPCC）（文部科学省・経済産業省・気象庁・環境省訳），2017,『第5次評価報告書 統合報告書 政策決定者向け要約』.
（http://www.env.go.jp/earth/ipcc/5th/pdf/ar5_syr_spmj.pdf）

ザックス，ヴォルフガング／ティルマン・ザンタリウス（川村久美子訳），2013,『フェアな未来へ──誰もが予想しながら誰も自分に責任があるとは考えない問題に私たちはどう向きあっていくべきか』新評論.

シュー，ヘンリー（宇佐美誠・阿部久恵訳），2019,「生計用排出と奢侈的排出」宇佐美誠編著『気候正義──地球温暖化に立ち向かう規範理論』勁草書房，3-32頁.

シンガー，ピーター（山内友三郎・樫則章監訳），2005，『グローバリゼーションの倫理学』昭和堂.

スターン，ニコラス（Asia-Pacific Integrated Modelling チーム・国立環境研究所訳），2007，『気候変動の経済学 Executive Summary』（https://www.env.go.jp/press/files/jp/9176.pdf）

パーフィット，デレク（森村進訳），1998，『理由と人格——非人格性の倫理へ』勁草書房.

Bovens, Luc, 2011, "A Lockean Defense of Grandfathering Emission Rights," in Dennis G. Arnold ed., *The Ethics of Global Climate Change*, New York: Cambridge University Press, pp. 124-144.

Caney, Simon, 2011, "Climate Change, Energy Rights, and Equality," in Dennis G. Arnold ed., *The Ethics of Global Climate Change*, New York: Cambridge University Press, pp. 77-103.

Gardiner, Stephen M., 2006, "A Perfect Moral Storm: Climate Change, Intergenerational Ethics and the Problem of Corruption," *Environmental Values* 15(3): 397-413.

Gosseries, Axel, 2007, "Cosmopolitan Luck Egalitarianism and the Greenhouse Effect," in Daniel Weinstock ed., *Global Justice, Global Institutions*, Calgary: University of Calgary Press, pp. 279-309.

Jamieson, Dale, 1992, "Ethics, Public Policy, and Global Warming," *Science, Technology, and Human Values* 17(2): 139-153.

Vanderheiden, Steve, 2008, *Atmospheric Justice: A Political Theory of Climate Change*, New York: Oxford University Press.

＊＊＊

明日香壽川，2015，『クライメート・ジャスティス——温暖化対策と国際交渉の政治・経済・哲学』日本評論社，第4章.

宇佐美誠，2013，「気候の正義——政策の背後にある価値理論」『公共政策研究』13号7-19頁.

江守正多，2013，『異常気象と人類の選択』角川マガジンズ.

クライン，ナオミ（幾島幸子・荒井雅子訳），2017，『これがすべてを変える——資本主義 vs. 気候変動　上・下』岩波書店.

鈴村興太郎編，2006，『世代間衡平性の論理と倫理』東洋経済新報社.

ノードハウス，ウィリアム（藤﨑香里訳），2015，『気候カジノ——経済学から見た地球温暖化問題の最適解』日経BP社.

# 人名索引

## あ 行

アーネソン，リチャード（Arneson, Richard）
72-74, 134

アウグスティヌス（Augustinus） 210,
216

アクィナス，トマス（Aquinas, Thomas）
210

アナン，コフィ（Annan, Kofi） 215

アリストテレス（Aristotélēs） 4，7-10,
15, 107, 112

アロー，ケネス（Arrow, Kenneth） 58

アンダーソン，エリザベス（Anderson,
Elizabeth） 81, 82, 92, 101, 102, 166

一ノ瀬正樹（いちのせ まさき） 201

ヴァレンタイン，ピーター（Vallentyne,
Peter） 88, 89, 133, 134

ウィリアムズ，バーナード（Williams,
Bernard） 60, 61

ウォルツァー，マイケル（Walzer, Michael）
186, 211, 219, 220

ウルピアヌス（Ulpianus） 8，15

ウルフ，スーザン（Wolf, Susan） 59, 61

エイガー，ニコラス（Agar, Nicholas）
162

エーリック，ポール（Ehrich, Paul） 223

エストランド，デイヴィッド（Estlund, David）
221

オーキン，スーザン（Okin, Susan） 158

オーツカ，マイケル（Otsuka, Michael）
115, 133, 134

## か 行

ガーディナー，スティーヴン（Gardiner,
Stephen） 245, 246

ガットマン，エイミー（Gutmann, Amy）
166

カワチ，イチロー（Kawachi, Ichiro） 182

カント，イマニュエル（Kant, Immanuel）
25, 40, 48, 191

キムリッカ，ウィル（Kymlicka, Will）
107

キャラハン，ダニエル（Callahan, Daniel）
227

ギャルストン，ウィリアム（Galston, William）
161

ギリガン，キャロル（Gilligan, Carol） 170

クーゼ，ヘルガ（Kuhse, Helga） 170

グッディン，ロバート（Goodin, Robert）
61

クリスプ，ロジャー（Crisp, Roger） 114,
116-119

クレイトン，マシュー（Clayton, Matthew）
160, 161

グロティウス，フーゴー（Grotius, Hugo）
210

ケイニー，サイモン（Caney, Simon） 248

ケルゼン，ハンス（Kelsen, Hans） 13

コーエン，ジェラルド（Cohen, Gerald）
87, 92

コールバーグ，ローレンス（Kohlberg,
Lawrence） 170

コンドルセ，ニコラ・ド（Condorcet, Nicolas
de） 227

## さ 行

サンデル，マイケル（Sandel, Michael）
186

ジェイミソン，デイル（Jamieson, Dale）
245

シェフラー，サミュエル（Scheffler, Samuel）
90, 91, 102

シュー，ヘンリー（Shue, Henry） 151,
245, 246, 248

シンガー，ピーター（Singer, Peter） 59,
148, 150, 152, 177, 178, 229, 230, 247, 248

スアレス，フランシスコ（Suárez, Francisco）
210
スウィフト，アダム（Swift, Adam）　163
スキャンロン，トマス（Scanlon, Thomas）
108, 109, 203
スターン，ニコラス（Stern, Nicholas）
235
スタイナー，ヒレル（Steiner, Hillel）　133,
134, 151
スミス，アダム（Smith, Adam）　117, 122,
123, 126, 127
セガル，シュロミ（Segall, Schlomi）　94,
96
セン，アマルティア（Sen, Amartya）　12,
49, 67-70, 76, 77, 172, 184, 221, 227

### た 行

ダニエルズ，ノーマン（Daniels, Norman）
184
タン，コク＝チョア（Tan, Kok-Chor）
94, 96, 98
団藤重光（だんどう しげみつ）　204
チャーチル，ウィンストン（Churchil,
Winston）　219
デカルト，ルネ（Descartes, René）　172
テムキン，ラリー（Temkin, Larry）　111,
112
ドゥウォーキン，ロナルド（Dworkin, Ronald）
10, 13, 69-73, 75, 85, 87, 106, 107, 117, 134,
145

### な 行

ナーヴソン，ヤン（Narveson, Jan）　229,
230
ナイト，カール（Knight, Carl）　91, 94-96
永山則夫（ながやま のりお）　207, 208
ヌスバウム，マーサ（Nussbaum, Martha）
76, 77, 82
ネイゲル，トマス（Nagel, Thomas）　154
ノージック，ロバート（Nozick, Robert）
51, 123, 128-133, 135, 136

ノードハウス，ウィリアム（Nordhaus,
William）　235
ノディングズ，ネル（Noddings, Nel）　170

### は 行

ハーサニ，ジョン（Harsanyi, John）　33
ハーディン，ギャレット（Hardin, Garrett）
223-226, 234
ハート，H. L. A.（Hart, H. L. A.）　31
パーフィット，デレク（Parfit, Derek）
49, 52, 107-110, 112, 113, 115, 223, 229-235,
250
ハーリィ，スーザン（Hurley, Susan）　89
バーリン，アイザイア（Berlin, Isaiah）
104
ハイエク，フリードリッヒ（Hayek, Friedrich）
122, 124-127, 136
ハリス，ジョン（Harris, John）　178
ビトリア，フランシスコ・デ（Vitoria,
Francisco de）　210
ヒューム，デイヴィッド（Hume, David）
122, 123, 126, 127
ヒロセ，イワオ（広瀬巌 Hirose, Iwao）
176
ファインバーグ，ジョエル（Feinberg, Joel）
86, 160
フェルドマン，フレッド（Feldman, Fred）
86
ブキャナン，アレン（Buchanan, Allen）
162
ブキャナン，ジェイムズ（Buchanan, James）
127
フラー，バックミンスター（Fuller,
Buckminster）　224
プラトン（Plátōn）　2, 3, 7, 8
フランクファート，ハリー（Frankfurt, Harry）
116-118
フリードマン，ミルトン（Friedman, Milton）
126, 127
ブリッグハウス，ハリー（Brighouse, Harry）
163

ブルーム，ジョン（Broome, John） 233
フローベイ，マーク（Fleurbaey, Marc）
　98-100, 102
ヘア，リチャード（Hare, Richard） 63
ベイツ，チャールズ（Beitz, Charles）
　150, 153
ベッカリーア，チェザーレ（Beccaria, Cesare）
　193, 202
ベネター，デイヴィッド（Benatar, David）
　228, 233
ヘルド，ヴァージニア（Held, Virginia）
　170
ベンサム，ジェレミー（Bentham, Jeremy）
　6, 47, 49, 51, 59, 193
ホープ，トニー（Hope, Tony） 176
ボールディング，ケネス（Boulding, Kenneth）
　224
ボグナー，グレッグ（Bognar, Greg） 176
ポジマン，ルイス（Pojman, Louis） 196
ポッゲ，トマス（Pogge, Thomas） 78,
　79, 81, 152
ホッブズ，トマス（Hobbes, Thomas） 6
　- 8 , 25

## ま　行

マーモット，マイケル（Marmot, Michael）

180
マクマハン，ジェフ（McMahan, Jeff）
　212
マルサス，トマス（Malthus, Thomas）
　225, 227
ミラー，デイヴィッド（Miller, David）
　86, 154
ミル，ジョン・ステュアート（Mill, John
　Stuart） 6 - 8 , 40, 48, 50, 59, 60, 64, 196

## や　行

ヨナス，ハンス（Jonas, Hans） 228

## ら　行

ルソー，ジャン＝ジャック（Rousseau,
　Jean-Jacques） 25, 203
ロールズ，ジョン（Rawls, John） 7 , 8 ,
　12, 13, 23-46, 62, 66-69, 77, 78, 82, 85, 96,
　105, 121, 128-130, 145, 150, 151, 153, 154, 157,
　158, 160, 163, 169, 178, 184, 221, 251
ロック，ジョン（Locke, John） 25, 122,
　123, 128, 131, 151

# 事 項 索 引

## あ 行

「新しいスタート」論　　98, 101, 102
厚い運　　89
依存説　　216
一個人内での効用の比較　　55
位置財　　164
一般的正義　　5
一般予防　　194, 207
移転の正義　　130-133
いとわしい結論　　232
医療への普遍的アクセス　　173
インテグリティ（完全性）　　60, 61
薄い運　　89
運平等主義（者）　　87-102, 163
応報刑（論）　　191, 193
応報的正義　　9
オークション　　71, 73
汚染者負担原則　　247
オレゴン医療計画　　175, 176
温室効果　　240

## か 行

開戦の正義　　211
快楽説　　49, 52, 55, 56
快楽に関する外在主義的な見方／快楽に関する
　内在主義的な見方　　50
格差原理　　30, 31
獲得の正義　　130-133, 135
過酷性批判　　93-95, 101, 102
過去志向的　　193
重なり合う合意　　41
過剰な要求批判　　59
価値相対主義　　13
価値多元主義（価値多元論）　　50, 95, 105
還元主義　　213
間接的功利主義　　60

→「功利主義」の項目も参照
完全義務　　7
寛　容　　160
緩和策　　243
帰結主義　　47, 58
気候正義　　245
気候変動　　238
　——否定論　　244
規則功利主義　　63, 197
　→「功利主義」の項目も参照
基底権　　151
基底的ニーズ　　95-98
　→「ニーズ」の項目も参照
機　能　　68, 69, 77-79, 81
基本財　　66-69, 79-82
義務論　　48, 63, 108, 170, 206
　——的平等主義　　108
　→「平等主義」の項目も参照
客観的リスト説　　53, 54
救命原則　　176
救命艇の倫理　　225
匡正的正義　　5
匡正の正義　　130
共通だが差異ある責任　　242
強パレート原理　　112
共有地の悲劇　　224
屈辱性批判　　92, 93, 101, 102
ケアの倫理　　170
経験機械　　51, 52, 128
形式的正義　　9
ケイパビリティ　　68, 69, 76, 77, 79-82, 121,
　172, 184, 185
権威に訴える誤謬　　190
限界効用逓減の法則　　62
健康格差　　179, 182, 184-186
健康日本21　　183
原初状態　　26

行為功利主義　63
　→「功利主義」の項目も参照
高価な嗜好　67, 69-71, 73-75
公共選択論　127
公共的理由　41, 160
功罪としての正義　15
更生可能性論　206
厚生主義　49, 55, 58, 67, 68
構成的価値　109
公正としての正義　25, 184
公正な機会の平等原理　30, 35, 163, 169
厚生平等主義　70, 73
厚生への機会平等主義　73-76, 82, 121, 134
交戦の正義　211
衡平　10
公平なイニング論　177
効用　55, 58, 62
　→「功利性（効用）」の項目も参照
効用の個人間比較　58, 192
　→「効用」・「功利性（効用）」の項目も参照
功利主義　6, 24, 47, 48, 55, 66, 67, 128, 170, 185, 206
功利性（効用）　48
　→「効用」の項目も参照
功利の怪物　128
高齢者差別　177
国民皆保険　173
互酬性　25
個人間での効用の比較　56
　→「効用の個人間比較」の項目も参照
個人多様性　79, 80
個人の責任　84, 85
個人レベルのソーシャル・キャピタル　183
　→「ソーシャル・キャピタル」の項目も参照
コスモポリタニズム　147
誤判可能性論　203
コミュニタリアニズム　186

## さ　行

最小国家　128-130
左派リバタリアニズム（左派リバタリアン）　133-136
ジオエンジニアリング　244
資源（平等）主義　69, 70-75, 78-80, 82, 85, 87, 121, 134
思考実験　11, 220
自己所有権　133, 134
辞書的順序　35
自生的秩序　124-126
自然権　6, 25
自然状態　6, 25
自然の（不）運　71, 72, 85, 87-89, 94, 102
質調整生存年（QALY）　59, 174, 178
質的快楽説　50
　→「快楽説」の項目も参照
社会疫学　180
社会経済的格差　182, 184
社会経済的要因　179
社会契約説　6, 25, 122, 202
社会的基本財　27
　→「基本財」の項目も参照
社会的協働　169
社会の基底構造　27, 158
集合主義　212
衆人に訴える誤謬　190
修正主義　212
集団レベルのソーシャル・キャピタル　183
　→「ソーシャル・キャピタル」の項目も参照
自由の優先性　35
十分主義　82, 116, 121, 146, 165
純粋平等主義　107
　→「平等主義」の項目も参照
順応的選好（形成）　53, 67, 77
消極的義務　152
消極的功利主義　61
　→「功利主義」の項目も参照
消極的責任　60

少数者の犠牲批判　61

将来志向的　193

将来世代の権利　251

諸人民の社会　44

諸人民の法　44

自　律　160

人為起源の気候変動　241
　→「気候変動」の項目も参照

人格影響説　230

人格の別個性　62

人道的介入　213

真の個人主義　123

水準低下（批判）　110, 163

ステイティズム　153

正義概念　13

正義構想　13

正義にかなった貯蓄原理　34, 251

正義の状況　26

正義の八原理　44

正義の二原理　30

正義論としてのリバタリアニズム　123, 136

正戦論　210

生存権　151

制度的運平等主義　94, 97
　→「運平等主義」の項目も参照

制度的分業　96-98

世代間正義　249

積極的義務　152

絶対的貧困　146

選好充足説　51, 52, 55

選択の運　71, 85, 87, 102

羨望テスト　70, 71

相関権衡　14

相互無関心　29

相対的所得仮説　180, 182, 185

相対的貧困　140

増分費用効果比（ICER）　175

総量功利主義　231
　→「功利主義」の項目も参照

ソーシャル・キャピタル　182, 186

存在先行説　230

## た　行

多元主義的運平等主義　95, 96, 98, 102
　→「運平等主義」の項目も参照

多元的平等主義　107
　→「平等主義」の項目も参照

他者危害原理　64, 65

タリオの法　191

地球温暖化　238

秩序立った社会　26

直観主義　24

適応策　244

デザート　85, 86

テシス　124

手続的正義　10

伝統主義　212

道具的価値　108, 172, 173

道徳的聖者　59, 61

道徳的分業　96-98

投票のパラドックス　58

特殊的正義　5

特殊予防　194

独立説　216

## な　行

内在的な価値　172
　→「本来的価値」の項目も参照

ナショナリズム　154

南北格差　147

ニーズ　170

二重の危機（ダブル・ジャパディ）　178

偽の個人主義　123, 124

二層功利主義　63

人間の中心的ケイパビリティ　77, 78, 82
　→「ケイパビリティ」の項目も参照

ネオ・リベラリズム　121, 123

ノーマルな生活機能　184

ノモス　124, 125

## は 行

配分的正義　5
パターナリズム　64
犯罪と刑罰の釣り合い　192, 198
犯罪の抑止　193
反出生主義　228
反照的均衡　37
比較権衡　15
非帰結主義　48
ピグー＝ドールトン原理　113
非対称性問題　233
非対称戦争　214
非同一性問題　229, 250, 253
平等主義　109, 146
　　──的土台　107
平等な自由原理　30, 169
平等な配慮と尊重　106
非理想理論　12, 210
非両立論　90, 91
フェミニズム　170
不完全義務　7
分配的正義　8
平均功利主義　231
　　→「功利主義」の項目も参照
包括的教義　40
保険（仮想保険）　72
ホワイトホール研究　180
本来的価値　108
　　→「内在的価値」の項目も参照

## ま 行

マクシミン戦略　32
マネタリズム　126
満足化帰結主義　61
　　→「帰結主義」の項目も参照
民主的平等（論）　81, 82, 101, 166
無相違説　231
無知性の議論　252
無知のヴェール　28
目的刑論　193
目的論　107
　　──的平等主義　108
　　→「平等主義」の項目も参照

## や 行

優先主義　113, 121, 146
横からの制約　128
四段階系列　38

## ら 行

理想理論　12, 72
理にかなった多元主義　40
リバタリアニズム　128
リバタリアン・パターナリズム　65
量的快楽説　50
　　→「快楽説」の項目も参照
両立論　90, 91
歴史的権原理論　130-132, 135, 136
歴史的責任　252
ロック的但し書き　131-136, 151

**執筆者紹介** (執筆順)

宇佐美　誠 (うさみ　まこと)

京都大学大学院地球環境学堂教授。法哲学専攻。

担当：1章・2章・6章・8章・14章，コラム④

業績：『気候正義』勁草書房，2019年（編著），『法哲学』有斐閣，2014年（共著），『グローバルな正義』勁草書房，2014年（編著），『法思想史の新たな水脈』昭和堂，2013年（共編著）など。

児玉　聡 (こだま　さとし)

京都大学大学院文学研究科准教授。倫理学専攻。

担当：3章・10章・11章，コラム②・⑥・⑦・⑧

業績：『入門・倫理学』勁草書房，2018年（編著），『終の選択』勁草書房，2017年（共著），『功利主義入門』ちくま新書，2012年，『功利と直観』勁草書房，2010年など。

井上　彰 (いのうえ　あきら)

東京大学大学院総合文化研究科国際社会科学専攻准教授。政治哲学・倫理学専攻。

担当：4章・5章・7章，コラム①・③

業績：『人口問題の正義論』世界思想社，2019年（共編著），『ロールズを読む』ナカニシヤ出版，2018年（編著），『正義・平等・責任』岩波書店，2017年など。

松元　雅和 (まつもと　まさかず)

日本大学法学部教授。政治哲学・政治理論専攻。

担当：9章・12章・13章，コラム⑤・⑨・⑩

業績：『人口問題の正義論』世界思想社，2019年（共編著），『ここから始める政治理論』有斐閣，2017年（共著），『応用政治哲学』風行社，2015年，『平和主義とは何か』中公新書，2013年など。

Horitsu Bunka Sha

正義論──ベーシックスからフロンティアまで
Justice: Basics and Frontiers

2019年10月20日　初版第1刷発行
2023年2月10日　初版第3刷発行

| 著　者 | 宇佐美　誠・児玉　　聡 |
| | 井上　　彰・松元雅和 |
| 発行者 | 田靡純子 |
| 発行所 | 株式会社 法律文化社 |

〒603-8053
京都市北区上賀茂岩ヶ垣内町71
電話075(791)7131　FAX 075(721)8400
https://www.hou-bun.com/

印刷：西濃印刷㈱／製本：㈱藤沢製本
装幀：白沢　正

ISBN 978-4-589-04028-2

©2019 M. Usami, S. Kodama, A. Inoue, M. Matsumoto
Printed in Japan

乱丁など不良本がありましたら、ご連絡下さい。送料小社負担にてお取り替えいたします。
本書についてのご意見・ご感想は、小社ウェブサイト、トップページの「読者カード」にてお聞かせ下さい。

**JCOPY** 〈出版者著作権管理機構 委託出版物〉

本書の無断複写は著作権法上での例外を除き禁じられています。複写される場合は、そのつど事前に、出版者著作権管理機構（電話03-5244-5088、FAX 03-5244-5089、e-mail: info@jcopy.or.jp）の許諾を得て下さい。

那須耕介・平井亮輔編〔αブックス〕

# レクチャー法哲学

A5判・300頁・3520円

法とは何か，何のためにあるのか，などの法に対する疑問について考える法哲学のテキスト。憲法や刑法などの実定法に関わる事象，戦争や生命倫理などの正義に関わる論争，法と政治の関係についての考察を通して，法を哲学するための思考法を学ぶ。

瀧川裕英編

# 問いかける法哲学

A5判・288頁・2750円

私たちの生活に大きくかかわっている法や制度を根本的に見つめ直すことによって，それらがどのように成り立っているのかを考える「いきなり実戦」型の入門書。賛否が分かれる15の問いを根源的に検討するなかで，法哲学の魅力に触れることができる。

戒能通弘・神原和宏・鈴木康文著

# 法思想史を読み解く
—古典／現代からの接近—

A5判・254頁・3190円

現代日本の法・政治制度に多大な影響を与えた法思想の古典に触れることで初学者が関心をもって学習できるように工夫する。自然法・自然権思想を軸として，各法思想の位置づけや相互の影響関係，差異を明確にするほか，重要な法思想は社会的背景を掘り下げて解説。

森村 進編

# 法 思 想 の 水 脈

A5判・262頁・2750円

法思想史は法学と哲学，歴史学が交錯する領域であり，多彩な知見に触れることができる。法思想がいかなる経路（水脈）を辿り現代にいたっているのかを意識して叙述し，法思想を学ぶことの面白さを感じることができる入門書。

大野達司・森元 拓・吉永 圭著

# 近代法思想史入門
—日本と西洋の交わりから読む—

A5判・304頁・3080円

立法・法改正論争が盛んな現代日本の法理論の背後にあるものを理解するため，幕末〜敗戦・新憲法制定までの法思想の道筋を辿る。日本と西洋の重要人物の来歴や相互の影響関係，さらに近代法継受の社会的政治的背景を含む入門書。

戒能通弘・竹村和也著

# イ ギ リ ス 法 入 門
—歴史，社会，法思想から見る—

A5判・200頁・2640円

イギリスの歴史，社会および法思想をふまえ判例法主義，法律家制度，陪審制，法の支配などイギリス法の特徴を日本法と比較しつつわかりやすく解説。また最新動向にも言及。イギリスのEU離脱やプレミアリーグを扱うコラムもあり，親しみやすい。

——法律文化社——

表示価格は消費税10%を含んだ価格です